ASIA CHIC

Estelle Niklès van Osselt

ASIA CHIC

L'INFLUENCE DES TEXTILES JAPONAIS ET CHINOIS SUR LA MODE DES ANNÉES FOLLES | THE INFLUENCE OF JAPANESE AND CHINESE TEXTILES ON THE FASHIONS OF THE ROARING TWENTIES

FONDATION BAUR
MUSÉE DES ARTS
D'EXTRÊME-ORIENT

5 CONTINENTS

This book has been published for the exhibition

Asia Chic. The Influence of Japanese and Chinese Textiles on the Fashions of the Roaring Twenties

produced by the Baur Foundation, Museum of Far Eastern Art of Geneva, presented from 10 April to 7 July 2019

Cet ouvrage a été publié à l'occasion de l'exposition

Asia Chic. L'influence des textiles japonais et chinois sur la mode des Années folles

réalisée par la Fondation Baur, Musée des arts d'Extrême-Orient à Genève, et présentée du 10 avril au 7 juillet 2019

The Exhibition L'exposition

Curator Commissaire
Estelle Niklès van Osselt

Exhibition setting Scénographie
Nicole Gérard

Design Graphisme
Maurice Guizzo, Alternative, Genève

Photographs Photographies
Marian Gérard

Fondation Baur, Musée des arts d'Extrême-Orient
8, rue Munier-Romilly
1206 Genève, Suisse
www.fondationbaur.ch

Cover Couverture
Detail of a belt
Japan, Taishō era (1912–26)
Baur Foundation, Sato Mariko donation
FB.DS.2008.108
Détail du décor d'une ceinture
Japon, ère Taishō (1912-1926)
Fondation Baur, donation Sato Mariko
FB.DS.2008.108

Backcover Quatrième de couverture
Plate from "Costumes parisiens",
Journal des dames et des modes, yearbook 1912,
by George Barbier
The Trustees of the Chester Beatty, Dublin
Planche tirée des « Costumes parisiens »,
Journal des dames et des modes, année 1913,
signée George Barbier
The Trustees of the Chester Beatty, Dublin

Table of Contents Sommaire

Preface

Laure Schwartz-Arenales
Director of the Baur Foundation, Museum of Far Eastern Art

Over recent years, in exhibitions like *Under the Dragon's Claw*, dedicated to the Chinese costumes of the Qing dynasty, and *Japanese Buddhist Textiles*, which displayed the set of Japanese Buddhist altar cloths (*uchishiki* 打敷) acquired in 1927 by Alfred Baur, the founder of the Museum of Far Eastern Art in Geneva, our institution has on several occasions focused its attention on and studied its extensive collection of textiles. Far from becoming depleted, however, the subject continues to prompt the curiosity and admiration of visitors, while also giving rise to new ways to appreciate it. This time it is through comparison with European fashions that the exhibition *Asia Chic. The Influence of Japanese and Chinese Textiles on the Fashions of the Roaring Twenties* has chosen to examine these treasures and, for the first time, to examine in this catalogue a large assortment of kimonos that entered the museum via the donations made by Mrs Sato Mariko 佐籐万里子 and Mrs Sugawara Keiko 管原惠子.
In this season of flowers and renewal, with its presentation of a selection of Far Eastern clothing, the Baur Foundation is dipping into the frenzied life of the interwar years. Reflecting the dreams of the East and joyous, emancipatory aspirations that marked the age, the *fil rouge* that winds through *Asia Chic* focuses on the period in which intense cosmopolitan relations were forged around the world. In an East-West dialogue, the forms, motifs, colours and materials of the Far East provided the couturiers of Europe with new sources of inspiration, while also asserting the demands of the women of the 1920s for a new way of living. Composed of compromises and adjustments, this fashion trend, which blended fabulous dragons and delicate plum blossoms with the motifs and forms of Art Nouveau, followed by Art Deco, also contributed to casting a new social model in which sartorial elegance was matched to the activities and status of women. Having recently left behind a long war in which they had been abruptly drafted into work traditionally the preserve of men, women came to understand their potential and assumed new responsibilities that required versatility of dress; as such, the abandonment of the corset by the pioneering couturiers Paul Poiret and Madeleine Vionnet in favour of less constricting clothes, some of which were directly inspired by traditional Chinese and Japanese dress, the kimono in particular, was especially eloquent. Much more than a simple Orientalizing fashion, as had occurred with chinoiseries and Japanese curios and furniture, this trend influenced by the Far East went hand-in-hand with and symbolised the arrival of the modern, active woman.
What makes this dress revolution even more fascinating is that it was but one facet of a series of mutual cultural exchanges: whereas the women of Paris were bewitched by Asia, the elegant ladies of Shanghai during the 1920s Westernized their outfits and appearance, which they considered too traditional, brought back the traditional Manchu tunic called the *qipao* (旗袍), which they wore close-fitting right down to their court shoes, while in Japan during the Taishō era (1912–26), the *moga* (*modan gāru*, "modern girls" モダンガール) introduced the trends of the European aesthetic into the dynamic and brightly coloured landscapes that decorated their kimonos.
This transcultural movement has not escaped the attention of researchers, whether they are specialists of European or Asian fashions, and recently many publications in Europe, the United States and Japan in particular have attracted our curiosity and enriched our knowledge of the domain. Tribute should be paid to a pioneer, Mrs Fukai Akiko (深井晃子), who, as the director of the Kyōto Costume

Préface

Laure Schwartz-Arenales

Directrice de la Fondation Baur, Musée des arts d'Extrême-Orient

Tout au long de ces dernières années, à travers des expositions, telles que « Sous la griffe du dragon », consacrée aux costumes chinois de la dynastie Qing, ou « Textiles bouddhiques japonais », présentant l'ensemble de nappes d'autel bouddhiques japonais (*uchishiki* 打敷) acquis en 1927 par Alfred Baur, fondateur du musée des Arts d'Extrême-Orient de Genève, notre institution s'est à plusieurs reprises dédiée à la valorisation et à l'étude de son important fonds textile. Loin de s'épuiser toutefois, le sujet continue de susciter pour les visiteurs questionnements et émerveillements, ouvrant dans le même temps de nouvelles perspectives de mise en regard. C'est donc, cette fois, au travers d'un dialogue avec la création européenne que la présente exposition, « Asia chic, l'influence des textiles chinois et japonais sur la mode des Années folles », a choisi de se pencher sur ces trésors et, pour la première fois dans ce catalogue, d'en examiner en particulier un large assortiment de kimonos issus de deux importantes donations de Mme Sato Mariko 佐籐万里子 et de Mme Sugawara Keiko 管原惠子.

En cette saison des fleurs et du renouveau, revisitant une sélection de ses vêtements extrême-orientaux, la Fondation Baur bat en effet au rythme bouillonnant des années de l'entre-deux-guerres. Tout en méandres, nourri de rêves d'Orient, tendu d'aspirations joyeuses et libératrices, le fil qui parcourt *Asia chic* revient sur cette période de rencontres cosmopolites intenses nouées autour de la mode. Dialoguant d'est en ouest, formes, motifs, couleurs, matières extrême-orientales ravivent les sources d'inspiration des couturiers, tout en revendiquant aussi, pour les femmes des années 1920, d'autres manières d'exister. Faite de conciliations et d'ajustements, cette vogue qui se délecte à décliner, mêlés aux fabuleux dragons et délicates fleurs de prunier, les motifs et les formes de l'Art nouveau puis de l'Art déco, est aussi l'occasion de contribuer à façonner un nouveau modèle social au sein duquel l'élégance du vêtement s'accorde avec les activités et le statut des femmes. Celles-ci en effet, au sortir d'une longue guerre où elles se sont vu brusquement mobilisées sur des terrains traditionnellement réservés aux hommes, prennent la pleine mesure de leurs possibilités et assument de nouvelles responsabilités nécessitant une plus grande souplesse dans l'art de s'habiller ; à ce titre, l'abandon du corset tel qu'il fut proposé par les couturiers pionniers Paul Poiret et Madeleine Vionnet, au profit de vêtements moins contraignants et pour certains directement inspirés des costumes traditionnels chinois et japonais, et du kimono en particulier, est particulièrement éloquent. Bien plus donc qu'une simple tentation orientalisante, tel qu'en témoigna en son temps l'attrait pour les chinoiseries et japonaiseries, cette mode influencée par l'Extrême-Orient accompagne et symbolise l'affirmation de la femme moderne et active. Ce qui rend par ailleurs cette révolution vestimentaire encore plus fascinante, c'est qu'elle s'inscrit dans le cadre d'une réciprocité d'échanges interculturels : si les Parisiennes regardent vers l'Asie, les élégantes du Shanghai des années 1920 occidentalisent leurs toilettes jugées trop traditionnelles, remettent à l'honneur les *qipao* (旗袍), tuniques mandchoues, qu'elles portent moulantes du haut de leurs escarpins, tandis que dans le Japon de l'ère Taishō (1912-1926), les *moga* (*modan gāru*, « *modern girls* » モダンガール), rénovent leurs kimonos dont les paysages, les motifs traversés de couleurs vives et dynamiques s'imprègnent des courants de l'esthétique européenne.

L'intérêt de ce voyage transculturel n'a certes pas échappé aux chercheurs, qu'ils soient spécialistes de la mode européenne ou de la mode asiatique, et récemment, de nombreuses publications en

Institute founded in 1978, which boasts some of the most complete collections in the world, contributes greatly, through exhibitions, to demonstrating the extent and impact of the circulation of textiles between the East and the West from the end of the 19th century. While I too wished the Baur Foundation to focus its attention on the history of fashion during the Roaring Twenties, and thus asked Estelle Niklès van Osselt to curate this exhibition and write its catalogue, in many ways the subject has points in common with that of our museum, starting with what unites it with the life and taste of Alfred Baur, its founder.

The closeness of these links with *Asia Chic* is clearly evinced by the photograph held in the Foundation's archives of Alfred and Eugénie Baur, with smiles on their faces, elegantly dressed in the modern style of the 1920s (ill. 1). The flowing, comfortable materials and the refinement of their accessories harmonise marvellously with the rectilinear pleats and clean lines characteristic of the prevailing Art Deco. But the stylish appearance of Mrs Baur owes much to the loose Japanese *haori* (羽織) jacket she wears, which, rather than the motifs of the usual kimono, allows sight of and focuses attention on a precious Chinese pendant, probably made of engraved amber or tourmaline, attached to a plaited cord like those she was particularly fond of and are today held in the museum.

ILL. 1

Ill. 1. Portrait d'Eugénie et Alfred Baur
Photographie en noir et blanc
Suisse, années 1920-1930
Fondation Baur

Ill. 1. Portrait of Eugénie and Alfred Baur
Black-and-white photograph
Switzerland, 1920s–30s
Baur Foundation

Moreover, we know that Alfred Baur appreciated greatly, and his wife perhaps even more so, the quality and variety of Far Eastern fabrics from twenty or so Chinese items of clothing that he acquired directly, as well as from his correspondence with his advisors, the dealers Gustave Loup and Tomita Kumasaku. As an enlightened connoisseur, he was probably aware of the beautiful book by the artist and decorator Maurice Pillard Verneuil, *Étoffes japonaises, tissées et brochées*, published in 1913, in which Gaston Migeon, a distinguished curator in the Department of Decorative Art at the Louvre, describes and presents the unmatched decorative and technical skills applied to Japanese fabrics, but also dwells on how important it is that their qualities should be recognised in Europe. "They [the fabrics] have everything: the variety of their technical processes, an inexhaustible decorative inventiveness that draws incessantly on that source of all inspiration, Nature in its entirety, and the most refined feeling for colour . . . And [as their motifs are] presented on a suitably large scale, usually life size, and therefore clearly recognisable, these fabrics from Japan would be ideal models for our decorators; is it necessary to add that, though it is desirable that they should take inspiration from them, it would be deplorable if they were to copy them."

The holder of a large fortune accrued in the organic fertiliser business he had set up in 1887 in Ceylon, in 1906 Albert Baur decided to settle in Geneva and begin amassing a collection. At this time his interest was certainly strongly guided by the fashion for all things Japanese that had been so influential in Europe since the last years of the 19th century, and which was then entering its final days. His first purchases were prints, netsukes, cloisonnés, sword fittings and *inro*, which perfectly illustrate the taste of the period. But textiles and their specific potentiality – as they had been highlighted by the curator at the Louvre and in a more general manner by the champions of the Art Nouveau and Arts and Crafts movements as inspiration for art and contemporary crafts – undoubtedly did not leave him unmoved, he who was as inclined to favour technical and artisanal inventiveness as much in his choices as a collector as in his decisions as a businessman. A consequence of Baur's fondness for Japanism, and his attachment to the circle of art lovers he frequented, is the presence in his library of the review *Japon*

Europe, aux États-Unis et au Japon en particulier ont considérablement attisé notre curiosité et enrichi nos connaissances dans ce domaine. Rendons ainsi hommage à une pionnière, Mme Fukai Akiko (深井晃子), qui, en tant que directrice de l'Institut du costume de Kyōto fondé en 1978 et dont les collections figurent parmi les plus complètes au monde, contribue très largement par le biais de nombreuses expositions internationales à révéler l'impact et la richesse de ces circulations textiles entre Orient et Occident depuis la fin du XIXe siècle. Si nous avons souhaité toutefois que la Fondation Baur revienne à son tour sur l'histoire de la mode des Années folles, encourageant Estelle Niklès van Osselt, conservatrice, à accompagner cette exposition d'un important catalogue, c'est qu'en bien des points cette histoire entretient des rapports étroits avec celle de notre musée, à commencer par ce qui l'unit à la vie et aux goûts de son fondateur.

De l'intimité de ces liens avec *Asia chic*, témoigne d'abord avec évidence la précieuse photographie conservée dans les archives de la Fondation qui montre Alfred et Eugénie Baur, le visage souriant, posant très élégamment vêtus, dans le style moderne des années 1920 (ill. 1). Les textures fluides et confortables, le raffinement des accessoires se marient en effet à merveille avec les plissés rectilignes et les lignes épurées issus de l'Art déco ambiant. Mais le chic qui émane de la silhouette de Mme Baur doit beaucoup à l'ample veste japonaise *haori* (羽織) dont elle s'est enveloppée et qui laisse apparaître et avive, à la place des motifs du kimono habituel, un précieux pendentif chinois, probablement en ambre ou tourmaline, gravé, noué autour d'un cordon tressé, tel que ceux qu'elle affectionnait particulièrement et dont certains sont aujourd'hui conservés dans notre musée.

On sait par ailleurs, comme en attestent une vingtaine de vêtements chinois dont Alfred Baur se porte directement acquéreur, ainsi que la correspondance entretenue avec ses conseillers, les marchands Gustave Loup et Tomita Kumasaku, qu'il appréciait grandement, et son épouse peut-être davantage encore, le raffinement et la variété des étoffes extrême-orientales. En tant que connaisseur éclairé, il a ainsi probablement eu connaissance du bel ouvrage de l'artiste décorateur Maurice Pillard Verneuil intitulé *Étoffes japonaises, tissées et brochées* paru en 1913, dans lequel Gaston Migeon, éminent conservateur du département des objets d'art du musée du Louvre, décrit et met en évidence la virtuosité décorative et technique sans égales des tissus japonais, mais insiste également sur l'importance qu'il y a à les valoriser en Europe. « Ils [les tissus] ont tout pour eux, la variété des procédés techniques, l'inépuisable invention décorative se retrempant sans cesse à cette source fraîche de toute inspiration, la Nature entière, et le plus raffiné sentiment de la couleur […]. Et présentées à une très suffisante échelle, le plus souvent grandeur nature, par conséquent très lisibles, ces étoffes du Japon seront les plus parfaits modèles qui puissent être proposés à nos décorateurs ; est-il nécessaire d'ajouter que s'il est souhaitable qu'ils sachent s'en inspirer, il serait déplorable de les leur voir copier. »

En 1906, quand Alfred Baur, jouissant d'une importante fortune acquise grâce à la réussite de sa société d'engrais organiques fondée à Ceylan en 1887, décide de s'établir à Genève et de commencer sa collection, il est certainement d'abord fortement orienté dans ses goûts par la vogue japonisante européenne si influente depuis les dernières années du XIXe siècle, et qui vivait alors ses ultimes heures de gloire. Ses premiers achats que sont les estampes, les netsukes, les cloisonnés, les ornements de sabres ou les *inrō* en sont en effet la parfaite illustration. Mais les textiles et leurs potentialités spécifiques, telles qu'elles sont mises en avant par le conservateur du musée du Louvre et de manière générale par les promoteurs des mouvements Arts and Crafts et Art nouveau, en tant que sources d'inspiration pour l'art et l'artisanat contemporains, n'ont certainement pas dû le laisser insensible, lui, si enclin, aussi bien dans ses choix de collectionneur que dans son parcours d'entrepreneur, à favoriser l'inventivité technique et artisanale. De son intérêt pour le japonisme et son cercle d'amateurs, nous est également parvenue, conservée entre autres nombreux ouvrages de sa bibliothèque consacrés aux arts de l'Extrême-Orient, la revue *Japon artistique, documents d'art et d'industrie* qui fut éditée entre 1888 et 1891 par le marchand Siegfried Bing, l'un des plus fervents adeptes du japonisme. À sa lecture, le collectionneur a pu y découvrir les exquis pochoirs japonais en papier qui, depuis leur apparition au XIIIe siècle, servaient à teindre les tissus de merveilleux motifs souvent originaires de

artistique, documents d'art et d'industrie, which was published between 1888 and 1891 by the dealer Siegfried Bing, one of the most fervent adepts of Japanism. Reading it, collectors discovered exquisite Japanese paper stencils that had been used in Japan to dye fabrics with superb motifs since their creation in the 13th century. The motifs, which often originated in China, contributed to the revival of the applied arts in Europe and deeply affected Art Deco during the 1920s. The circulation of such models, from one material to another, from one side of the world to another, of which these precious stencils are a distant echo, finds a particularly evocative illustration in the traditional Japanese motif of the wave. Esteemed by Japanizing artists, the wave was reused in a series of modern designs by Kamisaka Sekka 神坂雪佳 (1866–1942), one of the last representatives of the Rimpa school. This pioneer of modern Japanese design was, it is said, on the ship that was taking him from Japan to Europe in 1901 when he was inspired by the sight of choppy waves to create a set of textile patterns influenced by Art Nouveau, known by the title *The Sea Route*.

Alfred Baur's relations with two antique dealers and experts – Thomas Bates Blow, who lived in Kyōto, and Gustave Loup, the owner of the Genevan shop La Chine antique, who divided his time between China and Geneva – allowed him to improve his critical judgement and define his preferences. However, it was unquestionably his journey to the Far East, Japan in particular, of which he had so long dreamed and which he finally undertook with Eugénie in 1924, that played a decisive role with regard to the subject of this exhibition (ill. 2 and 3). The book published by the Foundation in 2015 to mark the 150th anniversary of Alfred Baur's birth discussed the world tour made by the Baur couple, lingering in detail on their stay in China, Korea and Japan. We know that they visited many palaces, gardens and temples under the guidance of Gustave Loup and Tomita Kumasaku, but elsewhere they also wandered through teeming streets and frequented markets and craftsmen's studios, where they filled their trunks with all kinds of objects, among which clothes, embroidered sleeves and Chinese hangings.

The fact of seeing for themselves the costumes they had so much admired in Switzerland was no doubt a thrilling experience. Clothes – as the challenge of exhibiting them interestingly in a museum so clearly demonstrates – only take on their full connotation when they are worn or are in the architectural environment where they were conceived and with which they dialogue. On this subject, another photograph from the Foundation's archive is especially significant (ill. 3). Taken when the cherry trees were in blossom in a garden in the Arashiyama district in Kyōto, so wonderfully described in the novel by Kawabata Yasunari about the ancient imperial capital (*Koto*, Kyōto 古都), it shows Mrs Baur wearing a cloche hat and a pale plain outfit typical of the 1920s, immersed in traditional Japan where the sartorial codes and characteristics take on their full sense.

The photograph reveals some of the great variety in kimono design during the Taishō era, including links with the Roaring Twenties that must be pointed out. As much as from the viewpoint of the materials and styles as their functions and attributions, the fashion of those years reflects the position of women, who, in educating and amusing themselves, acquired new rights and freedoms, in parallel with their counterparts in Europe. The *furisode* (振袖) – the kimonos "with floating sleeves" decorated with large, brightly coloured patterns worn by the five young girls in the foreground – contrast with the dark monochrome kimonos (*iromuji* 色無地) made from *rinzu* (綸子) silk damask, worn, with magnificent *obi*, by the women walking with small, graceful steps in the background, probably towards a tea ceremony. It was in the department stores, which were then flourishing and that would influence world fashion through their network of branches, that the women of Japan, venturing out of the family home, provisioned themselves with partially but sumptuously decorated, elegant, monochrome kimonos. Distinguished by their use – *hōmongi* (訪問着) were worn for official visits and "going-out clothes" (*gaishutsugi* 外出着) for more informal occasions – they were also known, during this period eager for exchanges with the West, by the evocative term *puromunādo* (promenade プロムナード).

From a formal standpoint, a new tendency that combined traditional Japan with Art Deco trends was reflected in the dress of young girls. Motifs of morning glories, hollyhocks and clematis were ranged

Ill. 2. Eugénie Baur à Pékin, Chine, hiver 1924
Photographie en noir et blanc
Fondation Baur

Ill. 2. Eugénie Baur in Beijing, China, winter 1924
Black-and-white photograph
Baur Foundation

ILL. 2

Chine et dont la contribution au renouvellement des arts appliqués européens touche également en profondeur le style Art déco des Années folles. La circulation des modèles, d'une matière à une autre, d'une rive à l'autre du monde et dont ces précieux outils se font l'écho, trouve une illustration particulièrement évocatrice dans le motif traditionnel japonais de la vague, si prisé des japonisants, et dont l'artiste Kamisaka Sekka 神坂雪佳 (1866-1942), l'un des derniers représentants de l'école Rimpa, proposa une version modernisée. C'est, dit-on, sur le bateau qui le menait en 1901 du Japon vers l'Europe, que le pionnier du design japonais moderne, inspiré à la vue des flots agités, conçut un recueil de dessins pour textiles imprégné de l'Art nouveau, intitulé *La Route des mers*.

Ses rapports privilégiés avec les deux marchands et experts, Thomas Bates Blow, établi à Kyōto, et Gustave Loup, propriétaire du magasin genevois La Chine antique, séjournant entre la Chine et Genève, permettront certes à Alfred Baur d'aiguiser son œil et de préciser ses orientations. Mais, incontestablement, le voyage vers l'Extrême-Orient et le Japon en particulier auquel il rêvait depuis si longtemps et qu'il finit par réaliser avec Eugénie en 1924 joua, à l'égard du thème qui nous occupe, un rôle décisif (ill. 2 et 3). L'ouvrage publié par la Fondation en 2015 en l'honneur du 150e anniversaire de la naissance d'Alfred Baur est revenu sur le tour du monde des époux Baur, s'arrêtant plus en détail sur leur séjour en Chine, en Corée et au Japon ; on sait donc que, guidés par Gustave Loup et Tomita Kumasaku, ils ont visité de nombreux palais, jardins et temples, mais qu'ils ont aussi déambulé dans les rues grouillantes de monde, fréquenté les marchés, les ateliers d'artisans où ils ont rempli leurs malles de toutes sortes d'objets dont des vêtements, des manches brodées et des tentures chinoises.

Le fait de voir s'animer devant leurs yeux ces costumes tant admirés depuis leur Suisse natale fut donc certainement particulièrement exaltant. Le vêtement, en effet – et le défi qui consiste à l'exposer dans un musée de manière vivante en rend bien compte –, ne prend véritablement tout son sens qu'une fois déployé sur le corps, mobile, ou dans l'environnement architectural qui l'a vu naître et avec lequel il dialogue. À cet égard, une autre photographie des archives de la Fondation, prise au temps rêvé des cerisiers en fleur dans un jardin du quartier d'Arashiyama à Kyōto, si bien évoqué dans le roman de Kawabata Yasunari voué à l'ancienne capitale impériale (*Koto*, Kyōto 古都), est particulièrement significative (ill. 3). Avec son chapeau cloche, sa tenue unie et claire des années 1920, Mme Baur est immergée dans un Japon traditionnel où les codes et les caractéristiques vestimentaires prennent tout leur sens.

ILL. 3

Ill. 3. Eugénie Baur à Kyōto, Japon, printemps 1924
Photographie en noir et blanc
Fondation Baur

Ill. 3. Eugénie Baur in Kyōto, Japan, spring 1924
Black-and-white photograph
Baur Foundation

with Westernizing realism in modern and dynamic vertical lines. On the kimono of the child on the left we see motifs of auspicious and protective arrowheads (*yagasuri* 矢絣) that had been associated since ancient times with wedding celebrations and New Year festivities. Treated with verve, and emphasising angles and symmetry, this motif was very fashionable during the 1920s among girl students, who liked to believe it would bring them good luck in their exams.

I am willing to bet that the Baurs, accompanied as they were by their guides on this mild April day, learned some of the essential characteristics of the Japanese art of dressing, for which they had been fully prepared by their love of fabrics and the quality of artisanal techniques, and their familiarity with the beautiful Japanese women (*bijin* 美人) in the prints they had acquired. There is no doubt that they were appreciative of the springtime landscape, with its pines and renascent vegetation, of which the materials and motifs of the costumes appear to be an extension. Furthermore, whether represented in a natural or stylised manner, these motifs were often invested with a literary or symbolic value. The presence in the background of the photograph of translucent walls (*shōji* 障子) and the roof of the small pavilion stationed by the way out of the garden is a reminder of the unbreakable links that have always existed between traditional buildings and the kimono. Woven, embroidered with painted or gold and silver thread, or dyed, the kimono, when it is not carefully folded and placed in magnificent and specially constructed paulownia chests (*tansu* 箪笥), can be hung and, like a painting, admired. Allied intimately by its pure, rectilinear lines with the plain, orderly architectural spaces composed of tatamis, screens and sliding doors, the richness of its decoration is shown off all the more to good effect.

It is interesting to know that the pioneering couturiers and architects of the interwar period were united in their view of China and Japan and that they drew great inspiration from them. For example, the first, Paul Poiret, who, in celebrating the ornamental exoticism of Chinese silks, also concentrated on the potential for Western clothes offered by the structure of the kimono, and Bruno Taut, who, moved by the beauty of the Katsura rikyū imperial villa during his visit to Kyōto in 1933, was one of the first to make it known to Westerners and to attempt to interpret the elegant, functional aesthetic of the traditional Japanese home in his own work. Whereas this German architect celebrated the harmonious modernity of a "modular" spatial composition based on the simple arrangement of tatamis, the dimensions of the architectural section, and the proportions of the posts (*kidori* 木取り), Paul Poiret identified the "architectural" simplicity of the kimono, formed by rectangles of cloth cut and

Sur cette image transparaît en effet un peu de la très grande variété qui caractérise les kimonos de l'ère Taishō dont on ne peut manquer de rappeler ici encore les accointances avec le temps des Années folles ; aussi bien du point de vue des matières et des styles que de leurs fonctions et attributions, la mode de ces années-là nous parle du statut de la femme, qui, s'éduquant, se divertissant, acquiert comme en Europe, des droits nouveaux, gagne en liberté. Aux *furisode* (振袖), costumes « aux manches flottantes » décorés de larges motifs aux couleurs chatoyantes dont sont revêtues les cinq très jeunes filles du premier plan, s'opposent, rehaussés de somptueuses ceintures, les sobres kimonos monochromes (*iromuji* 色無地) en soie damassée (*rinzu* 綸子) des dames évoluant gracieusement à petits pas, à l'arrière-plan, probablement en chemin vers une cérémonie du thé. C'est dans les grands magasins en plein essor, qui, par le biais de leurs succursales, vont influencer la mode mondiale, que les Japonaises, sortant ainsi du foyer familial, se fournissent en élégants kimonos monochromes, partiellement mais somptueusement décorés pour les visites officielles (*hōmongi* 訪問着), ou en plus informels « vêtements pour sortir » (*gaishutsugi* 外出着) connus aussi à cette époque assoiffée d'échanges avec l'Occident par le terme évocateur de *puromunādo* (promenade プロムナード).

Du point de vue formel, c'est par ailleurs un vent nouveau, mariant le Japon traditionnel aux tendances de l'Art déco, qui souffle sur les costumes des fillettes dont les motifs floraux, au réalisme occidentalisant, belles de jour, roses trémières ou clématites, sont déployés avec un dynamisme moderne en rangées verticales. Auspicieux et protecteur, on reconnaît sur le kimono de l'enfant posant à gauche le motif de têtes de flèches (*yagasuri* 矢絣) associé depuis les temps anciens aux fêtes du Nouvel an et au mariage ; traité de manière vigoureuse, accusant angles et symétrie, il était très en vogue à cette époque parmi les étudiantes qui voyaient en lui un porte-bonheur pour leurs examens.

Gageons que les époux Baur, accompagnés qu'ils étaient par leurs précieux guides, ont pu ainsi, à l'occasion de cette douce journée d'avril, redécouvrir certaines des caractéristiques essentielles d'un art vestimentaire auquel leur goût pour les étoffes et la qualité des techniques artisanales, leur familiarité avec l'image des beautés japonaises (*bijin* 美人) de leurs estampes, les préparaient déjà pleinement. Nul doute en tout cas qu'ils furent sensibles au paysage printanier au sein duquel, sur cette photographie, comme un prolongement des pins et de la flore renaissante, répondent les matières et les motifs des costumes, qui, reproduits avec naturel ou stylisés, sont souvent doublés d'une valeur littéraire et symbolique. La présence, à l'arrière-plan, des parois translucides (*shōji* 障子) et de la toiture du petit pavillon situé à la sortie du jardin nous rappelle également les liens indissociables que les bâtiments traditionnels ont toujours entretenus avec le kimono. Tissé, brodé de fils peints, d'or ou d'argent, ou teint, celui-ci, lorsqu'il n'est pas soigneusement plié et entreposé dans les somptueux coffres en paulownia (*tansu* 箪笥) prévus à cet effet, peut être suspendu, et tel un tableau, offert aux regards. Intimement uni par ses lignes pures et rectilignes aux espaces sobres et ordonnancés formés par les tatamis, les paravents et les portes coulissantes, la richesse de son décor s'en trouve d'autant plus rehaussée.

Il est intéressant de souligner que les couturiers et architectes pionniers de l'entre-deux-guerres se sont rejoints dans leur façon de voir la Chine et le Japon et de s'en inspirer en profondeur ; comme Paul Poiret, qui, le premier, tout en célébrant l'exotisme ornemental des soieries chinoises, s'est penché sur les potentialités de la structure du kimono elle-même, Bruno Taut, ébranlé par la beauté de la villa impériale de Katsura rikyū lors de son séjour à Kyōto en 1933, fut l'un des premiers à la révéler aux Occidentaux et à tenter d'interpréter dans son propre travail l'esthétique à la fois élégante et fonctionnelle de l'habitat traditionnel japonais. Alors que l'architecte allemand célébrait la modernité harmonieuse d'une composition spatiale « modulaire » basée sur le simple agencement rythmé des tatamis, la coupe et les proportions des poteaux (*kidori* 木取り), Paul Poiret voyait dans la simplicité « architecturale » du kimono fait de pièces rectangulaires coupées et cousues entre elles le moyen de révolutionner la mode en la libérant des contraintes du corset. Sans clous ni vis, la menuiserie japonaise qui excelle à l'assemblage par l'ajustement parfait de tenons et mortaises (*kigumi* 木組み) peut de ce point de vue-là aussi il est vrai, évoquer « l'architecture » du kimono

sewn together, as the means to revolutionise European fashion by freeing it from the constraints of the corset. Using neither nails nor screws, Japanese carpentry excels in the use of perfectly adjusted tenon and mortar joints (*kigumi* 木組み) and thus serves as a metaphor for the "architecture" of the kimono as, using neither buttons nor zips, closure of the garment around the body depends uniquely on the knot and a panoply of small complementary elements: strips of cloth, cords and small rigid plaques. It was exactly these "sculpted" tubular silhouettes, modern and chic, that would delight European women during the 1920s.

To conclude, before attention shifts to the fashions of the frenzied Roaring Twenties, I would like to thank the entire team of the Baur Foundation and Estelle Niklès van Osselt in particular for the dedication and rigorousness with which she has directed this project, both as exhibition curator and author of this catalogue. *Asia Chic* has not dealt only with Far Eastern clothing, but also a large number of objects belonging to the Foundation that she has related to these fashions and thus reconsidered with a new eye. To give vibrancy and visual sense to the associations that have been made between these objects and cultures, Nicole Gérard, the museum's exhibition designer, has invested all her talent. Our partnership with the Bibliothèque d'art et d'archéologie des musées d'Art et d'Histoire de la Ville de Genève, the Bibliothèque nationale de France and the Chester Beatty Library, thanks to which we have been able to reproduce and present reproductions of fashion magazines and couturiers' designs, has made possible an essential contribution. Grateful thanks are also due to 5 Continents Editions for the production of this catalogue, whose publishing team has elaborated a design that not only successfully meets the demands of a complex layout with the appearance of a fashion magazine, but one that is also bilingual.

Lastly, I would like to express my appreciation to the many donors, whose names are listed at the end of this book (note 26), who, by so generously bestowing their Chinese and Japanese treasures on the museum, have made this exhibition possible. I should like to thank in particular Mrs Sugawara Keiko; following the exceptional bequest made by Mrs Sato Mariko in 2008, and passing on her precious knowledge with enthusiasm and endless patience, with her own donation in 2015 she helped to enrich considerably, and in complementary fashion, the collection of kimonos held by the museum. Owing to the constant support of the Foundation Board, these Far Eastern clothes, handed down over the generations, are able to return once more to life today and reflect the dazzle of the Roaring Twenties that were so dear to Alfred and Eugénie Baur.

dont le maintien au corps, sans bouton ni fermeture-éclair, dépend uniquement du nœud, ainsi que d'une panoplie de petits éléments complémentaires, bandelettes, cordons ou plaquettes rigides. Ce sont bien ces silhouettes tubulaires, « sculptées », modernes et chics à la fois, qui enchanteront les dames européennes des années 1920.

Pour finir, et avant que les pages ne s'emballent au rythme alerte de la mode des Années folles, nous souhaiterions remercier toute l'équipe de la Fondation Baur et Estelle Niklès van Osselt en particulier pour la passion et l'exigence avec lesquelles elle a mené ce projet en tant que commissaire de l'exposition et auteur du présent ouvrage ; autour d'*Asia chic*, ce sont non seulement les costumes extrême-orientaux, mais aussi un grand nombre des objets de notre Fondation qui sont ainsi mis en relation et interrogés d'un œil neuf. Il fallait aussi tout le talent de Nicole Gérard, scénographe du musée, pour donner vie et sens, dans les salles, à ces croisements d'œuvres et de cultures. La collaboration de la Bibliothèque d'art et d'archéologie des Musées d'art et d'histoire de la Ville de Genève, de la Bibliothèque nationale de France et de la Chester Beatty Library, grâce à laquelle nous avons pu reproduire et présenter de nombreuses reproductions de revues de mode et de dessins de couturiers, a également constitué un atout très précieux. Que soit également remerciée toute l'équipe de 5 Continents Editions pour la réalisation de ce catalogue qui a su répondre aux exigences d'une mise en page complexe aux allures de magazine de mode, et bilingue de surcroît.

Enfin, nous souhaiterions exprimer notre extrême gratitude aux nombreux donateurs, dont nous avons tenu à faire figurer les noms à la fin de cet ouvrage (note 26), et qui en cédant si généreusement leurs trésors chinois et japonais au musée ont rendu possible cette exposition. Qu'il nous soit permis de remercier en particulier Mme Sugawara Keiko ; dans le sillage du legs exceptionnel de Mme Sato Mariko en 2008, et tout en délivrant avec enthousiasme et une infinie patience ses précieuses connaissances, elle a continué par sa donation, en 2015, d'enrichir considérablement et de manière complémentaire, la collection de kimonos aujourd'hui conservée au musée. Grâce au constant soutien du Conseil de fondation, ces vêtements extrême-orientaux, transmis au fil des générations, revivent et brillent aujourd'hui à la lumière des Années folles, si chères à Alfred et Eugénie Baur.

Asia chic
The Influence of Japanese and Chinese Textiles on the Fashions of the Roaring Twenties

The extraordinary discovery of Cathay and Cipango[1]

The first exchanges with Asia sparked the wildest dreams. Cathay thrilled the elite classes of Europe with objects that were both mysterious and precious. Translucent porcelain decorated with curious scenes, gleaming lacquerware, fine silks, obscure divinities and colourful fans all preserved – for a while – their many secrets (ill. 1). During the 18th century, these curios from the distant Celestial Empire were collected with great interest.[2] China propelled itself into the West's collective imagination as a wondrous country abounding with exotic fruits, spices and tea, and treasures jealously guarded by strange inhabitants.[3] Fascinated by these many novelties and encouraged by strong demand, European craftsmen copied or created imitations that were then often fired with their personal fantasies (ill. 2–3). This was the period during which Europe's *Salons* and imaginative universe were invaded by *Indiennes* (European Indian-style cotton prints) and chinoiseries.[4]

It was necessary to wait for the rediscovery of a neighbouring archipelago formerly known as Cipango to experience such a fascination once again (ill. 4). In the 19th century, Japan, which had long remained isolated from the rest of the world, was given a rude awakening. Using gunboat diplomacy, the West forced the country to open up to "diplomatic" negotiations and trade.[5] It is as a result of this that curios from the Empire of the Rising Sun also began to arrive in Europe (ill. 5).[6] These were admired at World Fairs in particular, events that offered nations the opportunity to display their *savoir-faire* and expertise.[7] Porcelain painted with enamels and gold, gilded lacquerware, cloisonnés, sword fittings and netsuke counterweights, all stimulated great interest but, of all the arts of Japan, it was the woodblock prints that attracted most attention (ill. 6).[8] These offered a new manner of constructing an image and caused a turning point in art history. The art seen at the official Salons wavered and seditious artists grasped the opportunity to shake off the shackles of academic art. Japanese coloured prints finally helped European painters to disburden themselves of a long, heavy tradition and to prepare, though unwittingly, the artistic revolution that was to occur in the 20th century.[9] In this way, the arts of China and Japan imperceptibly and gradually merged with the imaginative universe of the West, and with the way in which it was thought about and represented.

The composition in illustration 7 shares many similarities with Japanese woodblock prints. What is particularly amusing is the manner in which the decoration on the folding screen is shown to be continuous, regardless of the position of the panels. On the other hand, details like the contours of the body, which can be discerned beneath the pleated dress, modelling through the use of shadows, and the shine of the hair are entirely consistent with the tradition of Western painting.

In a similar composition, we see a woman reclining on a sofa in front of a screen (ill. 8). She looks very modern, smoking a cigarette, wearing make-up and dressed in the latest fashion that includes influences both from the Near East (the turban) and Far East ("kimono" sleeves).

Asia and the Roaring Twenties

In the late 19th century and the first decades of the 20th century, two important art movements developed that owed much to the wave of influences arriving from Asia.[10] Art Nouveau, and later,

Asia chic
L'influence des textiles japonais et chinois sur la mode des Années folles

L'incroyable découverte de Cathay et de Cipango[1]

Des premiers échanges avec l'Asie sont nés les rêves les plus fous. Cathay affole les élites européennes au travers d'objets à la fois mystérieux et précieux qui lui parviennent. Porcelaines translucides animées de scènes curieuses, laques luisants, soieries fines, déités obscures, éventails colorés conservent tous, pour un temps, leurs nombreux secrets (ill. 1). Au XVIIIe siècle, on collectionne et on étudie avec beaucoup d'intérêt ces curios venus d'un empire aussi éloigné que céleste[2]. La Chine s'invite dans l'univers fantastique occidental comme une contrée merveilleuse qui abonde en fruits exotiques, épices, thé; en trésors jalousement gardés par d'étranges habitants[3]. Séduits par tant de nouveautés et encouragés par une forte demande, les artisans européens copient ou créent des imitations, souvent enrichies de fantaisies personnelles (ill. 2-3). C'est l'ère des indiennes et des chinoiseries qui s'introduisent dans les salons comme dans l'imaginaire occidental[4].

Il faut attendre la redécouverte d'un archipel voisin, autrefois connu sous le nom de Cipango, pour connaître à nouveau un tel engouement (ill. 4). Au XIXe siècle, le Japon, qui s'était longtemps isolé du reste du monde, est bousculé. Les Occidentaux lui forcent la main et exigent son ouverture aux négociations « diplomatiques » et au commerce[5]. Ainsi, les curios de l'Empire du Soleil levant commencent-ils à parvenir en Europe[6] (ill. 5). On les admire dans les expositions universelles notamment, qui offrent une vitrine à différentes nations pour exhiber leur savoir-faire[7]. Porcelaines peintes aux émaux et à l'or, laques dorés, cloisonnés, ornements de sabres ou netsukes étonnent à leur tour, mais de tous les arts nippons, ce sont les estampes surtout qui vont retenir l'attention[8] (ill. 6). Elles proposent une vision nouvelle de la construction de l'image et provoquent une véritable rupture. L'art des salons officiels vacille, les artistes séditieux s'emparent de cette ouverture pour se libérer de leur carcan. Ces impressions colorées aident les peintres européens à s'affranchir d'une lourde tradition et préparent, sans le savoir, le renouveau artistique du siècle suivant[9]. De cette manière, lentement, imperceptiblement, les arts de la Chine et du Japon se sont immiscés dans notre univers, dans notre manière de le considérer et de le représenter.

La composition de cette image présente de nombreuses similitudes avec celle des estampes japonaises (ill. 7). Ce qui est particulièrement amusant, c'est d'observer la manière dont le décor du paravent est représenté de façon continue, indépendamment de la position de ses panneaux. Par contre, les détails comme le rendu du corps qui se devine sous la robe plissée, son modelé avec des ombres, ainsi que les reflets dans les cheveux s'inscrivent complètement dans la suite de la tradition picturale occidentale.

Dans une construction similaire à l'image précédente, on trouve une femme alanguie sur un sofa, devant un paravent (ill. 8). Elle est très moderne, en train de fumer, visiblement maquillée et vêtue à la dernière mode entre influences orientales (turban) et extrême-orientale (manches « kimonos »).

L'Asie et les Années folles

À la fin du XIXe siècle, puis dans les premières décennies du XXe siècle, deux mouvements artistiques d'importance naissent, qui doivent beaucoup à cette vague asiatique[10]. L'Art nouveau, puis l'Art

ILL. 1

ILL. 2

ILL. 3

ILL. 4

Ill. 1. Écran d'éventail rigide de forme ronde *tuanshan* (團扇), le manche est manquant
Motif de paons entourés de papillons et d'autres oiseaux parmi des arbres en fleurs
Soie brodée de fils multicolores sur les deux faces, à décor réversible en miroir, tendue sur un cadre en laque peint
Chine, dynastie Qing (1644-1911), XIXe siècle
Fondation Baur, CB.TC.1964.126

Ill. 1. A *tuanshan* (團扇) round, rigid screen fan
The handle is missing
Peacocks surrounded by butterflies and other birds among trees in blossom
Silk embroidered with coloured thread, with the same motif on both sides, making the fan reversible, stretched on a painted lacquer frame.
China, Qing dynasty (1644–1911), 19th century
Baur Foundation, CB.TC.1964.126

Ill. 2. Assiette à motif de chinoiserie
Chinois avec un vase et une verseuse dans un ornement rocaille
Faïence moulée, décor peint en vert olive, ocre, bleu, brun de grand feu
Italie, manufacture Rossetti (1725-1824), Turin, vers 1750
Pièce de vaisselle ayant appartenu à Alfred Baur
Fondation Baur, CB.EU.1964.1

Ill. 2. Chinoiserie dish
A Chinaman with an ewer and pot in a Rocaille-style setting
Moulded faience, high-fire decoration painted in olive green, ochre, blue, high-fire brown
Italy, Manifattura Rossetti (Turin, 1725–1824), c. 1750
This dish belonged to Alfred Baur
Baur Foundation, CB.EU.1964.1

Art Deco were both an upshot of a society undergoing profound change. The former, which came into being at the turn of the 20th century, faded soon after, swept away by the tumult of World War I. The second appeared during the 1920s, rather like a reminiscence of Art Nouveau.[11] Very quickly, however, Art Deco began to explore new ideas and developed until, in turn, World War II brought an end to its existence. The period focused on, called the Roaring Twenties, lay between the two wars and opens a window on a world experiencing rapid change. Once again, Asia was present in different forms, and particularly in the dress of a new class of women gaining in independence.[12] Oriental costumes, tunics, pleated skirts, Chinese hats, kimonos, Japanese sashes and various effects created by dyeing, embroidery and different weaves stimulated the imagination of designers searching for styles of dress better suited to this new existence. Women became emancipated; with fewer restrictions on their behaviour they became more physically and socially active, and their forms of dress had to correspond to this lifestyle. To satisfy this need, creators drew inspiration from many sources.[13] In 1923, one critic commented: "We find ourselves in the midst of the *Thousand and One Nights*, as it is the East and China that have inspired and promote many of the most sensational styles".[14] It is indeed obvious that since the last years before the Great War, the materials, forms, motifs, and associations of colour were often borrowed from traditional Eastern textiles, which were indiscriminately mixed (ill. 9–12). Comparison of fashion engravings of the period with a contemporary collection of Asian clothes allows some of these influences to be identified.[15]

Ill. 3. Assiette à motif de chinoiserie
Modèle dit du « jardin avec barrière » (*giardino con balaustra*)
Faïence moulée, décor peint en bleu de grand feu, polychromie de petit feu et à l'or
Italie, manufacture Ferniani (1693-1900), Faenza, vers 1778-1790
Pièce de vaisselle ayant appartenu à Alfred Baur
Fondation Baur, CB.EU.1964.2

Ill. 3. Plate with chinoiserie motif
With an example of the "fenced garden" motif (*giardino con balaustra*)
Moulded faience, decoration painted in high-fire blue, low-fire polychromy and gold
Italy, Manifattura Ferniani (Faenza, 1693–1900), 1778–90
This dish belonged to Alfred Baur
Baur Foundation, CB.EU.1964.2

Ill. 4. Plaque pour lanterne magique
Deux femmes japonaises avec une ombrelle, se promenant dans une bambouseraie
Verre peint à la main
Europe, vers 1880
Collection privée

Ill. 4. Two Japanese women with a sunshade walking in a bamboo grove
Plaque for a magic lantern
Hand-painted glass
Europe, c. 1880
Private collection

Ill. 5. Contrepoids netsuke (根付)
Courtisane assise sur le sol
Laque gravé de couleur rouge *tsuishu* (堆朱) et signé Hōkei 宝慶
Japon, ère Meiji (1868-1912)
Fondation Baur, CB.NJ.1964.642

Ill. 5. *Netsuke* (根付) counterweight
Geisha seated on the ground
Red carved lacquer *tsuishu* (堆朱), signed Hōkei 宝慶
Japan, Meiji era (1868–1912)
Baur Foundation, CB.NJ.1964.642

ILL. 5

déco s'inscrivent dans le contexte d'une société en proie à de profonds changements. Le premier courant, qui se développe au tournant du xxe siècle, s'éteint peu après, emporté dans les remous de la Première Guerre mondiale. Le second apparaît dans les années 1920, un peu comme une réminiscence[11]. Bien vite cependant, ce style explorera d'autres idées jusqu'à ce que la Seconde Guerre mondiale y mette fin à son tour. La période qui nous intéresse, dite des « Années folles », se situe entre ces deux conflits majeurs et s'ouvre comme une fenêtre sur un monde en pleine mutation. Une fois encore, l'Asie y est présente sous des formes diverses, mais surtout aux côtés de la femme qui gagne en autonomie et dont l'évolution vestimentaire, notamment, se fait le reflet[12]. Les costumes orientaux, les tuniques, jupes plissées ou chapeaux chinois, les kimonos, les ceintures japonaises, les effets de teinture, broderies et tissages variés, entre autres, nourrissent l'imaginaire des couturiers à la recherche de vêtements mieux adaptés à cette nouvelle existence. La femme se libère, elle bouge, s'encanaille… Sa tenue doit désormais lui correspondre. Pour la satisfaire, les créateurs puisent leur inspiration à de nombreuses sources[13]. En 1923, un critique affirme : « Nous sommes en plein conte des *Mille et Une Nuits*, car l'Orient et la Chine sont nos grands inspirateurs et les parrains attitrés de nombre de modèles à sensation[14]. » On peut effectivement remarquer que, progressivement, depuis les dernières années d'avant-guerre, les matières, formes, motifs et associations de couleurs sont bien souvent empruntés aux textiles traditionnels orientaux que l'on mélange indifféremment (ill. 9-12). Dès lors, c'est dans le but de mettre en évidence quelques-unes de ces influences croisées qu'une confrontation de gravures de mode de cette période avec une collection de vêtements asiatiques contemporains prend tout son sens[15].
Les influences croisées de ces créations apparaissent de manière évidente lorsqu'on les compare. La libellule, notamment, fait partie des insectes abondamment repris d'après des modèles chinois ou japonais. Il en va de même pour les motifs Arts déco, passablement inspirés du répertoire géométrique extrême-oriental.

Comment trouver le « bon ton »

En France, autour des années 1920, de nombreux magazines consacrés et destinés aux femmes voient le jour[16]. Ils dispensent des conseils sur des sujets variés : sur la décoration, l'art de vivre, le théâtre, les lieux de villégiature en vogue et sur la mode bien sûr, abondamment illustrés de planches couleurs. Le plus souvent, ces reproductions sont créées à partir d'un dessin dont les contours sont, dans un premier temps, gravés puis imprimés à l'encre noire. Les plages ainsi délimitées sont ensuite complétées d'aquarelle ou de gouache, appliquées au pochoir. La composition des images, leur processus de réalisation, ainsi que les thèmes qui y sont développés rappellent bien évidemment les estampes japonaises dont elles s'inspirent. Même si d'autres publications comme *Modes et manières d'aujourd'hui*, les *Costumes parisiens, Journal des dames et des modes*, l'édition française de *Vogue* ou *Les Modes*, par exemple, seront évoquées, la *Gazette du bon ton, art, modes et frivolités* constitue l'un des meilleurs témoins de son temps[17]. Ce journal est fondé en 1912, peu avant la Première Guerre mondiale – période pendant laquelle sa parution sera suspendue, pour un temps –, elle reprendra ensuite

ILL. 6

Ill. 6. Femmes éventant des kimonos
Estampe signée Toyokuni 三代,
Utagawa Kunisada 歌川国貞
(1786-1865)
Tirée de la série des *Douze mois*,
l'aération des vêtements qui
représente le sixième mois
Publiée par Tsutaya Kichizō
蔦室古藏 en 1854
Japon, époque d'Edo (1600-1868)
Fondation Baur, CB.EJ.1939.335

Ill. 6. *Women airing kimonos*
Signed Toyokuni 三代,
Utagawa Kunisada 歌川国貞
(1786–1865)
From the series *The Twelve Months*:
the airing of clothes represents
the sixth month
Published by Tsutaya Kichizō
蔦室古藏 in 1854
Japan, Edo period (1600–1868)
Baur Foundation, CB.EJ.1939.335

The cross influences of these creations become apparent when they are compared. The dragonfly, in particular, is one of the insects that was abundantly reproduced in the West from Chinese and Japanese models. The same principle holds true for Art Deco motifs, which were also to a great deal inspired by the Far Eastern geometric repertoire.

Where to find "good taste"

In France, around the 1920s, a great number of magazines written for and about women were available to the public.[16] They offered advice on different topics, such as home decoration, lifestyles, the theatre, fashionable holiday resorts and of course fashion, all abundantly illustrated with colour plates. These were generally created from a drawing whose outlines were first engraved, then printed with black ink. The areas within the outlines were then filled in with watercolours or gouaches, applied using a stencil. The composition of the images, the different stages of their production and the themes developed all strongly resemble the Japanese woodblock prints by which they were inspired. Although other publications, like *Modes et manières d'aujourd'hui*, *Costumes parisiens*, *Journal des dames et des modes*, the French version of *Vogue* and *Les Modes* will be mentioned, it is the *Gazette du bon ton, art, modes et frivolités* which best reflect the period.[17] It was first issued in 1912 but its publication was interrupted during World War I, before resuming in 1920 and continuing until 1925.[18] What is fascinating about this luxury publication is the acumen shown by its editor in asking designers to work in close partnership with artists, illustrators and magazine decorators.[19] The designers created exclusive models of clothing, and the others interpreted these fashions in their own way to create a new image of the progressively autonomous modern woman.[20] Today, the *Gazette du bon ton* remains an important historic source of information on the social transformations and aesthetic developments of the time.[21]

Chinese and Japanese textiles, treasures in the collections of the Baur Foundation

The Baur Foundation in Geneva has a sufficiently ample and representative collection of Asian textiles to provide a comparison with the Western fashions of the 1920s. The collections are composed most importantly of Chinese clothes: *waitao* (外套) coats and jackets, *changpao* (常袍) and *changfu* (常服) tunics, *qunzi* (裙子) and *mangqun* (蟒裙) pleated skirts, official *jifu* (吉服) and *chaofu* (朝服) tunics, and *longpao* (龙袍) dragon tunics – twenty or so of them – which were ordered by Alfred Baur (1865–1951) himself (ill. 15).[22] Then, there are various hangings and also embroidered sleeve edgings (about

Ill. 7. Page de couverture de l'édition française du magazine *Vogue*
Impression en couleurs sur papier
Signée Helen Dryden (1882-1972)
France, Paris, 1er septembre 1922
Éditions Condé Nast
Bibliothèque nationale de France, Paris

Ill. 7. Cover page of the French edition of *Vogue*
Colour print on paper
by Helen Dryden (1882–1972)
Paris, 1 September 1922
Éditions Condé Nast
Bibliothèque nationale de France, Paris

Ill. 8. Page de couverture de l'édition française du magazine *Vogue*
« Le salon de l'automobile – les fourrures et les modes d'enfants »
Impression en couleurs sur papier
Signée BUK – Eduard Buk Ulreich (1884-1966)
France, Paris, 1er novembre 1923
Éditions Condé Nast
Bibliothèque nationale de France, Paris

Ill. 8. Cover page of the French edition of *Vogue*
The Car Show – furs and children's fashions
Colour print on paper
Signed BUK – Eduard Buk Ulreich (1884–1966)
Paris, 1 November 1923
Éditions Condé Nast
Bibliothèque nationale de France, Paris

ILL. 7

ILL. 8

de 1920 à 1925[18]. Ce qui fait l'intérêt de ces luxueux fascicules, c'est le talent de leur éditeur qui choisit de mettre en étroite collaboration couturiers, artistes et illustrateurs-décorateurs[19]. Les premiers proposent des modèles exclusifs, les suivants retranscrivent, à leur manière, cette nouvelle image de la femme qui s'émancipe[20]. Cette publication et les autres mentionnées précédemment sont aujourd'hui des documents historiques sur les transformations sociales et les recherches esthétiques de cette époque[21].

Les textiles chinois et japonais, trésors de la Fondation Baur

La Fondation Baur de Genève possède une collection de textiles asiatiques suffisamment abondante et pertinente pour servir de comparaison avec la mode des années 1920. Elle est constituée de vêtements chinois tout d'abord : vestes et manteaux *waitao* (外套), tuniques *changpao* (常袍), ou *changfu* (常服), jupes plissées *qunzi* (裙子), *mangqun* (蟒裙), robes officielles *jifu* (吉服) ou *chaofu* (朝服) et dragons *longpao* (龙袍) – une vingtaine de pièces – qui avaient été commandées par Alfred Baur (1865-1951) lui-même[22] (ill. 15). Puis de tentures diverses et de bordures de manches brodées (une centaine de pièces), que Mme Baur (1873-1961) prenait plaisir à choisir dans les malles envoyées par l'antiquaire Gustave Loup (1876-1961), depuis la Chine[23] (ill. 13). Tous ces exemples appartiennent à la fin de la dynastie Qing 清 (1644-1911), principalement du XIXe au début du XXe siècle. Baur avait encore fait l'acquisition d'un ensemble de cent vingt et une nappes d'autel bouddhique japonaises *uchishiki* (打敷), qui lui avait été proposé par son marchand de Kyōto, Tomita Kumasaku 富田熊作 (1873-1953)[24] (ill. 14). L'intérêt du couple Baur porté à ces catégories spécifiques indique que les kimonos auraient pu, de même, se frayer un chemin dans leurs collections si l'opportunité s'était présentée, ce qui ne fut apparemment jamais le cas (ill. 16).

Fort heureusement, depuis quelques années, plusieurs donations ont rejoint le fonds textile du musée, complétant ainsi certains manques[25]. Parmi ces trésors généreusement offerts, figurent des pièces uniques, chinoises et japonaises, ainsi que deux importants ensembles de vêtements traditionnels japonais (plus de cent soixante pièces en tout)[26]. Ces derniers sont composés de kimonos *kosode* (小袖), de vestes ouvertes *haori* (羽織), de manteaux *kōto* (コート), sous-kimonos *nagajuban* (長襦袢), ceintures obi (帯), et accessoires divers, ainsi que de photographies familiales. La première donation reçue est celle de Mme Sato Mariko 佐籐万里子 (en 2008), descendante d'une famille noble de samouraïs proche du pouvoir impérial de Kyōto[27]. Ces précieuses toilettes qui étaient les siennes, celles de sa mère et de sa grand-mère, sont représentatives des

ILL. 9

ILL. 10

Ill. 9. Détail d'une bordure de manche *wanxiu* 挽袖, issue d'une paire
Motif de libellule, sur fond ivoire
Gaze de soie brodée de fil d'or et de sequins
Chine, dynastie Qing (1644-1911), fin du XIXe siècle
Fondation Baur, acquise dans les années 1920 auprès de Gustave Loup, CB.TC.1964.45

Ill. 9. Detail of a *wanxiu* (挽袖) sleeve edging
On an ivory-coloured ground
Silk gauze embroidered with gold thread and sequins
China, Qing dynasty (1644–1911), late 19th century
Baur Foundation, acquired during the 1920s through Gustave Loup, CB.TC.1964.45

Ill. 10. « Pendants de cou joaillerie et émaux translucides, bracelet libellules émaux et diamants »
Impression en couleurs sur papier
Planche non signée, attribuée à Henri Vever (1854-1942)
France, Paris, *Costumes parisiens, Journal des dames et des modes*, année 1912, no 19, planche 37
Rijksmuseum, Amsterdam

Ill. 10. "Neck pendants jewellery and translucent enamels, dragonfly bracelet enamels and diamonds"
Colour print on paper
Unsigned plate, attributed to Henri Vever (1854–1942)
Paris, *Costumes parisiens, Journal des dames et des modes*, yearbook 1912, no. 19, plate 37
Rijksmuseum, Amsterdam

Ill. 11. Page de couverture du magazine *Les Modes*
« Chez Poiret, par G. Barbier »
Impression en couleurs sur papier
Signée George Barbier (1882-1932)
France, Paris, année 1912, avril, no 136
Bibliothèque nationale de France, Paris

Ill. 11. Cover page of the magazine *Les Modes, At Poiret's, by G. Barbier*
Colour print on paper
by George Barbier (1882–1932)
Paris, yearbook 1912, April, no. 136
Bibliothèque nationale de France, Paris

a hundred) that Mrs Baur (1873–1961) liked to select from the trunks sent from China by the antiquarian Gustave Loup (1876–1961) (ill. 13).[23] All these pieces date from the end of the Qing 清 dynasty (1644–1911), principally from the late 19th and early 20th centuries. A bit later on, Alfred Baur also acquired a set of 121 Japanese *uchishiki* (打敷) – Buddhist altar cloths – offered to him by his dealer in Kyōto, Tomita Kumasaku 富田熊作 (1873–1953) (ill. 14).[24] The interest shown by the Baur couple in these particular categories indicates that kimonos, too, might have found a way into their collections if the opportunity had arisen, which apparently was never the case (ill. 16).
Fortunately, over the years, several donations have entered the museum's textile collection, thus helping to fill certain gaps.[25] Among these are unique examples from both China and Japan, as well as two important sets of traditional Japanese kimonos (more than 160 pieces altogether).[26] These sets consist of *kosode* (小袖) kimonos, *haori* (羽織) open jackets, *kōto* (コート) coats, *nagajuban* (長襦袢) under-kimonos, *obi* (帯) sashes and other accessories, as well as family photographs. The first donation was made by Mrs Sato Mariko 佐籐万里子 in 2008, who is a descendant of a noble Samurai family close to the imperial power in Kyōto.[27] These refined garments belonged to her, to her mother and to her grandmother and are characteristic of the Taishō 大正 (1912–26) and Shōwa 昭和 (1926–89) periods (ill. 17, 19). Earlier kimonos are much rarer as, with time and the wear they suffered, their fabrics were often cut up and reused either to make children's clothes or for other purposes. The second donation, made by Mrs Sugawara Keiko 管原惠子 in 2015 is the heritage of a large family from Tōkyō and also consists of clothes from three generations covering the same period (ill. 18).[28] These two magnificent sets, which had never previously been studied, deserved to be finally put on public display.[29]

Chinese costume, silk woven with gold and dragons

The discovery of silk thread and the many possible ways it could be treated and woven lies at the heart of Chinese culture. Throughout Chinese history, the silk industry has largely contributed to this civilisation's economic development and influence across Asia and the rest of the world (ill. 20). Long a mysterious material, this precious thread stimulated the desire and interest of consumers. The ruling class naturally took control of its production and adorned themselves with it as silk became an attribute that was inseparable from power. Silk therefore became an integral part of Chinese dress.

ILL. 11

Ill. 12. Kimono de visite
hōmongi (訪問着)
Avec trois blasons familiaux brodés *nui-mon* (縫紋), représentant deux feuilles de chêne entrecroisées entourées de cinq poignées de métal *gokan kashiwa* (五鐶柏葉)
Motif stylisé d'aiguilles de pins et de feuilles de bambous agitées par le vent, sur fond noir et or
Crêpe de soie *chirimen* (縮緬), tissé de fil d'or
Kimono doublé *awase* (袷) pour la saison hivernale, doublure blanche dégradée vers le gris, à porter avec une ceinture de grand luxe et réversible *maru* (丸帯), ou à revers sans décor *fukuro* (袋帯), de couleur vive
Japon, période Shōwa (1926-1989)
Provenance Kyōto
Fondation Baur, donation Sato Mariko, FB.DS.2008.94

Ill. 12. *Hōmongi* (訪問着) visiting kimono
Bearing three embroidered *nui-mon* (縫紋) family crests, featuring two intertwined oak leaves surrounded by five *gokan kashiwa* (五鐶柏葉) metal handles
Stylised motif of pine needles and bamboo leaves fluttering in the wind, on a black and gold ground
Chirimen (縮緬) silk crepe woven with gold thread
Awase (袷) lined, winter kimono, white lining fading to grey, to be worn with a lavish and reversible *maru obi* (丸帯) or a brightly coloured *fukuro obi* (袋帯) with plain reverse
Japan, Shōwa period (1926–89)
Provenance Kyōto
Baur Foundation, Sato Mariko donation, FB.DS.2008.94

ILL. 12

ères Taishō 大正 (1912-1926) et Shōwa 昭和 (1926-1989) (ill. 17, 19). Les kimonos antérieurs sont beaucoup plus rares, car au cours du temps et de leur usure, les étoffes précieuses étaient fréquemment recoupées, retaillées pour les enfants, ou trouvaient d'autres utilités. La seconde donation, celle de Mme Sugawara Keiko 菅原惠子 (en 2015), constitue l'héritage d'une grande famille de Tōkyō et consiste, elle aussi, en trois générations de tenues qui couvrent exactement la même période[28] (ill. 18). Quelques pièces rapportées qui lui avaient été confiées par des tiers font également partie de ce lot. Ces deux magnifiques collections, qui n'avaient encore jamais été étudiées, méritaient d'être enfin mises en lumière[29].

Le costume chinois, une soie tissée d'or et de dragons

La découverte du fil de soie, de ses nombreuses possibilités de traitement ou de tissage, fait partie des fondements de la culture chinoise. Au cours de l'histoire, cette industrie a largement contribué au développement économique de cette civilisation et à son rayonnement – en Asie comme dans le reste du monde (ill. 20). Longtemps demeurée mystérieuse, cette précieuse

ILL. 13

ILL. 14

Ill. 13. Le marchand d'art
Gustave Loup, en Chine,
aux côtés d'une amie
Photographie noir et blanc
Chine, années 1920-1930
Collection privée

Ill. 13. The antique dealer
Gustave Loup in China with a friend
Black-and-white photograph
China, 1920s–30s
Private collection

Ill. 14. Le marchand d'art
Tomita Kumasaku et son épouse
Photographie noir et blanc
Japon, années 1920-1930
Fondation Baur

Ill. 14. The art dealer
Tomita Kumasaku and his wife
Black-and-white photograph
Japan, 1920s–30s
Baur Foundation

ILL. 15

Ill. 15. Robe informelle de couleur
turquoise *changfu*
Semis de fleurs avec papillons
voletant autour de pivoines
Tenue pour une femme de haute
appartenance
Satin de soie brodé de fils
de couleurs et d'or
Chine, dynastie Qing (1644-1911),
fin du XIXe siècle
Fondation Baur, acquise en 1927
auprès de Gustave Loup,
CB.TC.1927.1

Ill. 15. A turquoise *changfu*
informal robe
Flowers and butterflies fluttering
around peonies
Garment for a high-ranking woman
Silk satin embroidered with coloured
and gold thread
China, Qing dynasty (1644–1911),
late 19th century
Baur Foundation, acquired in 1927
through Gustave Loup, CB.TC.1927.1

Ill. 16. Portrait d'une jeune geisha écrivant une lettre
L'inscription qui l'accompagne commente « *O-Hana-San writes a letter before retiring* »
Série de cartes postales tirées de photographies noir et blanc, colorées à la main, intitulée *Glimpes [sic] in the Life of a Geisha*
Japon, ère Taishō (1912-1926)
Fondation Baur

Cette image est extraite d'un lot de douze cartes postales rapporté par le couple Baur lors de son voyage au Japon en 1924. Il démontre l'intérêt des voyageurs pour le costume traditionnel japonais. Sur les prises de vues suivantes, issues de la même série, on peut encore voir le dressage de la coiffure ou le nœud du obi.

Ill. 16. Portrait of a young geisha writing a letter
The accompanying caption says: "*O-Hana-San writes a letter before retiring*"
Series of postcards made from black-and-white photographs, coloured by hand, titled *Glimpes [sic] in the Life of a Geisha*
Japan, Taishō era (1912–26)
Baur Foundation

This image is taken from a set of twelve postcards brought back by the Baurs from their journey to Japan in 1924. It shows their interest in traditional Japanese costume. In the following images, which come from the same series, it is also possible to see how the hair and the *obi* knot were tied.

ILL. 16

matière a entretenu le désir et excité les convoitises. L'élite s'en est alors naturellement emparée et parée, puisqu'elle incarnait un attribut indissociable du pouvoir. La soie fait donc partie intégrante du costume chinois.

Sous les Qing, le vêtement traditionnel est le plus souvent constitué d'une tunique évasée aux manches longues. Les femmes portent également le pantalon ou la jupe plissée sur lesquels elles enfilent une veste. Cependant, l'aspect le plus marquant de ces habits est la part accordée aux motifs et à leur signification. En Chine, en effet, on leur attribue des pouvoirs apotropaïques. Ainsi, le Fils du Ciel et les mandarins qui le représentent se doivent-ils d'arborer des signes imposants et protecteurs. Le vocabulaire décoratif des tenues officielles suit donc des règles précises, indiquant tout à la fois fonction et rang. Les toilettes des femmes sont plus souples. Ces dernières peuvent emprunter les emblèmes hiérarchiques de leur époux lors de cérémonies formelles, ou se vêtir de manière moins stricte dans l'intimité. Elles favorisent alors des motifs de bon augure pour protéger leur foyer. De longues heures durant, elles s'emploient à broder bordures de manches, galons et accessoires divers destinés aux vêtements de tous les membres de la famille, dans l'idée de les envelopper de bienveillance. Ces traditions et lois somptuaires n'ont toutefois pas toujours été comprises et ce qui demeure du costume chinois, une fois arrivé en Europe, c'est la richesse des tissus et de leurs ornements, la vivacité des teintes, ainsi que la variété des décors[30].

Ce sont précisément ces compositions, peuplées de créatures imaginaires ou réelles, constellées de fleurs, d'oiseaux, de papillons et d'insectes évoluant dans une nature féerique, qui excitent l'imaginaire des créateurs occidentaux. La soie, ses couleurs éclatantes, sa souplesse, ses broderies animées de dragons ou de phénix, de motifs cousus au fil d'or, se retrouvent diversement déclinés dans les dessins de haute couture des années 1920 (ill. 21-22).

Le kimono, un vêtement conçu comme un bijou

L'habit traditionnel japonais, porté aussi bien par les hommes que par les femmes de toute origine sociale, est une sorte de manteau à la coupe droite et ample, retenu à la taille par une ceinture nouée. Cette tenue est économe en tissu puisque les différents éléments de son patron s'inscrivent parfaitement dans une laize, sans laisser de chutes. Une fois assemblé, le kimono se plie facilement à plat, le long de ses coutures principales. Il est ensuite conservé enveloppé dans du papier, soigneusement rangé dans des armoires conçues en bois de paulownia pour le protéger de l'humidité. La simplicité apparente de ce vêtement est enrichie par une longue tradition qui codifie

ILL. 17

ILL. 18

Ill. 17. Photo de la donatrice Mme Sato Mariko lors de la cérémonie des Shichi-go-san (七五三) qui célèbre ses trois ans[31]
Photographie noir et blanc colorée à la main
Japon, début Shōwa (1926-1989)
Provenance Kyōto
Collection privée

Ill. 17. Photograph of the donor, Mrs Sato Mariko, during the *Shichi-go-san* (七五三) ceremony that celebrated her third birthday[31]
Hand-coloured black-and-white photograph
Japan, early Shōwa era (1926–89)
Provenance Kyōto
Private collection

Ill. 18. Portait de la donatrice Mme Sugawara Keiko à l'âge de trois ans, entourée de sa famille lors de la cérémonie des Shichi-go-san
Photographie noir et blanc
Japon, ère Shōwa (1926-1989)
Provenance Tōkyō
Collection privée

Ill. 18. Portrait of the donor Mrs Sugawara Keiko aged three, surrounded by her family during her *Shichi-go-san* ceremony
Black-and-white photograph
Japan, Shōwa era (1926–89)
Provenance Tōkyō
Private collection

During the Qing dynasty, traditional dress was generally a flared tunic with long sleeves. Women also wore trousers or a pleated skirt with a jacket. However, the most striking characteristic was their decorative motifs and the significance of these. In China, designs are endowed with apotropaic powers. Hence, the Son of Heaven and the mandarins who represented him had to wear stately and protective images. The language depicted on official costumes followed precise rules that were indicative of both the wearer's function and rank. Women's clothing was less strictly regulated. They could wear the hierarchical emblems of their husbands at formal ceremonies, while dressing in a less rigorous manner in private. They tended to prefer auspicious motifs to protect their household. They would sew for hours, making sleeve edgings, braids and accessories for the clothing of all the members of their family, swathing them in benevolent protection. These traditions and China's sumptuary laws were not however always understood in Europe and what was retained of Chinese costumes there, was the richness of the materials and its decoration, the brightness of the colours and the variety of its decorative patterns.[30]

It was precisely these compositions, filled with real and imaginary creatures, scattered with flowers, birds, butterflies and insects in a magical natural setting that excited the imagination of Western creators. Silks, with their dazzling colours, softness and embroideries featuring dragons and phoenixes, and their motifs sewn with gold thread, prompted an outpouring of interpretations in haute-couture designs during the 1920s (ill. 21–22).

The kimono, a garment designed as a jewel

This traditional Japanese item of clothing was worn by men and women of all social standing. It is a sort of loose, straight-cut coat held at the waist by a knotted belt. Its manufacture was economical in terms of material as the different elements of the pattern are designed to fit into a single bolt width with no offcuts. Once made, a kimono folds easily along its main seams. When in storage, it is wrapped in paper and put away in coffers made of paulownia wood to protect it from dampness. The apparent simplicity of this belies a complex tradition that governs how, when and where it is worn, and by whom. The length of the sleeves, the colours, motifs, lining, *mon* family crests (紋) and the material from which it is made all reflect the status of its wearer. In the past, when a young girl from a good family married, a complete set of kimonos and sashes to be worn at all the different stages of her life would be prepared in advance by her relatives. This set, which had to reflect her

Ill. 19. Kimono de mariage à longues manches *furisode* (振袖)
Avec cinq blasons familiaux *mon* teints, représentant deux feuilles de chêne entrecroisées entourées de cinq poignées de métal *gokan kashiwa*
À motifs de bon augure
Crêpe de soie *chirimen*, teint, peint, brodé de couleurs, de fils d'or et d'argent, saupoudré de poussière d'or, travaillé par endroits en décor de réserve par points noués *shibori* (絞り)
Kimono doublé *awase* pour la saison hivernale, doublure rouge *momi* (紅絹), à porter avec une ceinture de grand luxe et réversible *maru* également à motifs de bon augure, de couleur claire et festive avec du doré, par exemple
Japon, fin de l'ère Taishō (1912-1926), ou début Shōwa (1926-1989)
Provenance Kyōto
Fondation Baur, donation Sato Mariko, FB.DS.2008.35

Ill. 19. *Furisode* (振袖) long-sleeved marriage kimono
Bearing five dyed *mon* family crests, featuring two intertwined oak leaves surrounded by five *gokan kashiwa* metal handles
With motifs of good omen
Chirimen silk crepe, dyed and painted and embroidered with coloured, gold and silver thread, sprinkled with gold, worked in places of the resist-dyed decoration with *shibori* (絞り) knots
Awase lined winter kimono, red *momi* (紅絹) lining, to be worn with a lavish and reversible *maru obi* also decorated with motifs of good omen, pale in colour and perhaps coloured with gold
Japan, late Taishō (1912–26) or early Shōwa era (1926–89)
Provenance Kyōto
Baur Foundation, Sato Mariko donation, FB.DS.2008.35

ILL. 19

strictement son port. La longueur des manches, les couleurs, les motifs, la doublure, les blasons *mon* (紋) ou encore la nature de son étoffe reflètent le rang de celui ou de celle qui le revêt. Autrefois, lors du mariage d'une jeune fille de bonne famille, un assortiment complet de kimonos et de ceintures destiné à accompagner les différentes étapes de sa vie était préparé en avance par ses proches. Cet ensemble, qui devait être le digne reflet de son statut, était alors présenté à tous avant la cérémonie. À ce trousseau de vêtements symboliques s'ajoutaient également des parures familiales dans l'idée de confier à la jeune femme une partie de son histoire, qu'elle perpétuerait à son tour.
Au Japon, le faste du vêtement ou la ligature de la ceinture font office de parure, puisque les femmes ne portent pas d'autres bijoux que quelques peignes parcimonieusement piqués dans la coiffure ou un objet précieux, comme un ornement de ceinture *obidome* (帯留), un éventail *ōgi* (扇), *sensu* (扇子) ou *uchiwa* (団扇) ou une pochette *hakoseko* (筥迫), souvent glissés dans l'échancrure du vêtement. Ainsi les artisans rivalisent-ils d'imagination dans leurs interventions

ILL. 20

Ill. 20. Tisserande au travail sur son métier à tisser
Photographie noir et blanc
Chine, dynastie Qing (1644-1911), fin du XIXe siècle
Collection privée

Ill. 20. A weaver at work on her loom
Black-and-white photograph
China, Qing dynasty (1644–1911), late 19th century
Private collection

personal standing, would be displayed before the ceremony. The symbolic trousseau was complemented by family belongings, thus handing down to the bride part of her personal history, which she would in turn pass on.

In Japan, the magnificence of the garment or the knot with which the *obi* (帯) is tied have the function of finery as Japanese women do not wear jewellery, with the exception of a few combs inserted in their hair or a precious object such as an *obidome* (帯留) sash ornament, an *ōgi*, *sensu* (扇子) or *uchiwa* (団扇) fan, or a *hakoseko* (筥迫) case slipped in the opening of her robe. Consequently, craftsmen competed with one another in inventiveness in the decoration of silk bolts, which were designed as though they were pieces of jewellery (ill. 19, 23–5). These specificities did not escape the knowledgeable gaze of Parisian clothes couturiers, who were deeply inspired by them. Like Chinese clothes, kimonos offered them an unexpected source of technical and aesthetic innovation, something they ardently sought.

China and Japan, inspiring modernity during the Roaring Twenties

Shortly before World War I, European women began to defy certain prohibitions. They started by challenging the many diktats that restricted them from being anything more than domestic playthings.[32] The care they expended every day on their long hair, for example, which was considered an essential attribute of femininity, took them considerable time. First, the untangling, then the dressing, whether with or without the aid of a chambermaid, was a veritable ordeal. Hair was not washed on a regular basis, as that also required the long process of oiling it and allowing it to dry. Under such conditions, it was clearly impossible for a woman to live her life as she wanted. When women suddenly began to cut their hair short like a boy, in *garçonne* style, and to go out without wearing a hat, everything changed.[33] At last it was possible for women to think of taking up sports such as tennis and swimming,[34] or dancing the tango,[35] perhaps even working or driving a car! . . . "Luckily, it is now possible to drive a car in a more 'human' way without forsaking all delicacy, all elegance, all attempts to please. Isn't that so Madam? . . . And that never, without that, would you have endured this sport . . . It's true that, in this matter, whether with good or bad grace, fashion must go hand-in-hand with practicality . . . "[36] To do so, women had to completely change their outfits, and it is thanks to the

Ill. 21. Veste informelle *waitao*
Semis de fleurs et médaillons représentant des personnages affairés dans des jardins
Vêtement doublé pour l'hiver, pour une femme, probablement proche de la famille impériale (d'après la couleur jaune qui était strictement réservée par des lois somptuaires à un cercle de personnes restreint)
Satin de soie jaune brodé de fils colorés et de fil d'or
Chine, dynastie Qing (1644-1911), fin du XIXe siècle
Fondation Baur, donation Aimée Masset, 2010, FB.DM.2010.1

Ill. 21. Informal *waitao* jacket with flowers and medallions featuring figures occupied in gardens
A lined winter garment, probably worn by a woman close to the imperial family (suggested by the yellow colour, which was strictly reserved by sumptuary laws to a restricted circle of people)
Yellow silk satin embroidered with coloured and gold thread
China, Qing dynasty (1644–1911), late 19th century
Baur Foundation, Aimée Masset donation, 2010, FB.DM.2010.1

ILL. 21

Ill. 22. Jupe plissée rouge à panneaux dite « dragon » *mangqun*
Décor de dragons et phénix
Tenue inspirée du costume mandchou, destinée à être portée par une femme pour son mariage
Satin de soie brodé de fils colorés, d'or et d'argent
Chine, dynastie Qing (1644-1911), fin du XIXe siècle
Fondation Baur, acquise en 1925 auprès de Gustave Loup, CB.TC.1925.9

Ill. 22. Red pleated skirt, called a *mangqun* "dragon" skirt with dragons and phoenixes
Garment derived from Manchu clothing, made to be worn by a woman for her wedding
Silk satin embroidered with coloured, gold and silver thread
China, Qing dynasty (1644–1911), late 19th century
Baur Foundation, acquired in 1925 through Gustave Loup, CB.TC.1925.9

ILL. 22

sur les coupons soyeux qui sont conçus comme de véritables joyaux (ill. 19, 23-25). Ces particularités n'ont évidemment pas échappé au regard averti des couturiers parisiens qui s'en sont largement inspirés. Les kimonos, tout comme les vêtements chinois, offrent alors une source inespérée de renouveau, technique et esthétique, ardemment recherché.

Ill. 23. Kimono de mariage à longues manches *furisode*
Avec cinq blasons familiaux *mon* teints, représentant deux plumes d'aigle entrecroisées et prises dans un cercle *maru taka-no-ha* (丸鷹の羽)
À motifs de bon augure
Crêpe de soie *chirimen*, teint, peint, brodé de couleurs, de fils d'or et d'argent, travaillé par endroits en décor de réserve par points noués *shibori*
Kimono doublé *awase* pour la saison hivernale, doublure blanche à motif de losanges et rouge *momi*, à porter avec une ceinture de grand luxe et réversible *maru* également à motifs de bon augure, de couleur claire et festive avec du doré, par exemple
Japon, fin de l'ère Taishō (1912-1926), ou début Shōwa (1926-1989)
Provenance Tōkyō, ayant autrefois appartenu à Mme Kano Yoshiko 狩野佳子
Fondation Baur, donation Sugawara Keiko, FB.DSK.2015.43

Ill. 23. *Furisode* long-sleeved marriage kimono
Bearing five dyed *mon* family crests, representing two intertwined eagle feathers in a *maru taka-no-ha* (丸鷹の羽) circle
Motifs of good omen
Chirimen silk crepe, dyed, painted and embroidered with coloured, gold and silver thread, and resist-dyed decoration with *shibori* knots
Awase lined winter kimono, white and red *momi* lining with lozenges
To be worn with lavish and reversible *maru obi* also decorated with auspicious motifs, pale in colour and perhaps featuring gold
Japan, late Taishō (1912–26) or early Shōwa era (1926–89)
Provenance Tōkyō, previously the property of Mrs Kano Yoshiko 狩野佳子
Baur Foundation, Sugawara Keiko donation, FB.DSK.2015.43

Ill. 24. Le marché aux tissus de Kyōto
Grès Satsuma peint aux émaux et à l'or, sceau de Yabu Meizan 町美山 (1853-1934)
Japon, ère Meiji (1868-1912)
Fondation Baur, acquis auprès de Tomita Kumasaku en 1934, CB.CJ.1934.45

Ill. 24. The fabric market in Kyōto
Satsuma stoneware painted with enamels and gold, seal of Yabu Meizan 町美山 (1853–1934)
Japan, Meiji era (1868–1912)
Baur Foundation, acquired through Tomita Kumasaku in 1934, CB.CJ.1934.45

ILL. 24

La Chine et le Japon vecteurs de modernité durant les Années folles

Peu avant la Première Guerre mondiale, la femme se prend en main et entreprend de braver certains interdits. Elle commence par remettre en question de nombreux diktats qui faisaient d'elle une parfaite petite poupée d'intérieur[32]. Sa longue chevelure tout d'abord, qui était considérée comme un attribut indissociable de sa féminité, lui prenait un temps considérable. Il fallait en prendre soin quotidiennement. Le démêlage, puis la coiffure, avec ou sans l'aide d'une camériste, représentaient un véritable calvaire. On ne lavait que périodiquement ses cheveux, car encore fallait-il ensuite les huiler et les laisser sécher, longtemps. Il est évident qu'il était absolument impossible, dans ces conditions, de faire ce que l'on voulait… Les couper court façon garçonne, sortir tête nue, changeait tout[33]. On pouvait enfin songer à faire du sport[34], du tennis, de la natation, aller danser le tango[35], voire travailler ou même conduire une voiture ! « Heureusement on peut faire de l'auto de façon plus "humaine" et sans renoncer à toute grâce, toute élégance, tout souci de plaire. N'est-ce pas Madame ?… et que jamais, sans cela, vous n'eussiez toléré ce sport… Il est vrai qu'ici, de bonne ou mauvaise grâce, la mode doit composer avec le sens pratique[36] […] » Pour ce faire donc, la femme doit faire peau neuve, et c'est grâce aux gravures de mode de ces années que l'on peut lire l'audace dont les couturiers font preuve pour répondre à ses besoins. Comme nous l'avons déjà relevé, les vêtements alors dessinés épousent leurs nouvelles envies. Les coupes et les matières choisies commencent à dévoiler leur corps. Certaines osent même le costume de bain, le pantalon ou le pyjama[37] ! « D'ailleurs les modernes jeunes femmes, qui portent les cheveux coupés et raffolent de la cigarette, n'hésitent pas, pour se masculiniser le plus possible à adopter le pyjama de soie qui remplace actuellement la robe de chambre, très abandonnée des jeunes femmes […]. Le pyjama […] donne une agréable silhouette et n'a rien de choquant en tant que vêtement d'intérieur[38]. » Les illustrateurs qui sont chargés de mettre ces tenues en valeur offrent à leurs modèles un monde de liberté où tout semble possible, et cette

fashion prints of these years that we are aware of the daring of designers to meet women's needs. The shape of their clothes began to reflect their new ambitions. The cuts and materials started to reveal the shape of their bodies. Some even dared to wear bathing costumes, trousers and pyjamas![37] "Besides, modern young women who wear their hair short and are crazy about smoking do not hesitate to make themselves as masculine as possible, to wear silk pyjamas rather than the dressing gown that has been so abandoned by young women . . . Pyjamas . . . show a pleasing figure and are in no way shocking, given that they are clothes meant for indoor wear."[38] Illustrators, whose job was to make these new outfits as attractive as possible, portrayed their models enjoying a world of freedom where everything seemed possible, leading to several interpretations. The first, and probably most superficial one, reveals the desires and expectations of magazine readers. They saw themselves as *femmes fatales*, loved and admired, modern and active, all the while remaining appealing. The subtitles given to the plates add a suggestive aspect to their understanding, for example, *The Tomb of Secrets* or *The First Indiscretion*, which invited readers to invent and project themselves into a romantic story. It is interesting to read the texts independent of the illustrations. Surprisingly, we find a number of articles, which are generally signed with a man's name, that are rather mawkish, conservative and even moralising.[40] They seem to completely contradict the loudly voiced openness of the pages dedicated to fashion. An example is provided by the article *For those who regret* . . . written by George-Armand Masson (1892–1977) in an issue of 1920, which rebels against the preposterous idea of a woman sacrificing her head of hair. He describes, with humour it must be said, the fashion for cutting off one's hair as a form of mutilation. "I told you, my misguided, crazy friend, that the day would come around quickly when you would grimace at your reflection in the mirror and curse your overly obedient scissors of last year . . . I always thought that it is regrettable to remove one of the ornaments of the human body, whatever it might be. God, who does nothing without purpose, did not give us a nose so we could cut it off, ears for us to crop. All ablation is a mistake and a sin. You who have so lightly sacrificed your wonderful hair to fashion, would you follow the same principle if tomorrow the fashion was to be one-armed and legless?"[41] Yet, a few pages later, the illustrations silently but incontestably champion short hair . . . [42] This astonishing contradiction is in fact a reflection of a transitional period. European society, which had barely woken from the long nightmare of war, wished to return to a certain normality, while women, who had begun to experience their independence during this period, were no longer willing to do what was expected of them.[43] The editorial strategy of these magazines was above all to sell a dream, something that was indispensable following the recent conclusion of the war. These publications conveyed hopes for a better life surrounded by beauty, the aspirations of women to win their independence and benefit from social progress. This is borne out by the fact that most of the haute-couture creations presented in the magazine pages, signed by the greatest designers of the period – Doucet, Dœuillet, Poiret, Paquin, Lanvin, Worth and others – were never actually made. However, the success of the plan was such that the illustrators who were associated with these fashions, such as Iribe, Lepape and Barbier, went on to be regarded as artists in their own right.[44] "When fashion becomes an art, a fashion magazine must also be an art journal. This is what the *Gazette du bon ton* will become . . . "[45] And for its part, Asia, too, continued to discreetly accompany European women on their way to their own fulfilment.

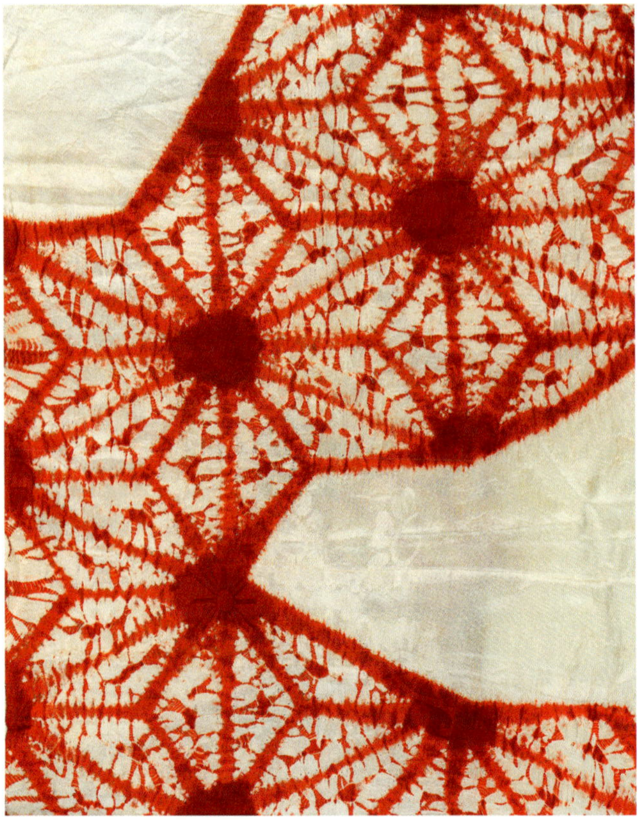

ILL. 25

Ill. 25. Détail du décor d'une ceinture pour jeune fille *sanjaku* (三尺帯) ou *heko obi* (兵児帯) [39]
Motif étoilé dit en « feuilles de chanvre » stylisées *asanoha* (麻の葉)
Soie *rinzu* (綸子) tissée de fleurs, teinte en rouge à réserve par ligature *shibori*, points noués façon *makiage* (巻き上げ)
Japon, ère Taishō (1912-1926)
Provenance Kyōto
Fondation Baur, donation Sato Mariko, FB.DS.2008.108

Ill. 25. Detail of the decorative pattern on a *sanjaku* (三尺帯) or *heko obi* (兵児帯) [39] made for a young girl
Star motif of *asanoha* (麻の葉) stylised "hemp leaves"
Rinzu (綸子) satin crepe woven with flowers, dyed red using the *shibori* tie-dye technique with *makiage* (巻き上げ) knots
Japan, Taishō era (1912–26)
Provenance Kyōto
Baur Foundation, Sato Mariko donation, FB.DS.2008.108

mise en scène invite à plusieurs niveaux de lecture. Le premier, et le plus superficiel sans doute, permet de cerner les attentes et les fantasmes des lectrices. Elles se voudraient femmes fatales, aimées, admirées même, modernes et actives, tout en restant séduisantes. Les sous-titres donnés aux planches ensuite ajoutent une dimension suggestive – « Le tombeau des secrets » ou « La première imprudence » – qui les invite à se projeter, à s'inventer une histoire romantique et se l'approprier. Il est intéressant enfin de se pencher sur les textes qui jalonnent les pages du magazine, indépendamment des illustrations. De manière assez surprenante, on constate que ces différentes rubriques, le plus souvent signées de plumes masculines d'ailleurs, se révèlent être passablement mièvres, conservatrices, voire moralisatrices[40]. Elles semblent entrer en contradiction complète avec l'ouverture affichée des pages consacrées à la mode. On pourrait prendre pour exemple la tribune rédigée par Georges-Armand Masson (1892-1977), dans un numéro de 1920, qui s'insurge contre l'idée saugrenue de sacrifier sa chevelure et s'intitule « Pour celles qui regrettent… » Il compare, avec humour certes, cette tendance capillaire qu'il déplore à une véritable mutilation. « Je vous l'avais bien dit, folle, très folle amie, qu'un jour viendrait vite où vous feriez la moue devant votre miroir, et maudiriez les ciseaux trop dociles de l'an passé. […] J'ai toujours estimé qu'il était fâcheux de retrancher du corps humain un de ses ornements, quel qu'il soit. Dieu, qui ne fait rien en vain, ne nous a pas donné un nez pour que nous l'arrachions, des oreilles pour qu'on nous essorille. Toute ablation est une erreur et un péché. Vous qui avez si légèrement sacrifié à la mode une admirable chevelure, pousserez-vous la logique si demain la vogue est aux manchotes et aux culs-de-jatte, jusqu'à vous faire amputer[41] ? » Toutefois, quelques pages plus loin seulement, les images se font les porte-parole silencieuses, mais incontestables, des cheveux courts[42]… Cette étonnante dichotomie n'est en fin de compte que le reflet d'une période transitionnelle. La société qui s'éveille à peine d'un long cauchemar espère le retour à une certaine normalité ; tandis que les femmes, pour leur part, qui ont commencé à goûter à l'autodétermination pendant la guerre, ne veulent plus forcément faire ce qu'autrefois on attendait d'elles[43]. L'intention rédactionnelle de ces publications est, avant toute chose, de vendre du rêve, indispensable au sortir du conflit qui vient de s'achever. Ces journaux véhiculent les espoirs d'une vie meilleure entourée de beauté, les aspirations de la femme à gagner son indépendance, à accéder au progrès social. Pour preuve, la plupart des créations haute couture proposées, griffées des plus grands noms de l'époque – Doucet, Dœuillet, Poiret, Paquin, Lanvin ou Worth… – n'ont, dans les faits, jamais été réalisées. Toutefois, la réussite de ce projet est telle que les illustrateurs qui y sont associés – Iribe, Lepape, Barbier… – vont gagner leur place d'artiste à part entière[44]. « Au moment où la mode est devenue un art, il faut qu'une gazette de la mode soit elle-même un journal d'art. Telle sera la *Gazette du bon ton*[45] […] » De son côté, l'Asie continue d'accompagner discrètement la femme, pas à pas, vers la réalisation de soi.

Comme mentionné précédemment, on observe tout d'abord la proximité de ces planches imprimées, puis peintes au pochoir, avec les estampes japonaises. Une image dont chaque élément est détouré d'une fine ligne noire. On note également une absence délibérée d'ombres ou de recherche de volume. La profondeur ne dépend plus d'une construction basée sur les règles de la perspective mathématique édictées sous la Renaissance, mais est suggérée par un alignement de plans successifs, parfois même souvent fermée à la manière d'un rideau de théâtre. Les couleurs, enfin, sont appliquées en aplat et à la main dans des plages strictement délimitées grâce à des pochoirs, faisant de chaque image une œuvre unique[46]. Ces particularités permettent une lisibilité facilitée et plus directe de l'illustration. La modernité passe donc aussi par une nouvelle communication visuelle.

Le contenu de ces impressions nous renseigne sur la vision de la Chine et du Japon dans l'esprit des contemporains. Elle correspond en grande partie à une réalité biaisée par des siècles de chinoiseries, suivis de plusieurs décennies de relations conflictuelles. On projette alors sur ces deux empires beaucoup de fantasmes exploités à dessein, tout comme on l'avait fait, peu avant, avec l'Orient. N'oublions pas que si, au tournant du XXe siècle, la France se tourne vers ces horizons, c'est aussi à cause de la colonisation. Il y a la conquête des confins algéro-marocains et l'occupation de la Tunisie, mais aussi

ILL. 26

As mentioned previously, what is evident is the similarity of these plates to Japanese woodblock prints. As they were first printed and then painted using stencils, each element in the image has a fine black contour. Also evident is the deliberate absence of shadows and suggestion of volume. Depth is not rendered by the construction of the image following the rules of mathematical perspective laid down during the Renaissance, but is implied by the stacking of successive planes that is sometimes even concluded in the manner of a theatre curtain. The colours are applied in flat tints and by hand in the areas strictly bounded by the use of stencils, making finally each image unique.[46] This allows the viewer to read and understand the illustration more easily and directly. Thus, modern developments also took the form of a new visual communication.

The contents of these prints are indicative of the vision of China and Japan in the minds of Europeans at the time. To a great extent, this perception tallied with a biased reality generated by centuries of contact with chinoiseries followed by several decades of conflict. In the same way as had occurred earlier with the Middle East, the West projected its fantasies on these two Asian empires, and then exploited these dreams to the utmost. The fact that France began to gaze eastwards at the turn of the 20th century was the result of its colonial exploits. In addition to its conquest of the Algerian-Moroccan area and its occupation of Tunisia, there was the country's annexation of Indochina, which were all closely linked to this renewed interest in the Orient. These facts offer a sharper understanding of the many influences that made reference to the new exotic

Ill. 26. Veste ouverte *haori*
Avec trois blasons familiaux *mon* teints, représentant une campanule japonaise prise dans un cercle *maru kikyo* (丸桔葉)
À motif de vagues agitées par le vent, sur fond noir
Crêpe de soie *chirimen*, tissé de fils d'or et d'argent, teint et peint
Veste simple *hitoe* (単衣), pour le printemps et l'automne
Japon, ère Shōwa (1926-1989)
Provenance Kyōto
Fondation Baur, donation Sato Mariko, FB.DS.2008.71

Ill. 26. *Haori* open jacket
Bearing three dyed *mon* family crests, featuring a Japanese bellflower in a *maru kikyo* (丸桔葉) circle
Waves agitated by the wind on a black ground
Chirimen silk crepe woven with gold and silver thread, dyed and painted
Hitoe (単衣) simple jacket, worn in spring and autumn
Japan, Shōwa era (1926–89)
Provenance Kyōto
Baur Foundation, Sato Mariko donation, FB.DS.2008.71

Ill. 27. Détail d'une bordure de manche *wanxiu*, issue d'une paire
Rinceau de fleurs, sur fond noir
Satin de soie brodé de fils multicolores
Chine, dynastie Qing (1644-1911), fin du XIXe siècle
Fondation Baur, acquises auprès de Gustave Loup dans les années 1920, CB.TC.1964.102

Ill. 27. Detail of a *wanxiu* sleeve edging, one of a pair
Flower scroll on a black ground
Silk satin embroidered with coloured thread
China, Qing dynasty (1644–1911), late 19th century
Baur Foundation, acquired through Gustave Loup during the 1920s, CB.TC.1964.102

ILL. 27

l'annexion de l'Indochine qui sont bien évidemment étroitement liées à ce regain d'intérêt. Ces faits éclairent mieux les très nombreuses influences qui font référence à un monde « tendance », dont la diversité reflète désormais la modernité. Ces terres lointaines et mystérieuses, parfois dangereuses, attirent les aventuriers, ou plutôt les aventurières dorénavant, dans leur quête effrénée de découverte. Les créateurs européens, qui ont bien compris ce phénomène de séduction, vont en explorer de nombreux aspects. Les couturiers parisiens, Paul Poiret en tête (1879-1944), vont puiser moult éléments dans ce réservoir providentiel (ill. 26-28). Les illustrateurs, quant à eux, les enroberont d'un décor drapé de mythes et de clichés. « L'art chinois se porte énormément cette année », peut-on lire en effet dans un numéro de la *Gazette* de 1920[47].

Dans sa soif de mouvements, la femme réclame donc des habits mieux adaptés. Le corset fait partie des premiers accessoires dont on se débarrasse, avec bonheur, comme des gants et des coiffures trop volumineuses. Le concept de la tunique ou du kimono, réinterprété, offre de nouvelles possibilités. C'est la fin des lourdes toilettes dans lesquelles la femme était engoncée. « De crinoline en jupe entravée, de paniers en manches à gigot, de coiffures à la monte-au-ciel en tournures et en poufs, les femmes, déjà tant éprouvées par les malaises de leur nature, sont capables, si c'est la mode qui le veut, de subir les tortures les plus raffinées [...]. Oui les femmes, pour suivre la mode, sont capables d'héroïsme. Après tout, c'est peut-être leur manière d'aller à la guerre[48]?... » À la place, on lui propose des modèles dont la souplesse du textile et l'amplitude

trends, in which modernism was equated with diversity. These distant, mysterious and sometimes dangerous lands attracted adventurers, or henceforth adventuresses, in their quest for discovery. European creators, who had understood this fascination of exoticism, explored many aspects of it. Parisian designers, led by Paul Poiret (1879–1944), drew on numerous aspects of this providential well of inspiration (ill. 26–8), while illustrators set their figures in surroundings shot through with myths and clichés. "Chinese art is very fashionable this year" is a comment in one of the 1920 issues of the *Gazette*.[47]

In their desire for freedom of movement, women demanded more suitable clothing. The corset was one of the first accessories to be discarded, along with gloves and excessively voluminous hair-dos. The concept of the tunic or kimono, once reinterpreted, offered new possibilities. The habit of wearing heavy clothes, in which women were cocooned, was reaching its end. "Whether they wear crinoline or hobble skirts, panniers or leg-of-mutton sleeves, pouf hairstyles piled sky-high, women, who are already tested by the malaises of their nature, are capable, if fashion so dictates, of suffering the most refined of tortures . . . Yes, in order to follow fashion, women are capable of heroism. After all, might this be the way in which they go to war?"[48] Instead, they were offered clothes in which the suppleness of the material and looseness of the cut revolutionised their comfort. The adoption of the kimono may at first seem contradictory as the traditional manner in which it is worn is far from liberating. Indeed, Japanese women are encumbered by this garment, cocooned in the many overlapping layers, crushed by the weight of richly worked textiles and above all immobilised by a wide *obi* that leaves them little freedom of movement. The Western use of the kimono was therefore a free interpretation. Other characteristic aspects of this exotic world were also taken up a little at a time. We can occasionally recognize the vertical and tightly closed collar or the asymmetry of the neck from the Chinese or even Indochinese tunic; so as well with the trimmings, hemmed sleeves, edgings embroidered with flowers, motifs that include dragons, phoenixes and imaginary birds, combinations of bright, contrasting colours, pagoda sleeves, multicoloured belts, jade jewellery and accessories featuring butterflies, knots, pendants and charms in particular (ill. 29). Each of these will be discussed in detail in the pages that follow.

Illustrators also understood that modernity had been routed through Asia, that bewitching region of the world. Thus, they created settings suited to their mannequins. *Black smoke* (1914) shows a rebellious woman preparing to smoke opium (p. 143). Consumption of this narcotic was closely bound up with the Far East and represented again in such illustrations as *The opium den* (1915) and *Languor* (1924), for example (ill. 30, p. 231). The birdcage was another frequent subject. It was used as a barely veiled metaphor of the wretched treatment of women who, until then, had been obliged to content themselves with being beautiful and intelligent but also with remaining in their place in the house-

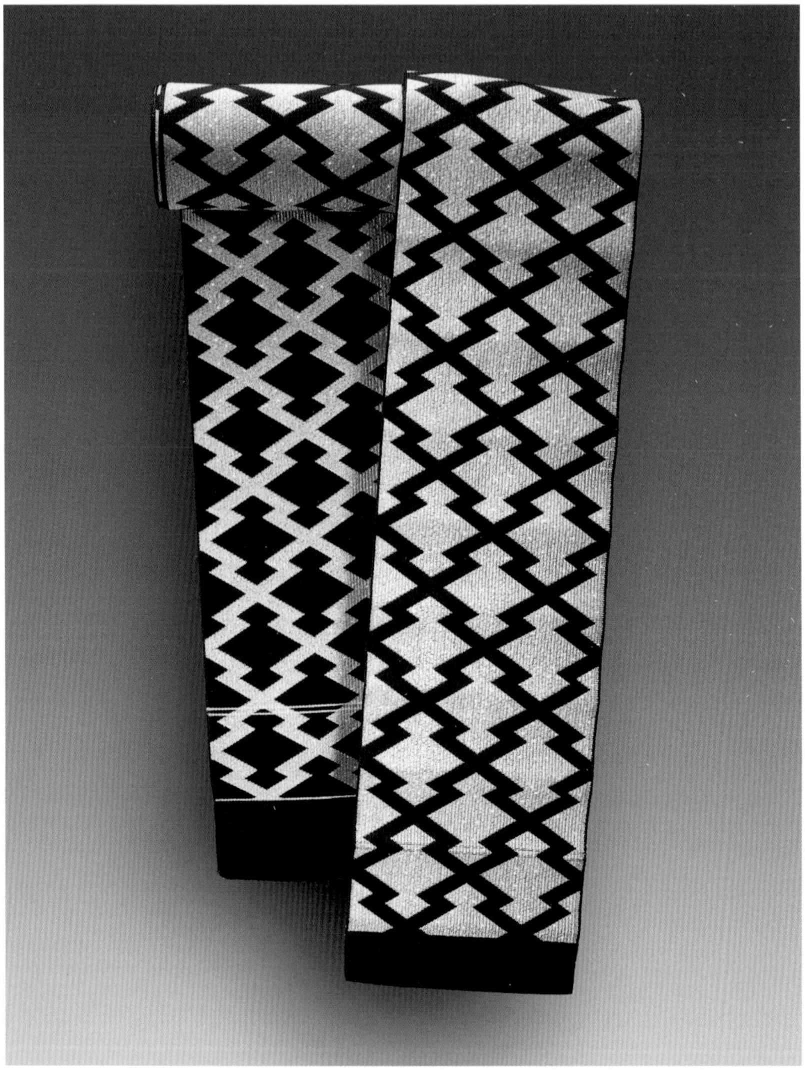

ILL. 28

Ill. 28. Ceinture de demi-largeur
hanhaba obi (半幅帯/半巾帯)
À motif d'écorces de pin stylisées
matsukawabishi (二重松皮)
Satin de soie noir tissé de fil d'argent, réversible, pour porter sur un kimono d'été léger de type *yukata* (浴衣)
ou quotidien *tsumugi* (紬)
Japon, ère Shōwa (1926-1989)
Provenance Kyōto
Fondation Baur, donation
Sato Mariko, FB.DS.2008.109

Ill. 28. *Hanhaba obi* (半幅帯/半巾帯)
mid-width *obi*
Matsukawabishi (二重松皮) motif
of stylised pine needles
Black silk satin woven with silver thread, reversible to be worn over a light *yukata* (浴衣) summer kimono or *tsumugi* (紬) everyday kimono
Japan, Shōwa era (1926–89)
Provenance Kyōto
Baur Foundation, Sato Mariko donation, FB.DS.2008.109

ILL. 29

Ill. 29. Planche extraite de *Les Choses de Paul Poiret vues par Georges Lepape* (1887-1971), France, Maquet, 1911
Tirage de luxe limité à 1 000 exemplaires
L'image décrit différents accessoires, la plupart empreints d'Orient.
1) Canne pour la promenade [avec pompons de façon chinoise]
2) Agrafe pour un manteau [reprenant les nœuds de boutonnage chinois]
3) Deux glands de jade pour une robe blanche
4) Guirlande de fleurettes en laine [à la manière de fleurs de prunus]
5) Pendentif dans le goût chinois
6) Petites roses de gaze
7) Turban à la façon de Mme Tallien [s'agit-il de Thérésa Cabarrus dite « Madame Tallien » (1773-1835), femme à la mode sous le Directoire ? *N.d.A.*]

Ill. 29. Plate taken from *Things by Paul Poiret seen by Georges Lepape* (1887–1971), France, Maquet, 1911
Luxury edition limited to 1,000 copies
The image shows an assortment of accessories, most of which are inspired by the East.
1) A walking stick (with Chinese style tassels)
2) A coat fastener (in the fashion of Chinese knot buttons)
3) Two jade tassels for a white dress
4) A garland of woollen flowers (similar to plum blossom)
5) A Chinese-style pendant
6) Small roses made from gauze
7) A turban in the style of Mme Tallien (could this be Thérésa Cabarrus, called "Madame Tallien" [1773–1835], a woman of fashion during the Period, or last decade of the 18th century? *Author's note*)

de la coupe révolutionnent son confort. Cette récupération du kimono peut paraître contradictoire *a priori* puisque son port traditionnel est loin d'être libérateur. En réalité, les Japonaises sont plutôt entravées par ce vêtement, comme encoconnées dans le nombre de couches superposées, écrasées par la lourdeur des textiles richement travaillés, et surtout immobilisées par une large ceinture qui ne leur laisse que peu de souplesse. Il s'agit donc bien d'un emprunt revisité. D'autres aspects caractéristiques de cet univers exotique sont repris par petites touches. De la tunique chinoise, ou même souvent indochinoise, on reconnaît parfois le col droit et fermé, l'asymétrie de l'encolure, la passementerie, les manches ou extrémités ourlées, des bordures brodées de fleurs, des motifs reprenant des dragons, des phénix ou des oiseaux fantastiques, des associations de couleurs vives et contrastées, des manches-pagode, des ceintures multicolores, des bijoux de jade, ou des accessoires avec papillons, nœuds, pampilles ou breloques, notamment (ill. 29). Chacun de ces éléments sera détaillé au fur et à mesure des pages qui suivent.

Les illustrateurs ont, eux aussi, compris que la modernité passait par l'Asie, cette région du monde si envoûtante. Ils créent alors des décors appropriés pour leurs mannequins. « La fumée noire » (1914), propose une femme rebelle qui s'apprête à fumer de l'opium (p. 143). Cette consommation de narcotique, étroitement liée à l'Extrême-Orient, est encore relayée par des représentations comme « La fumerie » (1915) ou « La paresse » (1924), par exemple (ill. 30 et p. 231). La cage aux oiseaux est un autre sujet qui revient fréquemment. Elle sert une critique à peine voilée de la condition des femmes qui, jusque-là, devaient se contenter d'être belles et intelligentes, certes, mais rester bien à leur place dans leur foyer[49]. Dans ce contexte, « Le vilain oiseau » de George Barbier (1915), est très explicite (ill. 31). Une femme se tient précisément dans son intérieur, devant une belle tapisserie fleurie, et réprimande un grand aigle noir qui s'affole dans sa cage. Dans son dos, un beau perroquet, libre de ses mouvements celui-ci, observe tranquillement la scène depuis son perchoir. L'ambivalence entre l'oiseau méchant et l'oiseau gentil ne peut être plus claire. La femme est judicieusement située entre les deux, elle doit choisir. Si tel n'est pas le cas pour cette version-ci, l'Extrême-Orient demeure étroitement associé à ces thématiques, et notamment celle de l'oiseau libre ou en cage, comme nous le verrons plus avant dans le catalogue (p. 90, 120, 132, 146, 151, 190, 231). Les chinoiseries avaient d'ailleurs depuis longtemps fait du Chinois un oiseleur hors pair[50].

Il est passionnant de découvrir, au travers de ces icônes d'une époque révolue, comment l'Asie qui fascine tant s'immisce dans le monde européen. Au sortir de la guerre, on cherche à s'échapper d'un morne quotidien. Ce qui plaît avant tout, c'est la différence, le changement, peu importe finalement qu'il vienne des Indes, de Perse, de Turquie, de Chine ou du Japon. Les propos tenus correspondent aussi aux questionnements de la condition féminine dans une période en pleine mutation. Tout comme autrefois, au XVIIIe siècle, la chinoiserie avait permis de contester le pouvoir royal ou l'ascendant de l'Église en contournant malicieusement la censure ; la Chine et le Japon du XXe siècle offrent une possibilité d'évasion salutaire pour une femme nouvelle qui s'affirme[51].

Comme dans un miroir

Si, dans les années 1920-1930, les femmes européennes se mettent à la séduction façon asiatique, les Chinoises, elles, rêvent d'Occident. La chute de la dernière dynastie, celle des Qing en 1911, entraîne un bouleversement complet de la société et une émancipation féminine accélérée.

hold.[49] On this, the illustration titled *The badly behaved bird* by George Barbier is very explicit (ill. 31). A woman is seen standing in her room in front of a beautiful tapestry decorated with a floral pattern as she chastises a large black eagle flapping wildly in its cage. Behind her, a lovely parrot, unfettered in any way, watches the scene quietly from its perch. The incongruity between the badly behaved bird and the well behaved bird could not be clearer. The woman is placed between the two of them and must choose. Although the Far East has nothing to do with the theme in this image, it often remained however attached to such motifs as the caged and the unfettered bird, as we shall see later in the catalogue (pp. 90, 120, 132, 146, 151, 190, 231). Chinoiserie had long made the Chinese unmatched bird catchers.[50]

It is fascinating to see, through the icons of a bygone age, the extent to which Asia was drawn into the European world. At the end of the Great War, society did everything it could to escape the dreariness of daily life. What was appreciated first and foremost was difference and change, with little importance given to whether it arrived from the Indies, Persia, Turkey, China or Japan. Similarly, the themes of the moment reflected women's calling into question of the way they were treated during this period of great change. During the 18th century, chinoiserie had made it possible to contest the power of the monarch and the influence of the Church by maliciously by-passing censorship; similarly, in the 20th century, China and Japan offered women wishing to assert themselves the chance to effect an escape from drudgery.[51]

Ill. 30. « La fumerie »
Illustration de George Barbier
et poème de Maurice Magre
(1877-1941)[52]
Parue en 1915 dans le magazine
bimensuel *Fantasio*, p. 547
Paris
Collection privée

Ill. 30. *The opium den*
by George Barbier and the poem
by Maurice Magre (1877–1941)[52]
Published in 1915 in the fortnightly
magazine *Fantasio*, p. 547
Paris
Private collection

IIll. 31. « Le vilain oiseau »
Illustration de George Barbier
Parue en 1915 dans le magazine
bimensuel *Fantasio*, *Addio !…*, p. 274
Paris
Collection privée

Ill. 31. *The badly behaved bird*
by George Barbier
Published in 1915 in the fortnightly
magazine *Fantasio*, *Addio !…*, p. 274
Paris
Private collection

As if in a mirror

While, during the 1920s, European women were adopting Asian modes and fashions, Chinese women were dreaming of the West. Following the collapse of the last imperial dynasty, the Qing, in 1911, the country's social system was thrown into chaos, leading to an acceleration in the emancipation of women. Long hampered by the custom of having their feet bound, young women gradually freed themselves from this appalling custom and exchanged their miniature slippers for everyday shoes, Mary Janes and sandals.[53] Like their European counterparts, they cut their hair square, to which they added waves, took up smoking and make-up and visited dance halls. Their lives became more independent in the same way as that of Western women. Marriage and concubinage were no longer the only options for survival; they could now work and even study.[54] These changes took place to a great extent thanks to literature and American films, which exported an artificial but nonetheless very attractive image of the *femme fatale* who was in control of her destiny.[55] "Love is free and passions arise unrestricted . . . The women are always tall and well built . . . They are free of our petty preconceived ideas: in films it is the woman who makes a declaration of love, not the man, a very attractive custom that it would be beneficial to adopt around the whole world."[56] American stars and French fashion inspired the women of China with their glamour and influenced Chinese clothing, in particular with regard to the design of the *qipao* (旗袍), a tunic with a vertical collar and slits down the side that was given a second life.[57] It is no surprise that Shanghai became known as the "little Paris of the East".[58]

In Japan, too, women were wakening to demand a new social status. Sudden contact with the rest of the world after centuries of enforced isolation naturally resulted in curiosity about life elsewhere. Caught between the desire for modernity and the safety of a solid traditional heritage, Japanese women in the early decades of the 20th century also sought to adopt the styles and customs of the Roaring Twenties despite continuing to wear the kimono on frequent occasions. Contemporary photographs and prints reflect the dichotomy of this period (ill. 32–4).[59] It was a moment of transition during which women were discovering, observing and envying each other. "Thanks to the speed of aerial communications, the styles in Paris are the fashions in the Old and New continents, the East is gradually turning away from its charming costumes to adopt ours, while we are taking inspiration from the embroideries and imagination of theirs to brighten up our sad European clothes."[60] This short period, pervaded by naivety and extravagant hopes, would soon be brought to an end, overwhelmed by the upheavals caused by World War II. "We can only admire the profusion and richness of the fabrics that have arisen out of the close

ILL. 30

ILL. 31

Longtemps entravées par le bandage de leurs pieds, les jeunes femmes se libèrent peu à peu de cette triste coutume pour troquer leurs chaussons, autrefois minuscules, contre des escarpins, des *babies* ou des salomés[53]. Tout comme leurs consœurs, elles coupent leurs cheveux au carré qu'elles coiffent en plis ondulés, se mettent à la cigarette, au maquillage et fréquentent les dancings.

Leur existence s'affranchit de même. Le mariage ou le concubinage ne sont plus les seules options de survie, on peut désormais se mettre à travailler, voire même penser à étudier[54]… Ces changements se produisent aussi en grande partie grâce à la littérature et au cinéma *made in Hollywood* qui exporte une image artificielle, mais si attirante, de femme fatale maîtresse de son destin[55]. « L'amour est libre et les passions se développent à leur aise […]. Les femmes sont toujours grandes et bien faites […]. Elles sont affranchies de nos préjugés mesquins : au cinéma c'est la femme qui fait, et non l'homme, la déclaration d'amour. Usage bien avantageux et qu'il serait souhaitable de voir adopté sur notre terre[56]. » Les stars américaines, les images de mode françaises, inspirent à leur tour par leur saveur glamour et trouveront des répercussions sur les tenues chinoises, et dans la réinterprétation du *qipao* (旗袍) notamment[57]. Cette tunique au col droit et fendue sur les côtés trouvera un second souffle. Finalement, ce n'est pas par hasard que la ville de Shanghai est alors baptisée « Le petit Paris de l'Orient[58] ».

Au Japon également, la femme s'éveille. Le contact brutal avec le monde extérieur, après des siècles d'isolement forcé, va provoquer une curiosité et une fascination bien naturelles. Tiraillée entre une envie de modernité et un solide héritage traditionnel, la Japonaise des premières décennies du xxe siècle va pourtant aussi s'essayer à la tendance des Années folles, même si, d'autre part, elle porte encore fréquemment le kimono. Les photographies et les estampes contemporaines se font d'ailleurs le reflet de cette époque[59] (ill. 32-34). Il s'agit d'un moment suspendu dans le temps où les

ILL. 32

ILL. 33

ILL. 34

association of French style and Eastern imagination: a great door has been opened on the centuries of the past, we draw at will from the secret coffers of the East and we revitalise our overly Latin talents; is it not marvellous that the astonishing patterns on our belts are reproductions of motifs from a temple or, on our diadems, are the mysterious hieroglyphs of Egyptian mummies, and is it not fashion that symbolises the first era of universal peace into which we are now entering?"[61] Today, this memorable encounter and mutual admiration remain evident in the clothes and jewellery of the period, in the drawings and their accompanying comments, and in articles that discuss the new trends, published in the fashion magazines, now precious historical documents of those times.

In the present publication, in addition to the illustrations selected for their obvious Far-Eastern influences, a number of extracts from significant articles have been chosen from the same journals. These allow better understanding of the prints while providing their original context. These quotes, which are often anecdotal, sketch a portrait of the Roaring Twenties, characterised in particular by important social changes and the irresistible attraction of Asia. Curious, touching, amusing, sometimes naïve, at times provocative and often old-fashioned, these comments help convey the fascination that irradiated from the creations of the time.[62]

In addition, the Chinese and Japanese textiles that generated this appeal have also been included in this publication, as if in a mirror. It seemed of value to provide a different vision of our collections of Asian textiles in order to better relate the impact that these pieces had when they arrived in Europe. The discovery of these fabrics, as precious as they were exotic, made a strong impression on the popular imagination. They affected fashion, the aesthetics of Art Nouveau and – later – Art Deco, as well as enthralling collectors. This catalogue does not claim to present an exhaustive explanation of the world of fabrics or Chinese and Japanese clothing; it simply provides a brief outline. It is to be stressed once again that the textiles reproduced here are not necessarily the most luxurious pieces in the Foundation's collections. Certain Chinese imperial clothes and outstanding kimonos have deliberately been ignored. Those selected have been included purely for the dialogue they could start up with contemporary Western designs. The most beautiful textiles left aside will, no doubt, be the subject of future publications.[63]

The catalogue that follows includes many reproductions and articles – both European and Far Eastern – that discuss "the chic and the beautiful". "It is not enough to have lovely clothes, you have to know how to wear them. It's nothing at all to be pretty, it is essential to be chic".[64] It is perhaps there that the secret of "Asia chic" during the Roaring Twenties resides.[65]

Ill. 32. La mère de la donatrice
Sato Mariko, jeune fille
Photographie noir et blanc
Japon, fin de l'ère Taishō (1912-1926)
Provenance Kyōto
Collection privée

Si, sur cette photographie, Mme Sato est bien vêtue d'un kimono traditionnel de jeune fille *furisode*, on ne peut s'empêcher de remarquer diverses influences occidentales.
Sa coiffure crantée, avec une raie sur le côté, ainsi que le canapé sur lequel elle est assise appartiennent, sans conteste, à la tendance européenne de cette période.
Le kimono porté sur ce cliché fait partie de la donation Sato Mariko.

Ill. 32. The mother of the donor
Sato Mariko, as a young girl
Black-and-white photograph
Japan, late Taishō era (1912–26)
Provenance Kyōto
Private collection

Although Mrs Sato is wearing the traditional young girl's *furisode* kimono in this photograph, Western influences are nevertheless perceptible.
Her waved hair with a side parting and the sofa on which she is seated indisputably reflect the European trend of the period.
The kimono in the photograph is part of the Sato Mariko donation.

Ill. 33-34. Deux portraits de Mlle Nakasawa Matsu-e 中澤松枝 jeune fille, mère de la donatrice Sugawara Keiko
Photographies noir et blanc
Japon, ère Shōwa (1926-1989), après-guerre
Provenance Tōkyō

Le contraste entre ces deux portraits, qui datent de la même période, est frappant. On se rend compte de la cohabitation d'une tenue de tous les jours qui s'occidentalise et celle, pour les occasions festives, qui conserve encore tout de la tradition.

Ill. 33–4. Two portraits of Miss Nakasawa Matsu-e 中澤松枝 as a young girl, mother of the donor Sugawara Keiko
Black-and-white photographs
Japan, Shōwa era (1926–89), post-war
Provenance Tōkyō

The contrast between these two contemporary portraits is striking and reveals the coexistence of increasingly Western clothing for everyday wear and the traditional Japanese costume for special occasions.

femmes d'ici et de là-bas se découvrent, s'observent et s'envient. « Grâce à la rapidité aérienne des communications, la mode de Paris est aujourd'hui la mode du vieux continent comme celle du nouveau, et l'Orient abandonne peu à peu ses costumes pittoresques pour les nôtres, tandis que nous nous inspirons des broderies et des fantaisies des siens pour égayer notre mise triste d'Européennes[60]. » Ce bref interlude, plein de candeur et porteur d'espoirs inconsidérés, sera toutefois vite oublié, noyé dans les affres de la Seconde Guerre mondiale. « On ne peut qu'admirer la profusion et la richesse des tissus qui est née de la collaboration étroite du goût français et de l'imagination orientale : une grande porte est ouverte sur les siècles passés, nous puisons à pleines mains dans les coffres secrets de l'Orient et nous y régénérons nos talents trop latins ; n'est-ce pas un émerveillement que ces dessins étonnants qui reproduisent sur nos ceintures les motifs d'un temple ou, sur nos diadèmes, les mystérieux hiéroglyphes des momies égyptiennes, et n'est-ce pas la mode qui symbolisera la première l'ère de paix universelle dans laquelle nous entrons[61] ? » Aujourd'hui, cette rencontre mémorable et cette admiration mutuelle demeurent lisibles, au travers de la mode en particulier, des dessins, des commentaires qui les accompagnent ou des différentes rubriques qui commentent les tendances dans les magazines qui leur sont consacrés, vestiges historiques incontournables.

Dans cette publication, et en plus des estampes choisies en fonction de leur influence extrême-orientale évidente, des extraits de textes jugés significatifs ont été cueillis çà et là dans ces mêmes revues. Ils permettent d'enrichir la compréhension des planches, tout en les replongeant dans leur contexte original. Ces citations, souvent anecdotiques, brossent un certain portrait des Années folles, caractérisées par d'importants changements sociaux et par une irrésistible attirance pour l'Asie, notamment. Curieux, attendrissants, drôles, parfois naïfs ou provocants, souvent surannés, ces commentaires contribuent à rendre la fascination qui auréolait les créations d'alors[62].

À cela s'ajoutent, comme dans un miroir, les textiles chinois et japonais à la source de cette inspiration. Il semblait intéressant d'offrir une vision différente de nos collections de textiles asiatiques, de mieux cerner l'impact que ces pièces avaient pu trouver, lors de leur arrivée en Europe. Ainsi peut-on constater que la découverte de ces étoffes, aussi précieuses qu'exotiques, a durablement frappé l'imagination populaire, marqué la mode, l'esthétique des tendances Art nouveau, puis Arts déco, mais également captivé les collectionneurs. Ce catalogue n'a pas la prétention de présenter une explication exhaustive de l'univers des tissus ou des vêtements chinois ou japonais, mais seulement d'en dresser une esquisse, par petites touches. Soulignons encore que ce ne sont pas toujours les textiles les plus somptueux de la Fondation qui ont été choisis, étudiés et reproduits. Certains vêtements impériaux chinois ou des kimonos exceptionnels ont été délibérément écartés. Les pièces sélectionnées l'ont été sur la base d'un dialogue avec les dessins de mode occidentaux contemporains uniquement, ce qui explique ce parti pris. Les trésors restants feront donc, à n'en pas douter, l'objet de publications futures[63].

L'inventaire qui suit est donc émaillé de nombreuses reproductions, de chroniques qui traitent des notions, tant européennes qu'extrême-orientales, « du chic et de la beauté ». « Ce n'est pas tout d'avoir de jolies robes, il faut encore savoir les porter. Ce n'est rien d'être jolie, il faut surtout avoir du chic[64]. » Voilà peut-être finalement où réside l'ultime secret de la tendance « Asia chic » des Années folles[65]…

Robe de soie de Chine bordée de Chinchilla. Manteau de velours Citron vert à grand Col et parements de Chinchilla, gland d'argent

La ligne parisienne
The Parisian line

"It is in a fine setting, with choice lighting, among delightfully arranged antique furniture and lacquerware from China, that the development can be seen of soft gowns whose lines are a signature, a signature that is not just Parisian but very purely French!"[1] Truly, haute couture seemed to have already fully appropriated the elements that would contribute to its renaissance. In this particular model, we see not only the style typical of Paris, but above all that of Asia, in the use of flowing silk decorated with songbirds and flowers. The coat is shaped like a short Japanese jacket of the *haori* type, whose neck and sleeves have been lined with fur. A Chinese pompom on the side holds the coat closed. The mix of lemon and orange shades also suggests the range of colours used in the Far East.

In this period prior to World War II, women, who were of course unaware of what was coming, demanded change. They felt the need for freedom and began to claim rights for themselves. Without realising it, they had initiated what was to become an irreversible process. European women not only embraced notions of the "East" but also started hunting for curios. Until then, the search for antiques and visits to salesrooms and flea markets had been the prerogative of men. In a popular fashion magazine of the time, women were able to read up on how to behave in these new surroundings. It provided a sort of set of rules for beginners. "There is a strategy to follow. It is essential to give the impression, when wanting to acquire an object, that you will continue bidding indefinitely against your rivals … Auction bidding is a little like war, you should catch the others unawares, make sudden, hurried offensives, give the impression of having left the battle, then return to the fray and do not be afraid to use dealers' tricks to malign the very object you wish to win for yourself."[2]

« C'est dans un joli cadre, avec un éclairage de choix, parmi des meubles anciens et des laques de Chine disposées agréablement, que nous voyons évoluer des robes souples dont la ligne est une signature, signature non seulement parisienne, mais très purement française[1] ! » De fait, la haute couture semble s'être déjà complètement approprié les emprunts qui contribuent à son renouveau. Sur ce modèle particulier, on ne reconnaît pas seulement le goût de la capitale, on y trouve surtout celui de l'Asie, laquelle se rappelle dans l'emploi d'une soie fluide animée d'oiseaux chanteurs parmi des fleurs. Le manteau reprend, quant à lui, la forme d'une veste japonaise courte de type *haori*, dont l'encolure et les manches ont été enrichies de fourrure. Sur le côté, on remarque un pompon chinois qui sert de fermeture. Enfin, les nuances citron et orangé, mêlées, rappellent également la palette extrême-orientale.

Dans cette période d'avant-guerre, les femmes, qui ignorent bien évidemment ce qui va advenir, réclament du changement. Elles ressentent le besoin de se libérer et commencent à s'octroyer des droits inédits. Sans le savoir encore, elles enclenchent un processus irréversible. La gent féminine apprivoise non seulement l'« Orient », mais commence aussi à bibeloter. La chasse aux antiquités, en effet, la fréquentation des salles de ventes ou des marchés aux puces, étaient jusque-là réservées aux hommes. Dans un magazine de mode alors très apprécié, les lectrices peuvent s'instruire sur l'attitude à adopter dans ce nouveau milieu. Il s'agit d'une sorte de « mode d'emploi » pour débutantes. « Il y a alors toute une stratégie à suivre. Il faut bien se garder, lorsqu'on désire un objet, de donner l'impression qu'on le poussera indéfiniment contre ses rivales. […] Le jeu des enchères rappelle un peu la guerre, il faut agir par surprise, faire soudain des offensives brusquées, donner l'impression d'abandonner la partie, revenir à la rescousse et même ne pas avoir peur d'utiliser des trucs de vieux marchands pour dénigrer adroitement l'objet que l'on désire[2]. »

Chinese silk dress edged with chinchilla, coat in lime velvet with a large neck trimmed in chinchilla, silver tassel
Printed plate, painted on paper using a metal stencil

Paris, "Parisian attire", *Journal des dames et des modes*,[3] yearbook 1912, no. 18, pl. 32,
by Roger Broders (1883–1953)
The Trustees of the Chester Beatty, Dublin

« Robe de soie de Chine bordée de chinchilla, manteau de velours citron vert à grand col et parements de chinchilla, gland d'argent »
Planche peinte au pochoir métallique sur papier

France, Paris, « Costumes parisiens », *Journal des dames et des modes*[3], année 1912, n° 18, pl. 32,
signée Roger Broders (1883-1953)
The Trustees of the Chester Beatty, Dublin

Hōmongi visiting kimono
Bearing three dyed and painted *mon* family crests showing two intertwined oak leaves surrounded by five *gokan kashiwa* metal handles
Narcissi, chrysanthemums, camellias and other flowers on a tobacco-brown ground
Chirimen silk crepe, dyed, painted, embroidered with coloured, silver and gold thread
Awase lined kimono for the winter season; the lining is made of the same material as the outer layer, also dyed, painted and embroidered, and of red *momi* colour for the sleeves
Made for married women, to be worn with a stiff, lavish and reversible *maru obi* or *fukuro obi* with a plain reverse, perhaps black, blue, brown or gold
Japan, late Taishō era (1912–26) or early Shōwa era (1926–89)
Provenance Kyōto
Baur Foundation, Sato Mariko donation, FB.DS.2008.8

Kimono de visite *hōmongi*
Avec trois blasons familiaux *mon* teints et peints, représentant deux feuilles de chêne entrecroisées entourées de cinq poignées de métal *gokan kashiwa*
Fleurs de narcisses, chrysanthèmes, camélias et autres, sur fond de couleur havane
Crêpe de soie *chirimen*, teint, peint, brodé de fils multicolores, d'or et d'argent
Kimono doublé *awase* pour la saison hivernale, la doublure est faite du même textile qu'à l'extérieur également teint, peint et brodé ainsi que de rouge *momi* pour les manches
Pour femme mariée, à porter avec une ceinture rigide, de grand luxe et réversible *maru* ou à revers sans décor *fukuro*, de couleur noire, bleue, brune ou dorée, par exemple
Japon, fin de l'ère Taishō (1912-1926), ou début Shōwa (1926-1989)
Provenance Kyōto
Fondation Baur, donation Sato Mariko, FB.DS.2008.8

These ladies, who dreamed of far-off lands, embarked on ventures whose results were apparent in their dress, their reading and their homes. Clearly, tracking down a rare piece, whether made of fabric or a precious material, one that stands out from the others, was a necessity for the modern woman in the process of designing a new life for herself. The plate on page 44 shows one of these new women, who is seen considering a turquoise figure of the Buddha. Behind her on a piece of lacquer-panelled furniture stands a beautiful Chinese porcelain bowl with blue motifs.

Ces dames, qui rêvent de contrées éloignées, osent des incartades dont le résultat se retrouve aussi bien dans leurs tenues, leurs lectures que dans leur foyer. Manifestement, dénicher une pièce rare qui se distinguera des autres, qu'elle soit faite d'étoffe ou de matière précieuse, devient une nécessité pour la femme nouvelle qui se projette dans une vie différente. Pour preuve, sur la planche de la page précédente, la belle considère attentivement un bouddha de turquoise. Derrière elle, et sur un meuble aux panneaux de laque, trône déjà un beau bol en porcelaine de Chine à motifs bleus.

Hōmongi visiting kimono
Bearing three dyed *mon* family crests, showing a Japanese bellflower in a *maru kikyo* circle
Motif of orchids (*ran* 蘭) on a soft green ground the colour of young shoots
Chirimen silk crepe, woven with orchids, dyed, painted and embroidered with coloured thread
Awase lined kimono for the winter season, beige lining and *momi* colour for the sleeves
Made for married women, to be worn with a rigid, lavish and reversible *maru obi* or a *fukuro obi* with a plain reverse, perhaps green or a pale colour
Japan, late Taishō era (1912–26) or early Shōwa era (1926–89)
Provenance Kyōto
Baur Foundation, Sato Mariko donation, FB.DS.2008.13

Kimono de visite *hōmongi*
Avec trois blasons familiaux *mon* teints, représentant une campanule japonaise prise dans un cercle *maru kikyo*
Motif d'orchidées (*ran* 蘭), sur un fond vert jeune pousse
Crêpe de soie *chirimen*, tissé d'orchidées, teint, peint et brodé de fils de couleurs
Kimono doublé *awase* pour la saison hivernale, doublure de couleur beige et rouge *momi* pour les manches
Pour femme mariée, à porter avec une ceinture rigide, de grand luxe et réversible *maru* ou à revers sans décor *fukuro*, de couleur pâle ou verte par exemple
Japon, fin de l'ère Taishō (1912-1926), ou début Shōwa (1926-1989)
Provenance Kyōto
Fondation Baur, donation Sato Mariko, FB.DS.2008.13

In China, as in Japan, the orchid deserved special consideration. While the plant exists in many species in the wild, it was above all on account of music that it was treated with reverence. In the *Classic of the Qin* there is a famous melody called the *Solitary Orchid* that tells the misfortunes of Confucius (551–479 BC).[4] None of the kings that he visited wanted his services as an adviser. Disappointed by human nature, the philosopher was returning home when he noticed an orchid in bloom hidden in a valley. Moved by its lonely beauty, he is said to have composed a melody for the *guqin* (the Chinese zither) in praise of its pure, delicate scent, which deserved to charm the entourage of a king rather than grow in solitary splendour in the midst of wild plants. He felt that this lack of recognition was comparable to what he was experiencing himself and thus chose the orchid to be his inseparable companion. The flowered pattern here is reserved for the lower part of the garment, like the silk dress in the first illustration. Its pale acid-green colour also matches the citrus tonalities in the decoration chosen in the plate above. The same characteristics can also be seen on the previous kimono.

En Chine, comme au Japon, l'orchidée n'est pas une plante anodine. S'il existe de nombreuses espèces sauvages répertoriées, c'est surtout grâce à la musique que cette fleur bénéficie d'une aura particulière. Dans le *Classique du qin* en effet, il existe une fameuse mélodie du nom de *L'Orchidée solitaire* qui conte les tourments de Confucius (551-479 avant notre ère)[4]. Aucun des dirigeants des cours qu'il venait de visiter ne voulait de ses services de conseiller. Le sage rentrait chez lui, déçu par la nature humaine, lorsqu'il aperçut une orchidée en fleur au fond d'une vallée reculée. Ému par sa beauté solitaire, il aurait alors composé un air de cithare chinoise, louant son parfum pur et délicat qui aurait mérité d'embaumer l'entourage d'un roi, plutôt que de se retrouver seule parmi les herbes folles. Ce manque de reconnaissance, comparable à celui qu'il était en train d'expérimenter, fera de l'orchidée son inséparable compagne. Le décor constitué de fleurs est ici cantonné dans la partie inférieure du vêtement, tout comme la robe de soie de l'illustration. Sa teinte acidulée correspond également aux tonalités agrume de la tenue. Les mêmes spécificités peuvent être observées sur le kimono précédent.

Large bowl with floral scrolls
Porcelain painted with underglaze cobalt blue
China, Ming 明 dynasty (1368–1644), middle of the 15th century
Jiangxi Province, Jingdezhen kilns
Baur Foundation, Ambassador and Mrs Charles Müller donation, FB.CM.2004.QH15

Grand bol avec rinceau floral
Porcelaine peinte en bleu de cobalt sous couverte
Chine, dynastie Ming 明 (1368-1644), milieu du XVe siècle
Province du Jiangxi, fours de Jingdezhen
Fondation Baur, donation de l'Ambassadeur et Madame Charles Müller, FB.CM.2004.QH15

Six-drawer box with sliding screen
A young woman surrounded by children picks flowers in the moonlight
Lacquer inlaid with mother-of-pearl
China or Japan, late 19th or early 20th century
Baur Foundation, CB.LJ.1964.1000

Boîte à six tiroirs avec écran coulissant
Une jeune femme entourée d'enfants cueille des fleurs au clair de lune
Laque burgauté
Chine ou Japon, fin du XIXe ou début du XXe siècle
Fondation Baur, CB.LJ.1964.1000

Blue-and-white porcelain from China has long been admired by Europeans. Great numbers of these pieces were brought back by the different East India companies during the Ming dynasty (1368–1644): the British company to begin with (founded in 1600), then the Dutch (1602), French (1664) and Swedish (1731) ones. Spurred by this demand, the workshops of the Celestial Empire began producing massive quantities of blue-and-white porcelain to meet the taste of its new clientele. It should be noted that for Westerners, who were unaware of the true diversity and quality of porcelain, these very special works represented the quintessence of Chinese art. In this way, Europe unwittingly found itself interfering in the "aesthetic" decisions taken by the manufactories in China, and the success of blue-and-white porcelain in our homes changed the course of our history.[5]
During the 20th century, these colours and motifs continued in the fashion industry. Not only can many variations in textiles and certain details proposed by designers in clothing and matching accessories be found, but also reference to "Chinese blue", "China blue" or "Ming blue", a colour that was highly esteemed during the years in question, offering further confirmation of the reciprocal influences that had already existed between China and Europe for several centuries.
The black lacquer chest is another element that featured in the print depicting the "modern woman" (p. 44). Adorned with Far Eastern motifs, it has been fixed on a gilded wooden base with rounded legs to transform it into a cabinet in Louis XV style (r. 1715–74). Standing in the background, the piece of furniture creates a feeling of depth using the same compositional principles of construction as in a Japanese print. Its presence is also a reminder of the period's fascination for Asia.
Lacquer inlaid with mother-of-pearl was esteemed for the pink, blue and green tonalities of its inlay against the glossy black varnish, which give a lunar atmosphere to the scenes depicted.[6] Craftsmen often used this combination of materials to represent walks, celebrations or encounters that take place at night, as is the case on this small box.

Longtemps, ce sont les porcelaines chinoises à décors bleus qui se sont octroyé la faveur des Européens. Ces pièces ont été rapportées en grandes quantités sous le règne des Ming (1368-1644), par les Compagnies des Indes : anglaise tout d'abord (fondée en 1600), puis néerlandaise (1602), française (1664) et suédoise (1731). D'autre part, encouragées par cette demande, les officines du Céleste Empire se mirent à produire massivement des bleu et blanc pour répondre aux goûts de cette nouvelle clientèle. Il est amusant de relever que, pour les Occidentaux de cette époque, ces céramiques particulières représentaient la quintessence de l'art chinois, dont ils ne connaissaient pas encore la diversité, ni la véritable qualité. Voilà comment l'Europe s'est, bien involontairement, immiscée dans le choix « esthétique » des manufactures chinoises. Il demeure que le succès que cette vaisselle a remporté, dès son arrivée dans nos foyers, a profondément bouleversé notre histoire[5].
Au XXe siècle, cette tradition perdure jusque dans le domaine de la mode. On découvre non seulement de nombreuses variations proposées dans les textiles, dans certains détails des tenues conçues par les couturiers ou dans les accessoires assortis, qui déclinent gaiement des motifs bleu et blanc, mais on fait aussi souvent référence à un certain « bleu chinois », « bleu de Chine » ou « bleu Ming » – une couleur d'étoffe qui semble très prisée dans les années qui nous occupent. Ainsi se trouve confirmées les influences croisées entre la Chine et l'Europe, et inversement, depuis plusieurs siècles déjà.
Sur l'estampe de la page 44, on remarque un coffre orné de motifs extrême-orientaux. Il a été retravaillé, fixé sur un empiètement de bois doré aux pieds galbés, pour en faire un cabinet de style Louis XV (r. 1715-1774). Ainsi placé au second plan, ce meuble contribue à créer une certaine profondeur qui correspond aux principes de construction des images japonaises. La présence de cet objet rappelle également la fascination pour l'Asie.
Les laques dits « burgautés », en particulier, étaient très appréciés, car les tonalités spécifiques de la nacre teintée de rose, bleu et vert, puis incrustée dans ce vernis noir et luisant, confèrent une atmosphère lunaire aux scènes représentées[6]. Les artisans jouent d'ailleurs souvent de cette particularité pour décrire des promenades, des festivités ou des rendez-vous nocturnes, comme c'est le cas sur cette pièce.

Un meuble essentiellement féminin
An essentially feminine piece of furniture

"Stimulated by the fashion for Chinese and Japanese styles, the taste for folding screens has returned. The screen is considered not only necessary to be able to shut oneself away in a corner, but also as an elegant object. The charm of a screen can indeed be very great. It is essentially a feminine piece of furniture . . . In some old provincial residences these antique screens can often be seen, made of Coromandel lacquer, which came from the Far East during the 18th century.[7] They were loved by our grandmothers for the images of the past that they suggested. Screens peopled with golden cavalcades, mandarins' robes, silver parasols . . . Sadly, today these screens are increasingly rare."[8] In the pages of popular magazines, it is obvious how fashionable it was to pose in front of these screens. Many portraits of the rich and famous were made in the same style as this print, with one of the best-known being of Gabrielle "Coco" Chanel (1883–1971) in her apartment on Rue Cambon in Paris. What is most appealing about these ornate lacquer panels is the opportunity to immerse oneself instantly in an Asian setting. It goes without saying that these busy scenes contributed greatly to diffusing a stereotyped image of China and Japan in the West.

The shape reminiscent of a kimono is easily discerned in this loose-fitting outfit, which stands out against the dark lacquer screen. The contrast creates a play of the light that attracts attention to the fabrication of the garment and the exotic decoration on the panels. Another prominent element is the long string of pearls, characteristic of the 1920s. The iridescent shimmer of the pearls is called "orient", referring not only to the East with which the gems were associated, but also to the fashion for embroidery on clothes, which were often enhanced with pearls, sequins, spangles or paste, as on this model.[9]

« Sous l'influence chinoise et japonaise, le goût du paravent nous est revenu, considéré non seulement comme un objet nécessaire pour se calfeutrer dans un petit coin, mais encore comme un objet élégant. La poésie du paravent peut être en effet très grande. C'est un meuble essentiellement féminin [. . .]. Nous avons vu souvent dans certaines vieilles demeures provinciales, de ces antiques paravents en laque de Coromandel, venus d'Extrême-Orient au cours du XVIIIe siècle[7]. Et que nos grand'mères aimaient pour les images passées qu'ils évoquaient. Paravents peuplés de cavalcades d'or, de robes de mandarins, de parasols argentés [. . .]. Ces paravents, hélas ! sont de plus en plus rares[8]. » Dans les pages des revues populaires, on constate à quel point poser devant un de ces écrans est à la mode. Il existe un très grand nombre de portraits de célébrités, similaires à cette estampe. Parmi les plus connus, figure celui de la couturière Gabrielle Chanel dite « Coco » (1883-1971), dans ses appartements privés, rue Cambon. Ce qui séduit tant dans ces panneaux de laque ornés, c'est l'opportunité qu'ils offrent de pouvoir plonger, instantanément, dans un décor évoquant l'Asie, sa campagne luxuriante et ses mystères. Il va de soi que ces compositions animées ont grandement contribué à diffuser une image d'Épinal de la Chine et du Japon en Occident.

On identifie facilement la silhouette du kimono, de son amplitude, dans la tenue présentée ci-contre et qui se découpe sur un paravent de laque sombre. Le contraste crée un jeu de lumière attirant l'attention sur le travail de la robe et sur celui du décor exotique des panneaux. Ce qui frappe encore, c'est l'incontournable sautoir des années 1920. La nuance des perles qui le composent porte le joli nom d'« Orient ». Ce terme renvoie non seulement à la région à laquelle ces trésors sont couramment assimilés, mais également à la tendance des broderies sur les vêtements, souvent rehaussées de perles, sequins, paillettes ou strass, tout comme sur ce modèle[9].

White velvet coat embroidered with pearls, dress in white damask, pink shoes
Printed plate, painted on paper using a metal stencil
Paris, "Parisian attire", *Journal des dames et des modes*, yearbook 1913, pl. 112, by George Barbier (1882–1932)
The Trustees of the Chester Beatty, Dublin

« Manteau de velours blanc brodé de perles, robe de damas blanc, souliers roses »
Planche peinte au pochoir métallique sur papier
France, Paris, « Costumes parisiens », *Journal des dames et des modes*, année 1913, pl. 112, signée George Barbier (1882-1932)
The Trustees of the Chester Beatty, Dublin

Manteau de velours blanc brodé de perles
Robe de damas blanc_ Souliers roses

Haori open jacket
Bearing three dyed *mon* family crests, showing a Japanese bellflower in a *maru kikyo* circle
Pine motif inspired by the painter Ogata Kōrin, on a black ground
Chirimen silk crepe, with resist-dyed decoration with *shibori* knots

Awase lined jacket for the winter season, orange-coloured lining[10]
Japan, late Taishō era (1912–26) or early Shōwa era (1926–89)
Provenance Kyōto
Baur Foundation, Sato Mariko donation, FB.DS.2008.76

Veste ouverte *haori*
Avec trois blasons familiaux *mon* teints, représentant une campanule japonaise prise dans un cercle *maru kikyo*
À motif de pins inspirés du peintre Ogata Kōrin, sur fond noir
Crêpe de soie *chirimen* teint à décor de réserve par points noués *shibori*

Veste doublée *awase* pour la saison hivernale, doublure orangée[10]
Japon, fin de l'ère Taishō (1912-1926), ou début Shōwa (1926-1989)
Provenance Kyōto
Fondation Baur, donation Sato Mariko, FB.DS.2008.76

The painter Ogata Kōrin 尾形光琳 (1658–1716) was an important and influential artist. Born into a family of textile merchants in Kyōto, he grew up surrounded by magnificent kimonos and the fabulous costumes made for the Noh theatre.[11] The different materials, textures, decorations, colours, play of the light on fabrics, weaving styles, embroidery and secrets of dyeing were all aspects of his artistic heritage. This experience contributes intrinsically to our understanding of his production, as well as of that of his brother, the ceramist Ogata Kenzan 尾形乾山 (1663–1743). The Rinpa school 琳派, to which the brothers were later affiliated, was characterised by interaction between different artistic disciplines, such as lacquer work and pottery. Moreover, the *tarashikomi* (溜込) painting technique they invented had strong links with certain operations used in silk painting and dyeing.[12] Ogata Kōrin was also famous for his deep interest in themes found in Japanese literature, which he liked to transform into decorative motifs, like the easily recognised stylised silhouette of pine trees.

Le peintre Ogata Kōrin 尾形光琳 (1658-1716) est un artiste très important, tant par son rayonnement que pour son propre héritage artistique. Né dans une grande famille de marchands de textiles de Kyōto, il a toujours évolué dans un milieu où l'on créait de somptueux kimonos ainsi que de fantastiques costumes destinés au théâtre nō[11]. Les matières, les textures, les décors, les couleurs et leurs associations, le reflet des étoffes, les styles de tissage, de broderie ou encore les secrets des teintures ont donc toujours fait partie de son environnement. Cette expérience de vie fait partie intrinsèque de la compréhension de son œuvre, ainsi que de celle de son frère le céramiste Ogata Kenzan 尾形乾山 (1663-1743). L'école Rimpa 琳派, à laquelle ils sont tous deux couramment rattachés, est caractérisée par les nombreuses interactions qui se nouent entre différentes disciplines artistiques, comme le travail des laques ou de la poterie, par exemple. En outre, la technique de peinture qu'ils pratiquent, du nom de *tarashikomi* (溜込), trouve des liens évidents avec certaines opérations effectuées lors de la peinture et de la teinture de la soie[12]. Kōrin est également célèbre pour l'intérêt qu'il portait à certains thèmes récurrents de la littérature japonaise, transformés en motifs décoratifs, comme la silhouette particulière de ses pins, et dont la stylisation est reconnaissable entre toutes.

Everyday kimono for outings, *gaishū tsumugi* (外出着紬)
Seigaiha (青海波) repeated wave motif, on a black ground
Silk gauze with woven waves, resist-dyed using *shibori* knots
Hitoe simple *usumono* (薄物) kimono for summer, to be worn with a white under-kimono and a *natsu* summer *obi* (夏帯) featuring a touch of colour

Japan, late Taishō era (1912–26) or early Shōwa era (1926–89)
Provenance Kyōto
Baur Foundation, Sato Mariko donation, FB.DS.2008.16

Kimono de sortie, quotidien, *gaishū tsumugi* (外出着紬)
À motif de vagues répétées *seigaiha* (青海波), sur fond noir
Gaze de soie tissée de vagues, teinte à décor de réserve par points noués *shibori*
Kimono simple *hitoe* et léger pour l'été *usumono* (薄物), à porter avec un sous-kimono blanc et un obi d'été *natsu* (夏帯) amenant un peu de couleur

Japon, fin de l'ère Taishō (1912-1926), ou début Shōwa (1926-1989)
Provenance Kyōto
Fondation Baur, donation Sato Mariko, FB.DS.2008.16

This kimono is covered in *seigaiha* waves, literally "waves of the blue sea". In Japan, this water motif, composed of regular and infinitely repeating diminishing curved lines, expresses the notion of continuity, suggesting the constant ebb and flow of the waves. The Japanese have several ways to represent water, as is the case in China where water and clouds, represented by volutes, are merged. The screen used here as a decorative background for the Parisian outfit is such an example. Taken from their original context, these lines were used to adorn many Western textiles, and this pearl-embroidered coat in particular.[13]

Ce kimono est couvert de vagues *seigaiha*, littéralement « vagues de la mer bleue ». Cette représentation de l'eau, faite de lignes courbes décroissantes, placées à intervalles réguliers et se répétant à l'infini, exprime au Japon une idée de pérennité, semblable au flux et au reflux des vagues. Il existe toutefois plusieurs manières graphiques de représenter cet élément comme dans le Céleste Empire ou souvent eau et nuages se confondent, tout en volutes. Le paravent qui sert ici de décor au costume parisien en est la preuve. Il va de soi que ces lignes graphiques, tirées de leur contexte original, vont désormais agrémenter de nombreux textiles occidentaux et ce manteau brodé de perles, notamment[13].

Wanxiu sleeve edgings,
each taken from a pair
Coloured silk thread on a satin
or silk gauze, on pale blue, brown
and ivory grounds
China, Qing dynasty (1644–1911),
late 19th or early 20th century
Baur Foundation, acquired during
the 1920s through Gustave Loup,
CB.TC.1964.20 to 22

Bordures de manches *wanxiu*,
issues de paires
Brodées de fils de soie multicolores
sur fond de satin ou de gaze de soie,
bleu clair, brun et ivoire
Chine, dynastie Qing (1644-1911),
fin du XIXe ou début du XXe siècle
Fondation Baur, acquises dans
les années 1920 auprès de
Gustave Loup, CB.TC.1964.20 à 22

These strips of *wanxiu* fabric were patiently embroidered by hand to be sewn as edgings on sleeve cuffs, around the collar and fastenings, and along the hem at the bottom of Chinese clothes. Meant to protect the garment against wear and stains, edgings were changed regularly when a garment was reconditioned. The Baur Foundation holds more than a hundred of these, representing a very rich repertoire of motifs, colours and stitches. They reproduce different embroidered motifs and also figures engaged in different activities.

Imported from Asia in vast quantities, these brightly coloured pieces of cloth became very popular with European women during the 1920s, for whom they were sewn on clothes and hats and reused on bags and other accessories. Edgings provided exotic forms of decoration and colour combinations that were taken up by Western designers. The same was true of folding screens and fans. It was in such a manner that couturiers and their customers gradually adopted Chinese and Japanese styles.

Ces bandes de tissu allongées *wanxiu*, étaient patiemment brodées à la main pour être ensuite cousues en bordure de manches, autour de l'encolure, des parties de boutonnage, ainsi que le long de l'ourlet inférieur des habits chinois. Ces coupons, qui devaient protéger de l'usure et de la souillure, étaient régulièrement changés lors de l'entretien des vêtements. La Fondation Baur en possède plus d'une centaine de paires qui constituent un réservoir de motifs, de points et de couleurs particulièrement riche. Ces broderies reproduisent des décors divers et des personnages, notamment, occupés à diverses activités.

Importés d'Asie par malles entières, ces galons animés de couleurs vives ont séduit les femmes européennes des années 1920-1930, qui les découvraient cousus sur leurs vêtements, leurs chapeaux, réemployés sur leurs sacs ou autres accessoires. Ces pièces ont permis aux décors exotiques et aux associations de couleurs qu'elles véhiculaient de s'immiscer dans la mode, comme ce fut également le cas pour les paravents ou les éventails par exemple. Ainsi, les couturiers et leurs clientes se sont-ils peu à peu approprié la Chine et le Japon.

La « robe de la maison »
Dressing the home

At that time, producers of French textiles began to respond to the demands from designers, and some companies made fabrics their area of expertise.[14] Artists and illustrators were frequently consulted for their ideas for patterns and colour combinations.[15] Even couturiers began to create their own fabrics. The visionary clothes designer Paul Poiret (1879–1944) was one of the first to link fashion, fragrances and furnishings. To do so, he founded two companies: *Les Parfums de Rosine* and *Les Ateliers de Martine*, which allowed him to offer a complete range of products for women.[16] In this way he aimed to satisfy the demand from a clientele that was especially concerned with beauty, both internal and external, and by the personalisation of her household . . . "The love of colour works wonderfully to counter anonymous whites; this partiality is asserting itself today in lavish golds, impassioned violets, dark blues, oranges and the rich combinations borrowed from the East . . . at last our decorators dare fill our walls, with apparent irregularity, with unruly and almost unreal flowers whose petals gleam with a strange radiance . . . Ophthalmologists claim that each colour awakens a sentiment and encourages a passion in us. The choice of a wallpaper is a serious decision that should not be taken lightly; those flowers will taunt us for years; this burst of anger comes from red paper, that misfortune from a serene one, if it is true that everything is symbolic. Wallpaper is a home's clothing; and, as it has the function of morning, afternoon and evening wear, it is advisable to dress each room differently . . ."[17] Magazine readers were partial to this kind of advice and there are many parallels between the manner in which both a home and its mistress were dressed. In this case, we notice that the wallpaper is decorated with oriental scrolls, while the black satin dress embroidered with brilliants shines like lacquer.

À cette époque et pour satisfaire les modélistes, la production de textiles français constitue un enjeu majeur. Certaines maisons font des étoffes leur spécialité[14]. Artistes et illustrateurs sont fréquemment sollicités pour leurs idées de dessins et de mariages de couleurs[15]. Les couturiers se mettent même à imaginer leurs propres tissus. Paul Poiret (1879-1944), en visionnaire, sera l'un des premiers à faire le lien entre la mode, la parfumerie et l'ameublement. Dans ce but, il fondera deux maisons : *Les parfums de Rosine* et *Les ateliers de Martine*, qui lui permettent de proposer une gamme complète de produits destinés aux femmes[16]. Il répond ainsi à la demande d'une clientèle particulièrement concernée par la beauté, intérieure comme extérieure, mais également par la personnalisation de son foyer. « [. . .] l'amour de la couleur réagit heureusement contre ces blancheurs anonymes ; la prédilection s'affirme aujourd'hui pour les ors somptueux, les violets brûlants, les bleus foncés, les orangés et les riches accords empruntés à l'Orient. [. . .] enfin nos décorateurs osent jeter, avec une apparente irrégularité, sur nos murs ces fleurs indisciplinées, presque irréelles, dont les pétales resplendissent d'un éclat étrange. [. . .] Les oculistes prétendent que chaque couleur éveille un sentiment, est propre à favoriser une passion. Élire un papier est un acte grave dont il ne faut point s'acquitter à la légère ; telle fleur nous narguera durant des années ; telle colère vient d'un papier rouge, telle infortune d'un papier serein, s'il est vrai qu'ici-là tout est symbole. [. . .] Le papier peint c'est la robe de la maison ; et de même qu'il est une robe pour le matin, pour l'après-midi ou pour le soir, de même il convient que chaque pièce soit vêtue différemment[17]. » Il va sans dire que les lectrices étaient friandes de ces conseils et nous pouvons constater de nombreux parallèles entre les robes de maison et celles pour la maison. Ici, en l'occurrence, on remarque que le papier peint est animé de rinceaux orientaux, tandis que la robe de satin noir brodée de brillants resplendit comme de la laque.

Black satin and tulle evening dress, trimmed with brilliants
Printed plate, painted on paper using a metal stencil
Paris, "Parisian attire",
Journal des dames et des modes, yearbook 1913, no. 22, pl. 46,
by George Barbier,
drawing dated 1912
The Trustees of the Chester Beatty, Dublin

« Robe du soir satin noir et tulle, bordée de brillants »
Planche peinte au pochoir métallique sur papier
France, Paris, « Costumes parisiens »,
Journal des dames et des modes, année 1913, n° 22, pl. 46,
signée George Barbier,
dessin daté de 1912
The Trustees of the Chester Beatty, Dublin

Robe du soir satin noir et tulle, bordée de brillants.

Des ceintures qui se dénouent
Belts that unravel

The unusual characteristic of this dress is its corsage, girthed by a wide band of fabric similar to an *obi*. The motif of small spring flowers with which it is decorated also seems to be directly inspired by the world of Japanese textiles. "... Let us salute like a favourable omen the welcome given to these sashes, which come untied without entailing the slightest consequence... And here is another reason to like sashes. They have personality. Much more personality than dresses, and at least as much as hats. If we were still living around 1890, each belt would soon reflect a mood."[18]
Even though had they existed beforehand, magazine columns that offered advice on updating one's wardrobe at low cost were becoming increasingly frequent. They suggested using old clothing to make new ones through simple modifications: taking strips of old textiles, cutting into those that were no longer fashionable, stained or damaged, adding pieces of braid or ribbons, changing buttons and fasteners, and above all changing sashes. The war that was about to break out and the restrictions it entailed were further encouragements to this form of creativity. The title of this print – *August 1914* – was the month that the call-up of troops for World War I began.

La caractéristique de cette robe se situe au niveau du corsage, ceint d'une large bande de tissu qui rappelle un obi. Le motif de petites fleurs printanières qui la constelle semble, lui aussi, directement inspiré de l'univers des textiles japonais. « Saluons cependant comme un présage heureux la faveur nouvelle de ces ceintures qui se dénoueront sans entraîner le moindre dénouement [...]. Et voilà encore une raison d'aimer les ceintures. Elles ont de la personnalité. Bien plus de personnalité que les robes, au moins autant que les chapeaux. Si nous vivions encore aux environs de 1890, chaque ceinture, avant peu, refléterait un état d'âme[18]. »
Même si elles existaient déjà auparavant, on constate que les rubriques qui dispensent des conseils pour renouveler sa garde-robe à moindre coût sont de plus en plus fréquentes. Elles suggèrent de faire du neuf avec du vieux en effectuant de simples modifications. Récupérer des coupons de textiles anciens, couper dans ceux qui sont passés de mode, tachés ou endommagés, ajouter galons, rubans, changer boutons et attaches, mais surtout, varier les ceintures. La guerre qui va éclater et les restrictions qui vont en découler encourageront plus encore cette créativité. Le titre de cette estampe, faisant allusion au mois d'août 1914, rappelle justement le moment de la mobilisation générale.

August 1914
Printed plate, painted on paper
using a metal stencil
Paris, *Modes et manières d'aujourd'hui*,[19]
yearbook 1914, pl. I,
by Georges Lepape (1887–1971)
The Metropolitan Museum of Art,
New York, inv. 2006.440.4 a-ii

« Août 1914 »
Planche peinte au pochoir
métallique sur papier
France, Paris, *Modes et manières d'aujourd'hui*[19],
année 1914, pl. I,
signée Georges Lepape (1887-1971)
The Metropolitan Museum of Art,
New York, inv. 2006.440.4 a-ii

AOUT 1914

Tsukesage (付下げ), a less formal visiting kimono
Small spring flowers on a pale ground with hints of celadon
Hand-painted *habutae* (羽二重) silk
Hitoe simple kimono for spring and early summer; to be worn with a light, narrow-ended *Nagoya obi* or with a *fukuro obi* with a plain reverse in light *sha* (紗) silk gauze or *rō* (絽) silk, yellow, beige or a pale colour for the evening, or perhaps with a narrow-ended *Nagoya obi* from the same donation (p. 229)
Japan, Shōwa era (1926–89)
Provenance Tōkyō
Baur Foundation, Sugawara Keiko donation, FB.DSK.2015.13

Kimono de visite, moins formel, *tsukesage* (付下げ)
À motif de petites fleurs printanières, sur fond clair avec de légers reflets céladon
Soie *habutae* (羽二重) peinte à la main
Kimono simple *hitoe* pour le printemps ou le début de l'été, à porter avec une ceinture légère à extrémité rétrécie Nagoya ou à revers sans décor *fukuro*, de soie légère *sha* (紗) ou *rō* (絽), jaune, beige ou de couleur claire pour le soir ou avec la ceinture Nagoya (名古屋帯) de la même donation (p. 229), par exemple
Japon, ère Shōwa (1926-1989)
Provenance Tōkyō
Fondation Baur, donation Sugawara Keiko, FB.DSK.2015.13

One of the distinct characteristics of Japanese textiles much noticed by Westerners, and which they quickly imitated, was the style of composition. Flowers often appeared as though they had been "thrown" onto the garment, with the motifs seemingly "scattered at random". However, this use of space was in fact the result of careful study to achieve a harmonious balance. Specific names exist to define each manner in which the designs are distributed across the surface of the garment. Thus, a formal *tomesode* (留袖) kimono or *hōmongi* visiting kimono only have the decoration in the lower part of the garment. The less formal *tsukesage* kimono has a layout with a corresponding design on the shoulder; the informal *komon* (小紋) type of kimono has the same design distributed continuously across all sections of the robe; and the *eba* (絵羽) style covers almost all of the garment's body, running continuously across the hems.[20]

L'une des particularités des textiles japonais que les Occidentaux ont remarquée, puis assez rapidement imitée, est la composition. Les fleurs paraissent souvent « jetées » sur le vêtement, les motifs « dispersés au hasard ». Cette occupation de l'espace, que l'on pourrait percevoir comme aléatoire, est en fait le fruit de la recherche d'un juste équilibre. Il existe des appellations spécifiques pour chacune d'entre elles qui décrivent la manière dont les décors se répartissent sur la surface du vêtement. Ainsi, un kimono formel *tomesode* (留袖) ou un kimono de visite *hōmongi* présentent un motif cantonné sur la partie inférieure du vêtement ; le kimono de visite moins formel, *tsukesage*, propose une répartition similaire qui trouve un rappel sur l'épaule ; le kimono de type *komon* (小紋) reproduit le même décor de manière continue ; finalement, le style *eba* (絵羽) enrobe la presque totalité du corps, dans un grand élan qui passe outre les coutures[20].

Robe d'intérieur en soie brochée, ouverte sur un dessous de linon.

Faire le tour du monde dans son salon
Travel the world in your living room

"Perhaps, dear friend, by studying your various designs, I will end up learning geography . . . When you dress to go to the Comédie Française or the Salon, Europe goes with you. Recently you bore Japan on your sleeves; this morning Turkey perfumed your slippers; this evening, the wonders of Bratislava and Zagreb were alluded to among the embroideries on your skirt . . . a didactic method, a form of pedagogy set in your 'rags'! . . . If the cinema can make excellent documentary films, why shouldn't fashion take pleasure in educating? . . . You are, dear friend, the most delightful of globes."[21] It is true that this period encouraged the study of "sartorial geography". However, although this trend was a reflection of the desire for discovery, most women were content to imagine their travels. In real life, they were usually to be found in their living room, like goldfish in a bowl or birds in a cage. Perhaps this is why women placed so much importance on choosing the right furniture and wallpaper. "Enchanted walls . . . tell us stories and speak of leave-taking for distant countries and stormy seas", beseeched another magazine in 1922.[22]

In addition to the exotic presence of goldfish, native to China, what attracts our attention is the combination of coral and turquoise – the association of red and blue, two pure, contrasting hues, representative of an inordinate love of colour, specific to Far Eastern textiles and the Art Deco that was already on the horizon.

« Peut-être, chère amie, en contemplant vos robes successives, finirai-je par apprendre la géographie [. . .]. Quand vous vous habillez pour aller à la Comédie ou au Salon, l'Europe se déplace avec vous. Naguère vous portiez le Japon dans vos manches ; ce matin la Turquie parfumait vos babouches ; ce soir, parmi les broderies de votre jupe s'inscrivent les merveilles de Bratislava et de Zagreb [. . .] une mode didactique, de la pédagogie dans les chiffons ! [. . .] Pourtant le cinéma fait bien du film documentaire ; pourquoi la mode ne s'amuserait-elle pas à instruire ? [. . .] Vous êtes, chère amie, la plus aimable des mappemondes[21]. » Il est vrai que cette période encourage l'étude de la « géographie vestimentaire ». Si cette tendance se fait le reflet d'un désir d'ailleurs, la plupart des femmes se contentent toutefois de vivre leurs voyages de manière imaginaire. Dans la vraie vie en effet, elles se retrouvent plus souvent confinées dans leur salon, tout comme les poissons rouges dans leur bocal ou les oiseaux en cage. Voilà peut-être pourquoi les femmes accordent une telle importance au choix de leurs meubles et de leurs papiers peints. « Les murs enchantés [. . .] nous racontent des histoires et nous parlent des départs vers les pays lointains et les mers orageuses », peut-on d'ailleurs lire, comme en écho, dans une autre revue féminine, contemporaine[22].

Outre la présence exotique de carassins dorés, originaires de Chine, c'est le mariage du corail et de la turquoise qui retient ici l'attention. L'association de rouge et de bleu, deux teintes franches et opposées, caractéristique d'un goût immodéré pour la couleur, spécifique aux textiles extrême-orientaux et à l'Art déco qui s'annonce.

Indoor dress in silk brocade, open over a fine linen undergarment
Printed plate, painted on paper using a metal stencil
Paris, "Parisian attire", *Journal des dames et des modes*, yearbook 1913, pl. 61,
by George Barbier
The Trustees of the Chester Beatty, Dublin

« Robe d'intérieur en soie brochée, ouverte sur un dessous de linon »
Planche peinte au pochoir métallique sur papier
France, Paris, « Costumes parisiens », *Journal des dames et des modes*, année 1913, pl. 61,
signée George Barbier
The Trustees of the Chester Beatty, Dublin

Everyday *kurume kasuri* (久留絣) kimono
Flowers, leaves and fruits on a navy-blue ground
Cotton woven with thread dyed indigo and other colours, made using the *kasuri* technique, from the set of *ikat* methods[23]

Hitoe simple kimono for all-year wear, to be worn with a *tsumugi* raw-silk *obi*, a *hanhaba* mid-length *obi* or a narrow-ended *Nagoya obi*, perhaps either yellow or orange
Japan, Shōwa era (1926–89)
Provenance Tōkyō
Baur Foundation, Sugawara Keiko donation, FB.DS.2015.7

Kimono quotidien
Kurume kasuri (久留絣)
À motifs de fleurs, de feuilles et de fruits, sur fond bleu marine
Coton tissé de fils teints à base d'indigo et d'autres couleurs, réalisé selon la technique caractéristique *kasuri*, qui appartient à la famille des *ikat*[23]

Kimono simple *hitoe* pour toute l'année, à porter avec une ceinture de soie grège *tsumugi*, un obi de demi-longueur *hanhaba* ou à extrémité rétrécie Nagoya, de couleur jaune ou orange par exemple
Japon, ère Shōwa (1926-1989)
Provenance Tōkyō
Fondation Baur, donation Sugawara Keiko, FB.DS.2015.7

The *kasuri* technique is specific to the Kurume region on the island of Kyūshū. In this special process, the fibres are resist-dyed before weaving. The motif, which is decided in advance, is only apparent once the fabric is completely finished. This piece is representative of what is called a "double *ikat*", frequently seen in Japan, as opposed to the various "weft *ikat*". This means that both the weft and warp threads have been dyed in order to create the desired pattern. The decorative blurred effects produced are called *kasuri*. In European fashion magazines of the period, many addresses are given where it was possible to buy *batikkés* fabrics,[24] attesting to the interest that the public had in these new sorts of textiles.

Le *kasuri* est une spécialité de la région de Kurume, sur l'île de Kyūshū au Japon. Il s'agit d'une production de toile particulière puisque les fibres sont teintes, par réserve, avant le tissage. Le motif, déterminé à l'avance, ne se révélera qu'une fois l'étoffe achevée. Cette pièce présente ce que l'on appelle un « *ikat* double », assez fréquent au Japon, par opposition aux « *ikat* de trame ». Cela signifie que ce sont à la fois les fils de trame et de chaîne qui ont été modifiés de manière à créer le dessin désiré. Les effets décoratifs ainsi obtenus, comme estompés, portent le nom de *kasuri*. Dans les revues de mode européennes de cette époque, on trouve de nombreuses adresses où l'on peut faire l'achat de tissus « batikkés[24] ». Ces entrefilets prouvent l'intérêt que ces textiles généraient alors.

Belt featuring motifs created using the *tzuzure-ori* (綴織) "nail-weaving" technique
Koi (鯉) carp on a white ground
Silk tapestry, with coloured, gold and silver threads
To be worn in summer with a light *usumono* kimono, perhaps blue or alluding to water
Japan, Taishō era (1912–26)
Provenance Kyōto
Baur Foundation, Sato Mariko donation, FB.DS.2008.38

Ceinture à motifs tissés à l'ongle *tzuzure-ori* (綴織)
Décor de carpes *koi* (鯉), sur fond blanc
Tapisserie de soie avec fils multicolores, d'or et d'argent
Pour la saison estivale, à porter avec un kimono léger pour l'été *usumono*, peut-être bleu ou faisant allusion à l'eau
Japon, ère Taishō (1912-1926)
Provenance Kyōto
Fondation Baur, donation Sato Mariko, FB.DS.2008.38

In China the perseverance of the carp, as it swims upstream to transform itself into a dragon, made it the symbol of the mandarin's determination to overcome the obstacles standing in his way to realize his ambitions.[25] The Japanese decorative repertoire has a similar metaphor; however, as in Japan there was no exact equivalent of the literati who filled the Chinese administrative system, the image of the carp has shifted to take on a slightly different meaning: its strength and determination make it the embodiment of courage and tenacity. For the same reasons, in early May families would decorate their houses with streamers in the form of *koi nobori* (鯉幟) carp for the *kodomo no hi* (子供の日) Boys' Day festival. The streamers flutter in the wind giving the impression that the fish are struggling against the current.
The *tsuzure-ori* technique used to create these designs was extremely costly. It used a weave that is similar to tapestry and that was produced in the Nishijin district of Kyōto, which is also known for its brocades. The design was first painted on paper that was placed directly beneath the warp so that the weavers could follow the model as they progressed. Each colour was worked separately on its own shuttle. Once the weft thread was passed through the warp threads, the weavers used their fingernails to adjust its position. To do so, notches were cut in their nails, rather like a comb. It was this little detail, reflecting the expertise of the artisan, that made all the difference.

En Chine, l'entêtement de la carpe qui s'efforce de remonter le courant pour se transformer en dragon en fait l'emblème du pouvoir mandarinal. Il s'agit d'une métaphore qui rappelle les obstacles qu'il faut savoir surmonter pour parvenir à réaliser ses ambitions[25]. Cette même histoire est également illustrée dans le répertoire décoratif japonais. Cependant, comme il n'existe pas de classe lettrée correspondant au système administratif chinois, cette image trouve une signification légèrement différente. C'est donc la force de l'animal, sa détermination, qui vont en faire la personnification du courage et de la ténacité. Pour ces mêmes raisons, on aime orner les maisons de manches à air en forme de carpes *koi nobori* (鯉幟), le jour de la fête des Garçons Kodomo no hi (子供の日) au début du mois de mai. Ces banderoles flottent alors dans le vent, donnant effectivement l'impression de se débattre pour remonter le courant.
La technique *tsuzure-ori* employée pour la réalisation de ce décor est extrêmement luxueuse. Il s'agit d'une sorte de tissage apparenté à de la tapisserie, produit à Kyōto dans le quartier de Nishijin, également connu pour les brocarts qui portent le même nom. La composition est tout d'abord préparée, peinte sur un papier destiné à être glissé directement sous la chaîne du métier afin que le tisserand puisse suivre son modèle au fur et à mesure. Chaque couleur est travaillée séparément, sur sa propre navette. Après avoir introduit le fil de trame dans ceux de chaîne, le tisserand recourt à ses ongles pour les ajuster. Pour ce faire, ces derniers sont incisés, un peu à la manière d'un petit peigne. C'est ce petit détail, le savant toucher de l'artisan, qui ferait toute la différence.

"Fishing net" *obi* (網目)
Lace, plant-fibre dyed coral
To be worn on lesser outings over a white or pale-coloured under-*obi* (薄物), with light *usumono* for summer wear
Japan, Shōwa era (1926–89)
Provenance Tōkyō
Baur Foundation, Sugawara Keiko donation, FB.DSK.2015.38

Ceinture « filet de pêche » (網目)
Dentelle, fil de matière végétale teint de couleur corail
À porter lors de petites sorties sur un sous-obi (薄物) blanc ou de couleur claire, avec un kimono léger pour l'été *usumono*
Japon, ère Shōwa (1926-1989)
Provenance Tōkyō
Fondation Baur, donation Sugawara Keiko, FB.DSK.2015.38

Fishing and nets are inseparable in Japan, an archipelago in which the population lives principally from the resources of the sea. Many legends exist that make this essential implement a much appreciated motif. The idea that nets are not only able to draw in fish, molluscs and other seafood delicacies, but also to bring about surprising encounters, is omnipresent. Many stories tell of how fishermen have involuntarily drawn up from the depths a statuette of Kannon bodhisattva 観音, or an old man sailing in a basket who claims to know the secret elixir of immortality.[26] In decorations, therefore, the net is easily assimilated with a miraculous catch and thus a certain providence.

The distinctive characteristic of this *obi* lies in the fact that it has been made in the same fashion as a fishing net. Having neither weft nor warp, it is structured like lace. The miraculous ability of a net to draw up good luck and good fortune also inspired other designs, as seen in the pieces that follow.

La pêche et son filet sont inséparables du Japon, pays insulaire dont la population vit principalement de son produit. Il existe de nombreuses légendes qui font de cet outil indispensable un motif très apprécié. L'idée que les filets puissent non seulement ramener des poissons, mollusques ou autres gourmandises des fonds marins, mais également occasionner des rencontres plus surprenantes encore, est omniprésente. De nombreuses histoires rapportent comment des pêcheurs ont involontairement ramené des profondeurs une statuette de Kannon 観音, leur future protectrice, ou même un vieil homme naviguant dans un panier et qui s'avère connaître le secret d'un élixir d'immortalité[26]. Le filet est donc facilement assimilé, dans les décors, à la pêche miraculeuse et donc à une certaine providence.

La spécificité de cette ceinture réside dans sa conception, réalisée à la façon d'un véritable filet de pêche. Sa structure correspond à la technique de confection de la dentelle, qui a pour particularité de ne comporter ni trame ni chaîne. La magie du filet qui ramène chance et bonheur a inspiré bien d'autres décors, dont celui des pièces suivantes.

Ceinture à revers sans décor *fukuro*
À motif de filet dans lequel des couronnes de fleurs sont prises sur fond turquoise
Soie tissée de fil d'argent et brodée de couleurs
À porter avec un kimono léger pour l'été *usumono*
Japon, début de l'ère Shōwa (1926-1989)
Provenance Tōkyō
Fondation Baur, donation Sugawara Keiko, FB.DSK.2015.1

Fukuro obi with a plain reverse
Net motif in which crowns of flowers have been caught, on a turquoise ground
Silk woven with silver thread and embroidered with colours
To be worn with a light *usumono* kimono for summer
Japan, early Shōwa era (1926–89)
Provenance Tōkyō
Baur Foundation, Sugawara Keiko donation, FB.DSK.2015.1

Ceinture à revers sans décor *fukuro*
Avec médaillons floraux sur un fond en damier *ichimatsu moyo* (格紋), sur fond turquoise
Soie tissée de carreaux en fil d'argent, brodée de couleurs et de fil d'or
À porter avec un kimono pour la saison hivernale
Japon, fin de l'ère Taishō (1912-1926), ou début Shōwa (1926-1989)
Provenance Tōkyō
Fondation Baur, donation Sugawara Keiko, FB.DSK.2015.35

Fukuro obi with a plain reverse
Floral medallions on an *ichimatsu moyo* (格紋) checkerboard pattern, on a turquoise ground
Silk woven with squares in silver thread, embroidered with coloured and gold thread
To be worn with an *awase* lined kimono in winter
Japan, late Taishō era (1912–26), or early Shōwa era (1926–89)
Provenance Tōkyō
Baur Foundation, Sugawara Keiko donation, FB.DSK.2015.35

Qui est la plus belle ?
Who is the most beautiful?

Almost twenty years after the plate drawn by George Barbier (p. 66) for the *Journal des dames et des modes*, Erté (1892–1990) drew this cover for *Harper's Bazaar*.[27] The similarity between the two is striking, bearing witness to a certain continuity in the aesthetic of women's magazines in the 1920s and 1930s.

Although coral fishing was a subject abundantly illustrated in Japanese art, it does not seem to have held the same importance in Chinese decoration, although this precious material grows on the reefs off the shores of both countries and was equally exploited. For a long time, the button on the top of the hats of high-ranking mandarins was made of coral.[28] This attribute immediately identified those officials nicknamed the "red buttons".[29] In China in the 19th century, a new artistic trend was to carve coral branches while retaining their original shape as much as possible (see page 78). This allowed sculptors to create a new host of strange characters who stand with their weight on one hip or float in the air in bizarre surroundings. These pieces seem to have had some success abroad as many are still found in private European collections. Coral's distinctive orangey-red colour was later made use of in both Asian and Western textiles.

The arrival of the first goldfish at the French court in the salons of Madame de Pompadour (1721–64) caused a sensation.[30] Rearing these tiny living treasures, which were greatly admired, was clearly a pastime reserved for the elite. These ornamental fish, and the many varieties obtained from them, were the result of a Chinese fondness for nature. The Japanese, too, became enamoured of them. We know that the latter brought back golden carp from the Asian mainland as early as the 13th century, which led to the huge popularity in goldfish that has never since waned.[31]

Près de vingt ans après la planche de George Barbier précédente (p.66) destinée au *Journal des dames et des modes*, Erté (1892-1990) réalise cette couverture pour *Harper's Bazaar*[27]. On ne peut s'empêcher de remarquer la grande proximité de ces deux images, tant dans la thématique que dans le choix des couleurs employées. Ces faits témoignent d'une certaine continuité dans l'esthétique des revues féminines durant la période des Années folles.

Si la pêche aux coraux est un sujet maintes fois illustré dans l'art japonais, elle ne semble pas occuper la même place dans le répertoire décoratif chinois. Le corail, par contre, cette matière si précieuse issue des récifs de la mer que se partagent les deux empires, est également exploité. Longtemps, c'est une perle de corail qui surmontait le chapeau des mandarins les plus haut placés[28]. Grâce à cet attribut, on identifiait immédiatement ceux que l'on baptisait d'ailleurs les « boutons rouges[29] ». En Chine toujours, au XIXe siècle, on relève une nouvelle tendance qui consiste à sculpter ces embranchements particuliers, tout en respectant le plus possible leur forme originale (voir page suivante). On découvre alors un nouvel univers de personnages étranges, qui se déhanchent ou flottent dans les airs, pris dans un décor excentrique. Ces pièces semblent avoir connu un petit succès d'exportation. De manière assez naturelle, la couleur particulière du corail, cette nuance de rouge orangé, a ensuite été recherchée dans les textiles aussi bien asiatiques qu'occidentaux.

L'arrivée des premiers poissons rouges à la cour de France, dans les salons de Madame de Pompadour (1721-1764), a fait sensation[30]. Élever ces petits trésors vivants, qu'on ne se lassait pas d'admirer, constituait bien évidemment un loisir réservé à une élite. Ces poissons d'ornement, ainsi que les très nombreuses variétés qui seront par la suite obtenues, sont le fruit de la passion des Chinois pour la nature et les Japonais s'en éprendront de même. On sait que ces derniers ramènent, sporadiquement, des carassins dorés du continent asiatique dès le XIIIe siècle déjà. Dès lors, le succès de ce « poisson d'or » ne se démentira plus[31].

Cover of the magazine
Harper's Bazaar
June 1931 issue,
by Erté (1892–1990)
Private collection

Couverture du magazine
Harper's Bazaar
Numéro de juin 1931,
signée Erté (1892-1990)
Collection privée

PARIS
LONDON
HARPER'S BAZAAR
JUNE 1931
EARLY SUMMER
FASHIONS

Two women, probably Immortals, caught among the branches of a tree
Carved coral
China, Qing dynasty (1644–1911), 19th century
Baur Foundation, donation D. D., FB.DD.2015.23

Deux femmes, probablement des Immortelles, prises parmi des branches d'arbre
Branche de corail sculptée
Chine, dynastie Qing (1644-1911), xixe siècle
Fondation Baur, donation D. D., FB.DD.2015.23

Narrow-ended *Nagoya obi*
Fantail fish on a cerulean ground
Light *sha* silk gauze woven
with coloured and silver thread
To be worn on lesser outings during the summer season with a light silk kimono or perhaps with the *ojiya chijimi* from the same donation (pp. 122 and 123)

Japan, early Shōwa era (1926–89)
Provenance Tōkyō
Baur Foundation, Sugawara Keiko donation, FB.DSK.2015.22

Ceinture à extrémité rétrécie Nagoya
Avec poissons queue-de-voile,
sur fond bleu céruléen
Soie *sha* tissée de couleurs
et de fil d'argent
Pour la saison estivale, à porter lors de petites sorties avec un kimono de soie légère ou avec l'*Ojiya chijimi* de la même donation (pp. 122 et 123), par exemple

Japon, début de l'ère Shōwa
(1926-1989)
Provenance Tōkyō
Fondation Baur, donation
Sugawara Keiko, FB.DSK.2015.22

Manteau de Damas rose garni de Renard bleu
Coiffure de Paradis noirs

Fleurs artificielles
Artificial flowers

"In the sphere of the imagination, we should not forget the dwarf trees of Japan that have devoted enthusiasts and are loved by artists, which are grouped in miniature parks and trained using the consummate art of garden architecture at which the Japanese excel. Alongside the beautiful wild flowers that are sent at Christmas like simple visiting cards, cellophane flowers made in pearly and painted shells make charming bouquets that imitate the apple trees of Japan; there are few living rooms that do not contain one or two branches, housed in a fragile Venetian glass or a beautiful blue celadon."[32] Thus did Japan fascinate the women of Europe, who were themselves expected at this time to personify the loveliest of flowers. With the need to always appear at their best, it was customary for them to change their dress throughout the day to suit their activities. There were morning clothes, afternoon outfits and evening wear, clothes for indoors and outdoors, to drive a car, to play sport, to take tea, go to the theatre or opera, and to attend masked balls. Prompted by Asian designs, from the advent of Art Nouveau, designers happily borrowed from nature. Feathers that adorned dresses, fans, aigrettes and hats transformed their wearers into graceful birds, while furs turned them into cuddly toys. Silk clothes printed with flower scrolls, and jewellery made from jade, coral, crystal and turquoise, conjured up the marvels and beauty that abounded in gardens and mountains. Bedecked in this manner, women could then themselves adorn the salons like rare and delicate plants. "Pretty flowers arranged in the Japanese style contribute to the decoration of the home", wrote *Vogue*.[33] Another column with the title "Flowers that never fade, the beauty of artificial flowers lends itself best to modern decoration" sounds as though it were an advertisement.[34]

« Dans le domaine de la fantaisie, il ne faut pas oublier les arbres nains du Japon qui ont des amateurs passionnés et ravissent les artistes, car ils sont groupés dans des parcs miniatures, dessinés avec un art consommé de l'architecture des jardins où excellent les Japonais. À côté des belles fleurs naturelles qui s'envoient à Noël comme de simples cartes de visite, les fleurs de cellophane faites en coquillages nacrés et teintés composent de charmants bouquets imitant les pommiers du Japon et il est peu de salons où l'on n'en trouve une ou deux branches, s'élançant d'un fragile verre de Venise ou d'un beau bleu céladon[32]. » Ainsi le Japon fascine-t-il les Européennes qui se doivent, à l'époque, d'incarner les plus belles des fleurs. Comme elles, la femme a pour habitude de se changer tout au long de la journée, au gré de ses activités. Il existe des robes du matin, de l'après-midi ou du soir, des toilettes spécifiques pour l'intérieur et pour l'extérieur : pour conduire, faire du sport, prendre le thé, aller au théâtre, à l'opéra ou participer à des bals masqués. En outre, sous l'impulsion de l'Asie et depuis la naissance de l'Art nouveau, les couturiers empruntent volontiers aux merveilles de la nature. Les plumes qui ornent robes, éventails, aigrettes ou chapeaux les transforment en de graciles oiseaux ; les fourrures en font de douces peluches. Les vêtements de soie imprimée de rinceaux fleuris, les bijoux de jade, de corail, de cristal ou de turquoise évoquent les trésors dont regorgent jardins et montagnes. Ainsi parées, les femmes peuvent donc, à leur tour, agrémenter les salons telle une plante rare et délicate. « De jolies fleurs disposées dans le style japonais contribuent à l'ornement de la maison », peut-on aussi lire dans *Vogue*[33]. Une autre rubrique qui s'intitule « Des fleurs qui ne se faneront jamais, la beauté des fleurs artificielles se prête le mieux du monde à la décoration moderne », sonne toutefois comme un avertissement[34].

Pink damask coat trimmed with blue fox. Headband decorated with black bird-of-paradise feathers
Printed plate, painted on paper using a metal stencil
Paris, "Parisian attire", *Journal des dames et des modes*, yearbook 1912, pl. 35, by George Barbier
Rijksmuseum, Amsterdam

« Manteau de Damas rose garni de renard bleu. Coiffure de paradis noirs »
Planche peinte au pochoir métallique sur papier
France, Paris, « Costumes parisiens », *Journal des dames et des modes*, année 1912, pl. 35, signée George Barbier
Rijksmuseum, Amsterdam

Box decorated with flowers
and a bee
Shibayama-style (芝山) inlay,
lacquer, mother-of-pearl and various
other materials
Japan, Meiji era (1868–1912),
late 19th century
Baur Foundation, CB.LJ.1964.70

Boîte à motif de fleurs incrustées,
au milieu desquelles
on distingue une abeille
Technique de style
Shibayama (芝山), laque,
nacre et matières diverses
Japon, ère Meiji (1868-1912),
fin du XIXe siècle
Fondation Baur, CB.LJ.1964.70

Once again, the cut of the coat on page 80 is similar to that of the Japanese *haori* open jacket, while the motif on the dress and its colours resemble Chinese compositions. Rather like a story within a story, this model parades in front of her Japanese *fusuma* (襖) paper partitions admiring her precious *bonsai* (盆栽).

Europeans admired the way in which the Japanese mastered the art of arranging fresh flowers and manufacturing artificial ones, as can be seen on this small box made with lacquer inlaid with a variety of materials. Closer inspection of this flowery scene reveals a bee busy at work. A lesson – despite their beauty, flowers can harbour surprises!

Une fois encore, la coupe du manteau de la planche précédente rappelle celle du *haori* japonais ; le motif de la robe et ses couleurs, des compositions chinoises. Un peu comme une mise en abîme, le mannequin qui se pavane devant des parois de papier japonais *fusuma* (襖) admire son précieux bonsaï (盆栽).

En Europe, on admire donc les Japonais qui maîtrisent parfaitement l'art des fleurs fraîches et celui de leurs imitations artificielles, comme c'est le cas sur cette petite boîte en laque incrustée d'une multitude de matières. Toutefois, si l'on regarde de plus près ce séduisant tapis fleuri, on y découvre aussi une abeille en plein travail. Là encore, il s'agit d'être prudent, les fleurs sont belles mais peuvent receler bien des surprises !

La magie des broderies
The magic of embroidery

"The many-coloured embroideries in bright and soft but above all harmonious colours are one of the features of the year. We avail ourselves of these Japanese and Hindu, Byzantine and Egyptian remembrances, grouped together under the vague and appealing word 'Oriental', and almost everywhere we find these embroideries adding a note of refinement to the simplicity of suits, the comforting swaddling of coats, and the elegance and exquisiteness of afternoon dresses."[35]

Chinese women had a special relationship with the art of embroidery. Whereas traditionally they spend a great deal of time brightening up clothes and accessories with their handiwork, it is not simply for reasons of aesthetics; it is also because they are convinced of the indispensable and beneficial nature of their task. They learn the art of making clothes at a very young age, the handling of the needle and mastering of the many stitches. These different forms of creation were adapted to different festivities in the calendar as well as to festivities celebrating the important stages of life. It was essential to accompany each member of the family in their life and to surround them with benevolence. It therefore becomes almost possible to "read" the concerns of embroiderers in the decorations that they produced. However, Europeans were completely unaware of the symbolic and emotional power with which these textiles were invested,[36] and when the embroideries arrived on the continent, they were appreciated uniquely for their superficial and decorative qualities.

« Les broderies multicolores aux tons à la fois vifs et doux, harmonieux surtout, sont une des caractéristiques de l'année. Nous employons les réminiscences japonaises et hindoues, byzantines et égyptiennes, réunies sous le mot vague et séduisant "d'orientales", et un peu partout nous trouverons ces broderies mettant une note de raffinement sur la simplicité des costumes, le chaud enveloppement des manteaux, et l'élégante préciosité des robes d'après-midi[35]. »

Les Chinoises entretiennent une relation particulière avec l'art de la broderie. Si, traditionnellement, elles passent tant de temps à égayer vêtements et accessoires de leurs ouvrages, ce n'est pas uniquement pour assouvir un besoin esthétique, c'est aussi parce qu'elles sont convaincues du caractère indispensable et bénéfique de leur tâche. Très jeunes, elles apprennent l'art de la confection, le maniement de l'aiguille et l'exécution de nombreux points. Ces travaux étaient adaptés aux diverses festivités du calendrier, ainsi qu'aux étapes importantes de l'existence. Il était capital d'accompagner chaque membre de la famille dans sa vie en l'entourant de bienveillance. On peut donc littéralement « lire » les préoccupations des brodeuses dans leurs étoffes, censées protéger et porter chance. Les Compagnies des Indes qui, les premières, ont rapporté ces textiles d'Orient n'ont toutefois pas emporté avec eux la charge symbolique et émotionnelle qui les caractérise[36]. À leur arrivée en Europe, ils ont donc été appréciées pour leurs qualités superficielles et décoratives uniquement.

Evening dress with flesh-coloured muslin corsage, silk tunic embroidered in the "Compagnie des Indes" style
Printed plate, painted on paper using a metal stencil
Paris, "Parisian attire",
Journal des dames et des modes,
yearbook 1913, pl. 69,
by George Barbier
The Trustees of the Chester Beatty, Dublin

« Grande robe du soir, corsage de mousseline chair, tunique de soie brodée dans le goût "Compagnie des Indes" »
Planche peinte au pochoir métallique sur papier
France, Paris, « Costumes parisiens »,
Journal des dames et des modes,
année 1913, pl. 69,
signée George Barbier
The Trustees of the Chester Beatty, Dublin

Grande robe du soir, corsage de mousseline chair, tunique de soie brodée dans le goût de la "Compagnie des Indes".

Wall hanging with butterflies fluttering around different flowers, on a blue ground
Silk embroidered with coloured thread on the two faces, reversible
China, Qing dynasty (1644–1911), 19th century
Baur Foundation, acquired in 1927 through Gustave Loup, CB.TC.1927.115

Tenture à motifs de papillons voletant autour de fleurs diverses, sur fond bleu
Soie brodée de fils multicolores sur les deux faces, à décor réversible en miroir
Chine, dynastie Qing (1644-1911), XIXe siècle
Fondation Baur, acquise en 1927 auprès de Gustave Loup, CB.TC.1927.115

"I still own the famous hanging in sky-blue crepe with multi-coloured flowers that is a marvel and comes from the palace in Jehol"[37] wrote the dealer Gustave Loup from Beijing in a letter to Alfred Baur on 5 March 1927. Shortly afterwards, doubtless at the instigation of Mrs Baur, this piece of embroidery was sent to Switzerland to join the Baur collections.

Among its possible uses, the hanging may have adorned a bed, as the slightly raised embroidery was sewn on both sides and was thus reversible. Having two decorated faces, the silk may also have been used as a form of room partition or hung in places where the two sides could be seen.

« Je possède toujours la fameuse tenture bleu ciel crêpe avec fleurs polychromes qui est une merveille et provient du palais de Jehol[37] », écrivait le marchand Gustave Loup depuis Pékin dans une lettre adressée à Alfred Baur, le 5 mars 1927. Peu de temps après, et certainement sous l'impulsion de Madame, la pièce en question rejoignait la Suisse et leurs collections.

Il s'agit d'une tenture pouvant servir à orner un lit chinois, par exemple, car le travail de broderie, légèrement en relief, a été effectué sur les deux faces, en miroir. Ainsi orné des deux côtés, ce coupon de soie pouvait facilement séparer des espaces intérieurs ou être suspendu en des endroits où on le verrait des deux côtés.

Two Han women (漢) busy embroidering
Pith paintings "from Canton" (*tongcao shang de Guangzhou fengjing* 通草上的广州风情 or *tongcaohua* 通草畫), gouache on "rice paper" (*Tetrapanax papyrifera*)

China, Qing dynasty (1644–1911), c. 1850
Provenance southern China, probably Canton

Quatre femmes chinoises d'ethnie han (漢) s'adonnent à la broderie
Peinture dite « de Canton » (*tongcao shang de Guangzhou fengjing* 通草上的广州风情 ou *tongcaohua* 通草畫), gouache sur « papier de riz » (*Tetrapanax papyrifera*)

Chine, dynastie Qing (1644-1911), vers 1850
Provenance sud de la Chine, Canton probablement

"Embroidery has specific qualities. It is used as ornamentation on a fabric and it produces effects that it shares with no other technique, as it has a freer, more independent aspect than either prints or weaving. It also has an advantage, that of creating a raised effect. The embroiderer's needle is an instrument comparable to a pen or brush; as free as them, the needle is able, like the pen, to draw the most complicated outlines; superior to the brush, it creates an apparent depth, something that is particularly characteristic of decorative embroidery . . . The embroidery of modern art is an embroidery of gold and silk that contributes to beautifying the interiors and clothes of our contemporaries. Today we are witnessing the most interesting endeavours to revive the art of embroidery", enthused Jean-Gabriel Lemoine in *Les Modes* in 1923.[38] In the traditional images published in China for the New Year festivities (*nianhua* 年畫), there is a series showing women spinning and weaving silk in their homes (*fangzhi tu* 紡織圖). This particular scene is symbolic of a serene and happy home.

« La broderie a ses qualités spécifiques. Elle s'emploie comme ornement sur un tissu et elle produit des effets qui lui sont propres, parce qu'elle a une allure plus libre, plus indépendante que l'impression et le tissage. Elle a aussi un avantage, celui de produire le relief. L'aiguille de la brodeuse est un instrument comparable à la plume et au pinceau ; libre comme eux, elle peut, comme la plume, tracer les contours les plus compliqués ; supérieure au pinceau, elle donne l'épaisseur apparente, ce qui caractérise particulièrement la broderie décorative. [...] La broderie d'art moderne est une broderie d'or et de soie qui doit participer à l'embellissement des intérieurs et des vêtements de nos contemporains. Nous assistons aujourd'hui aux tentatives les plus intéressantes pour faire renaître la broderie d'art », s'enthousiasme Jean-Gabriel Lemoine dans *Les Modes*, en 1923[38]. En Chine, dans le corpus des images traditionnelles publiées pour les festivités du Nouvel An (*nianhua* 年畫), il existe une série d'images représentant des femmes filant et tissant la soie chez elles (*fangzhi tu* 紡織圖). Cette composition symbolise un foyer tranquille et heureux.

LA VOLIÈRE

Costume de Fantaisie par Paquin

Les folles mascarades
Masquerades

In summer 1923, a large masked ball held at the Opéra in Paris was reported on in the exclusive magazine *Vogue*: "All of legendary and historic China was present in the Palais Garnier and conquered Europe and America." Several pages showed illustrations of the extravagant outfits of luminaries who paraded in such costumes as a "Japanese flower", a "water fountain", a "Chinese-Hindu statue" [sic] or "[made of] crystal". The article also described the programme of the evening, during which a "wacky" image of China was presented: "The magic of the Middle Empire, with its dreads and terrors, as well as its equivocal charm, all this materialised during an enchanted night at the *'bal du Grand Prix'*[39] . . . Before the fat, beatific and pot-bellied emperor of China there danced a young athlete covered in clinging, multicoloured silks. High dignitaries of the Celestial Empire stood in the background; on the left, a samurai in black and gold armour presented a Japanese vision amongst all these chinoiseries. On the right was Poiret, hardly recognisable as a fat Chinese deity."[40]
Less than a year later, the magazine *Les Modes* published another report. "The theme of the ball was the new Chinese game mahjong [*majiang* 麻将, *Author's note*] at which many highly original costumes were presented. And four young women from Parisian society, one of whom was the host, made a sensational entrance, like an apotheosis, as the 'Four Winds'."[41] While one can easily imagine the splendour of these masquerades, it is clear that China was in fact nothing but a pretext[42]: it provided the vehicle for the overwhelming need to embrace a different existence, a necessity that was felt even more after the end of the Great War.[43]
As mentioned, the bird cage was a common theme. Here it is reinterpreted by the designer Jeanne Paquin who literally enclosed the model in her costume, transforming her once again into a beautiful exotic bird. The head-covering resembles a Chinese hat. This "*costume de fantaisie*" was probably made for a woman invited to a costume ball.

Durant l'été 1923, à l'Opéra de Paris, s'est tenu un grand bal masqué qui fut rapporté dans le très sélect magazine *Vogue* : « Toute une Chine légendaire et historique apparut dans le Palais Garnier et conquit l'Europe et l'Amérique. » Sur quelques pages s'étalent ensuite les tenues extravagantes des célébrités qui se pavanent en « fleur japonaise », en « jet d'eau », en « statue Hindou-chinoise [*sic*] » ou « de cristal ». L'article relate aussi le déroulement de la soirée, durant laquelle une image loufoque de la Chine est entretenue. « La magie de l'empire du Milieu, ses effrois, ses terreurs, en même temps que son charme équivoque, tout cela a surgi durant une nuit féerique lors du bal du Grand Prix[39] [...]. Devant l'empereur de Chine, poussah gras et béat, danse un jeune athlète au corps tatoué de soies collantes et multicolores. Dans le fond se tiennent les hauts dignitaires du Céleste Empire ; à gauche un Samouraï à l'armure noire et or dresse une vision japonaise au milieu de ces chinoiseries. À droite, c'est Poiret, méconnaissable en magot[40]. »
Moins d'un an plus tard, la revue *Les Modes* propose un autre reportage. « Le thème du bal était le nouveau jeu chinois de "*mah-jong*" [*majiang* 麻将, *N.d.A.*] dont les multiples figures donnèrent lieu aux plus originaux travestis. Et quatre jeunes femmes de la société parisienne, dont la maîtresse de maison, représentèrent dans une entrée sensationnelle, en manière d'apothéose, les "Quatre vents[41]". »
Si l'on imagine sans peine le faste de ces folles mascarades, on se rend surtout compte que la Chine n'est finalement qu'un prétexte[42]. Elle sert un désir impérieux de changer de peau et de monde qui va grandir encore au sortir de la guerre[43].
Comme nous l'avons déjà constaté précédemment, le thème de la cage aux oiseaux est fréquent. Il apparaît ici réinterprété par la couturière qui enferme littéralement le modèle dans son costume, transformant, une fois encore, la femme en un beau volatile exotique. La forme du couvre-chef rappelle, quant à elle, celle des chapeaux chinois. Ce « costume de fantaisie » correspond sans doute aux besoins de celle qui devait se rendre à un bal masqué.

The aviary, a "costume de fantaisie" by Paquin
Printed plate, painted on paper using a metal stencil
Paris, *Gazette du bon ton*, yearbook 1913, no. 4, pl. IV,
by Charles Martin (1848–1934)
Bibliothèque d'art et d'archéologie des Musées d'art et d'histoire, Ville de Genève

« La volière, costume de fantaisie par Paquin »
Planche peinte au pochoir métallique sur papier
France, Paris, *Gazette du bon ton*, année 1913, n° 4, pl. IV,
signée Charles Martin (1848-1934)
Bibliothèque d'art et d'archéologie des Musées d'art et d'histoire, Ville de Genève

Lavish and reversible *maru obi*
Cricket and insects in a cage, with *hagi* (萩) plant motifs woven into the fabric, then embroidered, on an eggshell ground
Rō silk woven with silver thread, embroidered with coloured, gold and silver thread
To be worn with a light summer kimono in silk gauze or the kimono included in the donation (p. 116)
Japan, late Taishō era (1912–26) or early Shōwa era (1926–89)
Provenance Kyōto
Baur Foundation, Sato Mariko donation, FB.DS.2008.57

Ceinture de grand luxe et réversible *maru*
Décor de grillon et d'insectes en cage, buissons de *hagi* (萩) pris dans le tissage, puis brodés, sur fond coquille d'œuf
Soie *rō* tissée de fil d'argent, brodée de couleurs, d'or et d'argent
Pour la saison estivale, à porter avec un kimono léger de gaze de soie ou celui de la même donation (p. 116), par exemple
Japon, fin de l'ère Taishō (1912-1926), ou début Shōwa (1926-1989)
Provenance Kyōto
Fondation Baur, donation Sato Mariko, FB.DS.2008.57

Japanese artists showed an interest in tackling design challenges. Woodblock prints in particular were a suitable field for this type of exercise. There are many scenes in which figures are shown in the pouring rain, battered by the wind, as silhouettes behind louvred shutters, peeking out from folding screens, walking at night carrying lanterns, in buildings seen from a skewed perspective, at dusk, or in streets in which electric light throws shadows on the ground. The same is true for this *obi*, which shows an insect in a cage, and for the costume designed by Jeanne Paquin (1869–1936). These effects are the result of the encounter of the arts of the East and West: mutual influences arising from the observation of each other's ideas at the end of the 19th century.

Il est amusant de relever un intérêt certain des artistes japonais pour les défis graphiques. Les estampes notamment constituent un terrain d'expérimentation particulièrement propice à ce genre d'exercice. Elles regorgent de scènes qui décrivent des personnages sous une pluie battante, emportés par le vent, placés à l'abri de persiennes, suggérés par leur seule silhouette, espionnant à moitié dissimulés derrière des paravents, se promenant à la lueur de lanternes, dans des architectures à la perspective biaisée, ou à la nuit tombante, dans des rues baignées de lumière artificielle projetant leur ombre sur le sol. Il en va de même pour cette ceinture qui propose un insecte pris dans une cage, ainsi que pour le modèle de costume proposé par la couturière Jeanne Paquin (1869-1936). Ces jeux sont le fruit de la rencontre Orient-Occident. Des influences croisées qui naissent de l'observation des idées des uns et des autres dès la fin du XIXe siècle.

Informal *changpao* tunic
Butterfly fluttering around different flowers, on a turquoise ground
Silk satin embroidered with coloured thread, coloured embroidered edgings on a black ground, gilded metal buttons in the shape of the lotus, collar in the form of a *ruyi* (如意) sceptre

Tunic, pink lining, made for a Manchu woman
China, Qing dynasty (1644–1911), late 19th century
Baur Foundation, donation of Dr André Philippe, 2018, FB.DA.2018.1

Robe informelle *changpao*
Papillon voletant autour de fleurs diverses, sur fond vert d'eau
Satin de soie brodé de fils de couleurs et bordures à broderies multicolores sur fond noir, boutons de métal doré en forme de lotus, col en forme de sceptre *ruyi* (如意)

Robe doublée de rose, pour une femme mandchoue
Chine, dynastie Qing (1644-1911), fin du XIXe siècle
Fondation Baur, donation du Dr André Philippe, 2018, FB.DA.2018.1

Oriental clothes that arrived in Europe were sought after primarily by collectors, but also by designers who took inspiration from them, and by women. Leafing through fashion magazines, it becomes obvious that Asia did not just provide themes for masked balls; it also influenced clothing for everyday events. "Tea parties remain moments of elegance" we read.[44] They were the opportunity to display one's originality by wearing something like a real Chinese jacket or tunic, vibrantly decorated with colourful embroideries, like this piece abounding with *prunus* blossom, peonies, lotus flowers, magnolias, chrysanthemums and bamboos, among which butterflies flutter. "Baronne Gourgaud . . . wore an extremely original dress . . . embroidered entirely with Chinese motifs copied from real Asian dresses, in the same striking colours."[45]

Les vêtements orientaux qui parviennent en Europe séduisent tout d'abord les collectionneurs, certes, les couturiers qui s'en inspirent, puis les femmes qui s'en emparent. En feuilletant les pages des magazines, on peut constater que l'Asie ne s'immisce pas seulement dans les bals masqués, mais également dans les sorties quotidiennes. « Les thés sont toujours des fêtes d'élégance[44] », lit-on, notamment. C'est évidemment l'occasion de faire preuve d'originalité en osant la veste ou la tunique chinoise, la vraie, vibrante de broderies colorées, comme sur cet exemple qui abonde de fleurs – prunus, pivoines, lotus, magnolias, chrysanthèmes et bambous parmi lesquels volettent des papillons. « La Baronne Gourgaud [...] portait une robe extrêmement originale [...], [une] toilette brodée entièrement de motifs chinois copiés sur les pures robes asiatiques, dans les mêmes couleurs violentes[45]. »

APRÈS L'ONDÉE

Robe de dîner de Worth

Promenade dans un « tea-garden »
A stroll in a "tea garden"

This engraving takes up the idea of a Japanese print in terms of composition and treatment. The young turbaned woman could easily be replaced by a Japanese woman wearing a silk kimono. The fad for *ukiyo-e* (浮世絵) prints during the 19th century, their influence on the arts of Europe and their effect on collectors are well known.[46] Another point of interest in this illustration is the arrival of a new motif. The wisteria (*Wisteria sinensis*)[47] was one of many plants imported from China and Japan at the end of the 19th century, then cultivated and represented in images.[48] Prompted by the enthusiasm for new Oriental plants, the Ritz in Paris opened a Japanese garden in the summer of 1920.[49] This very chic place was to become the latest setting for fashionable rendez-vous. "The long and narrow Japanese tea garden in the inner court . . . also gives a sense of smallness; low, flowering verandas on each side of an artificial stream that laps quietly offer a restful retreat. It would of course be very difficult to take a short stroll along these verandas or cross one of its little bridges without bumping into a friend – or an enemy . . . The statue of Buddha – as it is the Buddha who presides over all Japanese pleasures – . . . will soothe you, for is not the Buddha 'he who achieves success'? On entering a Japanese garden, you will practise the wisest of philosophies."[50] Bamboos, peonies, lotuses, chrysanthemums, wisterias and other plants that blossom on Far Eastern textiles would soon pass into the European decorative repertoire.[51]

Cette gravure reprend presque littéralement l'idée d'une estampe japonaise, dans sa composition comme dans son traitement. La jeune femme enturbannée qui l'anime pourrait être aisément remplacée par une Japonaise enveloppée d'un soyeux kimono. On connaît l'engouement provoqué par la découverte des *ukiyo-e* (浮世絵) au XIXe siècle, son influence sur le monde des arts européens et les vocations de collectionneurs qu'elle a suscitées[46]. Ce que l'on observe également dans cette image, c'est la présence d'un motif tout aussi novateur : la glycine (*Wisteria sinensis*)[47]. Cette dernière fait partie d'une série de végétaux importés de Chine et du Japon à la fin du XIXe siècle, que l'on commence à cultiver et à représenter[48]. Dans cet élan de découverte, un jardin japonais fut d'ailleurs inauguré au Ritz de Paris à l'été 1920[49]. Ce lieu, très chic, allait devenir le dernier rendez-vous à la mode. « Le "*tea-garden*" japonais de la cour intérieure, tout long et tout étroit [...] produit aussi une apparence de petitesse ; des vérandas basses et fleuries de chaque côté d'un ruisseau artificiel qui clapote doucement ont un frais aspect de retraite. Évidemment, il serait très difficile de faire trois pas le long de ces vérandas ou de franchir un des petits ponts sans rencontrer soit un ami, soit un ennemi [...]. La statue de Bouddha – car c'est Bouddha qui préside à tous les plaisirs japonais – [...] vous apaisera ; Bouddha n'est-il pas "celui qui arrive à ses fins"! En entrant dans un jardin japonais vous pratiquerez la plus sage des philosophies[50]. » Bambous, pivoines, lotus, chrysanthèmes, glycines et autres plantes grimpantes ou non, qui fleurissent sur les textiles extrême-orientaux vont alors passer dans le répertoire décoratif européen[51].

After the shower, dinner dress by Worth
Printed plate, painted on paper
using a metal stencil
Paris, *Gazette du bon ton*,
yearbook 1913, no. 6, pl. 5,
by Alberto Fabio Lorenzi (1880–1969)
Bibliothèque nationale de France,
Paris

« Après l'ondée, robe de dîner
de Worth »
Planche peinte au pochoir
métallique sur papier
France, Paris, *Gazette du bon ton*,
année 1913, nº 6, pl. 5, signée
Alberto Fabio Lorenzi (1880-1969)
Bibliothèque nationale de France,
Paris

Furisode kimono for a young girl with long ō sleeves[52]
Bearing five painted *mon* family crests, featuring a Japanese bellflower in a *maru kikyo* circle, with millefleur in *hana guruma* (花車) flower-carts
Chirimen silk crepe, painted and repainted with gold, embroidered with coloured and gold thread, applications of *surihaku* (摺箔) gold and silver leaf designs
Double *nijū kasane* (二重かさね) winter kimono, padded, with pale green lining and red *momi* colour for the sleeves, to be worn by the bride at the evening celebrations of her wedding, with a lavish and reversible *maru obi* with gold and/or flower motifs
Japan, late Taishō era (1912–26) or early Shōwa era (1926–89)
Provenance Kyōto
Baur Foundation, Sato Mariko donation, FB.DS.2008.78

Kimono de jeune fille *furisode* à longues manches ō[52]
Avec cinq blasons familiaux *mon* peints, représentant une campanule japonaise prise dans un cercle *maru kikyo*
À décor de mille fleurs dans des chariots *hana guruma* (花車), enrobés de nuages de bon augure et de grecques mêlées d'orchidées et de chrysanthèmes pris dans le tissage, sur fond de couleur ivoire
Crêpe de soie *chirimen*, peint, repeint à l'or, brodé de couleurs, de fil d'or et applications de feuilles d'or et d'argent *surihaku* (摺箔)
Kimono double de type *nijū kasane* (二重かさね), lesté, doublure de couleur vert d'eau et rouge *momi* dans les manches, pour la saison hivernale,
à porter lors d'une soirée de mariage (par la jeune mariée), avec une ceinture de grand luxe *maru* avec de l'or et/ou des motifs de fleurs
Japon, fin de l'ère Taishō (1912-1926), ou début Shōwa (1926-1989)
Provenance Kyōto
Fondation Baur, donation Sato Mariko, FB.DS.2008.78

Japanese craftsmen were at the origin of a concept that would be taken up in Europe during the 1920s – that of clothing as a form of jewellery. Traditionally, and unlike their Chinese and European counterparts, Japanese women never demonstrated the desire to wear jewellery, whether bracelets, necklaces, brooches or earrings, but they were no less flirty for all that. Instead, they concentrated on their hairstyle, the choice of clothes and the *obi* that put the finishing touch to their outfit. The fabrics were carefully chosen on the basis of the different criteria – material, texture, colour and design – to be satisfied, which were dependent on the circumstances for which the fabrics were to be worn. In response, the craftsmen combined their efforts to offer the most beautiful finery. Parisian couturiers marvelled at Japanese sartorial inventiveness and endeavoured to imitate its richness. They tried out new techniques and added embroideries, beads and sequins to their models in a burst of creativity.
This kimono, which was probably made for a wedding, takes up a motif that alludes to an event that occurred during the Edo period (1600–1868). The day that the Shogun Tokugawa Hidetada 徳川秀忠 (1579–1632) offered the hand of his daughter to the emperor Go-Mizuno 後水尾天皇 (r. 1611–29), the young beauty passed through the streets of Kyōto in a magnificently adorned carriage that has always been remembered as the "flowered carriage", *hana guruma*.

Bien involontairement, les artisans japonais sont à l'origine d'un concept qui sera repris dans les années 1920 – celui du vêtement-bijou. Traditionnellement, et contrairement à leurs consœurs chinoises ou européennes, les femmes japonaises n'ont jamais montré d'engouement pour la joaillerie. Elles ne portent en effet ni bracelet, ni collier, ni broche, ni boucles d'oreilles, mais n'en sont pas moins coquettes pour autant. Elles s'attachent davantage à leur coiffure, au choix de leur vêtement et de la ceinture qui parachèvera la tenue. Les étoffes sont donc soigneusement sélectionnées en fonction de divers critères dictant, selon les circonstances, matières, textures, couleurs et décors. Ainsi les artisans conjuguent-ils leurs efforts pour leur proposer les plus belles parures. Les couturiers parisiens qui découvrent ces trésors d'inventivité s'émerveillent devant tant de richesses et entreprennent de les imiter. À leur tour, ils s'essaient à de nouvelles techniques et alourdissent leurs modèles de broderies, perles ou sequins en un même élan créatif.
La composition de cette pièce, probablement conçue pour des festivités de mariage, reprend un motif faisant allusion à un événement de l'époque d'Edo (1600-1868). Le jour où le shōgun Tokugawa Hidetada 徳川秀忠 (1579-1632) offrit la main de sa fille à l'empereur Go-Mizuno 後水尾天皇 (r. 1611-1629), la belle traversa les rues de Kyōto dans un chariot magnifiquement orné qui resta gravé dans les mémoires sous le nom de « chariot fleuri » *hana guruma*.

Furisode kimono for a young girl with long *ō* sleeves
Bearing one family crest embroidered *nui-mon* with gold and coloured thread, featuring a *meyuimon* (目結紋) dyeing tool
Autumnal decoration of chrysanthemums and *kudzu* (*Pueraria sp., kuzu* 葛) climbing bamboo stakes
Chirimen silk crepe, dyed and painted with colours and gold, embroidered with gold and silver thread
Awase lined kimono for the winter season, beige lining and red *momi* colour, to be worn with a *fukuro obi* with a plain reverse, or a narrow-ended *Nagoya obi*, black with a pattern, orange or beige, for example
Japan, late Taishō era (1912–26) or early Shōwa era (1926–89)
Provenance Tōkyō, the kimono belonged to Mme Nakauchi Fumiko 中内芙美子 (maiden name Usami Fumiko 宇佐美芙美子), and previously to her mother Usami Mieko 宇佐美美枝子 (maiden name Nakamura Mieko 中村美枝子)
Baur Foundation, Sylviane de Cerjat Hagger donation, FB.DSCH.2017.1

Kimono de jeune fille *furisode* à longues manches *ō*
Avec un blason familial brodé de fil d'or et de couleur *nui-mon*, représentant un outil employé pour la teinture *meyuimon* (目結紋)
À décor automnal de chrysanthèmes et de vigne *kudzu* (葛 *Pueraria sp.*) qui s'élèvent le long de tuteurs de bambou
Crêpe de soie *chirimen*, teint, peint de couleur et d'or, brodé de fils d'or et d'argent
Kimono doublé *awase* pour la saison hivernale, doublure beige et rouge *momi*, à porter avec une ceinture à revers sans décor *fukuro*, ou un obi à extrémité rétrécie Nagoya, noir avec décor, orange ou beige, par exemple
Japon, fin de l'ère Taishō (1912-1926), ou début Shōwa (1926-1989)
Provenance Tōkyō, ce vêtement appartenait à Mme Nakauchi Fumiko 中内芙美子 (nom de jeune fille Usami Fumiko 宇佐美芙美子), il avait auparavant appartenu à sa mère Usami Mieko 宇佐美美枝子 (nom de jeune fille Nakamura Mieko 中村美枝子)
Fondation Baur, donation Sylviane de Cerjat Hagger, FB.DSCH.2017.1

In Japan, the wearing of kimonos was decided by the calendar. Traditionally, the year is divided into two main periods to which two categories of clothes correspond: *awase* lined kimonos that are worn from the start of October to the end of May (the winter period), and simple *hitoe* kimonos worn from the beginning of June to the end of September (the summer period). This basic classification is further divided into a period of two weeks at the end of May and a corresponding period at the end of September when mid-season *kosode* kimonos are worn. Lined, but with silk only, they are called *musō* (無双). During the heat of July and August, the lighter *usumono* summer wear kimonos, cut simply from silk, are worn. The motifs and combinations of colours that decorate the garments are also seasonal and change throughout the year. A pattern of chrysanthemums and *kudzu* in orangey-red colours is a clear reference to autumn.
Influenced by Japan, these seasonal changes found new expression in Western theatre, which brought certain scenes to the stages of New York and Paris: "Cherry flowers and snowflakes, a Japanese allusion, suggesting spring and winter in the shadow of Fusiyama [*sic*]."[53]

Au Japon, c'est le calendrier qui régit le port du kimono. Traditionnellement, l'année est séparée en deux périodes principales auxquelles correspondent deux catégories de vêtements – les kimonos doublés dits *awase*, réservés à la saison hivernale (de début octobre à fin mai) – et les kimonos simples dits *hitoe*, pour la saison estivale (de début juin à fin septembre). À ces règles de base, s'ajoutent encore des périodes charnières. Deux semaines printanières à la fin du mois de mai, et la même chose à l'automne, vers la fin du mois de septembre, qui permettent de revêtir des *kosode* d'entre-saison : les *musō* (無双) – doublés, mais de soie fine uniquement. Durant les grosses chaleurs des mois de juillet et août, on préfère les *usumono*, plus légers, simplement taillés dans de la soie. Enfin, les motifs et les accords de couleurs qui animent les étoffes accompagnent également le rythme saisonnier, pas à pas. Un décor de chrysanthèmes et de vigne *kudzu*, dans des tonalités orangées, comme c'est le cas de l'exemple ci-dessus, appelle inévitablement l'automne.
Ces codes saisonniers, influencés par le Japon, trouvent une expression nouvelle dans le domaine du théâtre occidental qui rapporte certaines scènes alors jouées sur les planches de New York ou Paris : « Fleurs de cerisiers et flocons de neige, évocation japonaise, féerie du printemps et de l'hiver surgissant à l'ombre du Fusiyama [*sic*][53]. »

Les humeurs de la ceinture
The moods of belts

The "ribbons" that so pleased the readers of European fashion magazines came in many combinations of colours and a whole range of motifs similar to those of *obis*. "Now, gird yourself at the waist, Madame, so as to separate the amphora of your hips from the flowered goblet of your bust . . . Have several belts, Madame, for the same dress and many dresses that will allow you to have innumerable belts. Be a Muslim woman for one hour . . . then become Japanese and promenade with pagodas embroidered on your stomach – an agreeably exotic and pleasantly summery experience. It does not oblige you in any way to share your husband with ninety-nine other women, nor will you have to sleep in a paper lantern. What is important is to vary your daily appearance in infinite ways through the ingenious use of your ribbon belts."[54] With the discovery of kimonos and their accompanying *obis*, Europe was swept by a new mode of matching one's finery and accessories, colours, motifs and textures. Advice was plentiful in women's magazines on how to wear ribbons to set off one's outfit. It became a little like in Japan, where choosing the right combination of *obi* and kimono, and the knot to go with it, is an art.

Parmi ces « rubans » qui plaisent aux lectrices, on retrouve de nombreuses associations de couleurs et toute une gamme de motifs similaires à ceux des obis. « Alors ceignez-vous, Madame, à la taille afin de séparer l'amphore de vos hanches de la coupe fleurie de votre buste. [...] Ayez, Madame, plusieurs ceintures pour la même robe, et de nombreuses robes qui vous permettront d'innombrables ceintures. Soyez une heure Musulmane [...], puis devenez Japonaise et promenez-vous avec des pagodes brodées sur le ventre. Voilà qui est charmant et d'un exotisme plaisamment estival. Cela n'engage à rien et l'on ne vous obligera pas pour cela à partager votre mari avec quatre-vingt-dix-neuf autres femmes, et l'on ne vous forcera pas non plus à coucher dans une lanterne en papier. Ce qui est important, c'est de varier à l'infini votre aspect quotidien par l'emploi ingénieux de vos ceintures en ruban[54]. » Avec la découverte des kimonos et des obis qui les accompagnent, c'est un nouvel art d'assortir parure et accessoires, couleurs, motifs et textures que l'on apprivoise en Europe. On peut lire de nombreux conseils sur la manière de porter les rubans pour agrémenter sa tenue dans les magazines féminins contemporains. Un peu comme au Japon, où savoir associer sa ceinture à son kimono et choisir le nœud adéquat est tout un art.

Ribbons
Printed plate, painted on paper
using a metal stencil
Paris, *Gazette du bon ton*,
yearbook 1913, no. 7, pl. II,
by Georges Lepape
Bibliothèque d'art et d'archéologie
des Musées d'art et d'histoire,
Ville de Genève

« Des rubans »
Planche peinte au pochoir
métallique sur papier
France, Paris, *Gazette du bon ton*,
année 1913, nº 7, pl. II,
signée Georges Lepape
Bibliothèque d'art
et d'archéologie des Musées d'art
et d'histoire, Ville de Genève

DES RUBANS

Fukuro obi with a plain reverse
A starred motif of *asanoha* stylised "hemp leaves"
Blue *rinzu* satin crepe, decorated with chrysanthemums on a keyfret pattern, and red silk with a resist-dyed pattern of *shibori* knots made using the *makiage* technique, plain untreated cotton reverse
To be worn on lesser outings, perhaps with a *kasuri* type of kimono (a sort of Japanese *ikat*)
Japan, Taishō era (1912–26)
Provenance Tōkyō
Baur Foundation, Sugawara Keiko donation, FB.DSK.2015.38

Ceinture à revers sans décor *fukuro*
À motif étoilé dit en « feuilles de chanvre » stylisées *asanoha*
Satin de soie *rinzu* bleu tissé de chrysanthèmes sur fond de méandres et soie teinte en rouge à décor de réserve par points noués *shibori*, façon *makiage*, revers de coton brut, sans décor
Pour porter lors de petites sorties avec un kimono de style *kasuri* (sorte d'*ikat* japonais), par exemple
Japon, ère Taishō (1912-1926)
Provenance Tōkyō
Fondation Baur, donation Sugawara Keiko, FB.DSK.2015.38

Shibori is one of many Japanese techniques used for resist- dyeing. Before the material is placed in the dye, the parts of the fabric to be protected from the colour are precisely identified and the areas knotted to prevent the colour entering. Once the material has been removed from the dye, the knots are undone and the resulting motifs can be seen. The pattern varies with the knots made and their arrangement. In Europe, this type of technique is usually called either "batik" or tie-dyeing. Different ways to tie and place the knots result in a great variety of motifs and effects, such as "spider's web", "fawn spots" and "willow branch" patterns.[55]

The *obi* on page 106 shows a specific motif. During the Nara period (710–94), an imperial treasury of more than 3,000 works of art from Japan, China and other Asian countries was established in a wooden storehouse of the Tōdai-ji Temple in Nara, named the Shōsō-in. These objects were sealed away and remained untouched for over a thousand years. Their progressive discovery during the 19th and 20th centuries resulted in the widespread adoption of historical iconographic motifs and images. Ancient textiles from the Celestial Empire or the Silk Roads illustrate the techniques and motifs of the 7th and 8th centuries inspired many modern fabrics, like this *obi*. From this time on, the aura of the Tōdai-ji temple complex on objects and textiles was a guarantee of the erudition of their owner.

Le *shibori* est une des nombreuses techniques japonaises de teinture par réserve. On détermine avec précision les parties de l'étoffe que l'on va nouer pour les protéger du bain colorant. Une fois l'opération achevée, on peut défaire les ligatures et des motifs apparaissent. Le résultat obtenu varie selon les nœuds effectués et leur disposition. En Europe, ces opérations sont généralement plus connues sous les termes de « batik » ou « *tie and dye* ». Diverses manières de répartir les nœuds, de les effectuer, vont offrir toute une gamme de motifs ou d'effets différents. En forme de « toile d'araignée », de « taches de daim » ou de « branches de saule », par exemple[55].

Le obi à la page 106 présente un décor spécifique. Au VIIIe siècle à l'époque de Nara (710-794), un trésor impérial composé de plus de 3 000 œuvres d'art japonaises, mais aussi chinoises ou provenant d'autres contrées d'Asie et d'Asie centrale, trouve refuge au Shōsō-in, un entrepot en rondins de bois du temple Tōdai-ji à Nara. Ces objets longtemps cachés et oubliés, puisque rapidement placés sous scellés, traverseront les siècles dans leur état d'origine. Leur redécouverte progressive, aux XIXe et XXe siècles, laissera d'importantes traces dans le répertoire iconographique. D'anciens textiles provenant du Céleste Empire ou des Routes de la soie illustrant les techniques et motifs des VIIe et VIIIe siècles inspireront de nombreuses étoffes contemporaines, comme c'est le cas du décor de cette ceinture. Désormais, l'empreinte du Tōdai-ji sur des objets ou des textiles sera garante du rang et de l'érudition de son propriétaire.

Narrow-ended *Nagoya obi*
Stylised flowers arranged in medallions, a motif inspired by textiles from the Shōsō-in, on an orange ground[56]
Shusu silk embroidered with coloured and gold thread
For a young woman, to be worn on lesser outings with a *tsumugi* everyday kimono or an informal *komon* kimono with small, repeated motifs
Japan, Shōwa era (1926–89)
Provenance Tōkyō
Baur Foundation, Sugawara Keiko donation, FB.DSK.2015.37

Ceinture à extrémité rétrécie Nagoya
Fleurs stylisées arrangées en médaillons, motif inspiré des textiles du Shōsō-in, sur fond orange[56]
Soie *shusu* brodée de fils multicolores et d'or
Pour jeune femme, à porter lors de petites sorties avec un kimono quotidien *tsumugi* ou informel à petits motifs répétés *komon*
Japon, ère Shōwa (1926-1989)
Provenance Tōkyō
Fondation Baur, donation Sugawara Keiko, FB.DSK.2015.37

Narrow-ended *Nagoya obi*
Flowers arranged in medallions, peonies, *prunus* blossom, orchids on a black ground
Silk woven with gold and silver thread, then embroidered with coloured thread
To be worn on lesser outings, with a plain kimono featuring one *mon* family crest, an informal *komon* kimono decorated with small, repeated motifs, a *tsumugi* everyday kimono or *hōmongi* visiting kimono, or a *tsukesage* less formal kimono
Japan, early Shōwa era (1926–89)
Provenance Tōkyō
Baur Foundation, Sugawara Keiko donation, FB.DSK.2015.36

Ceinture à extrémité rétrécie Nagoya
Fleurs arrangées en médaillons, pivoines, prunus, orchidées sur fond noir
Soie tissée de fils d'or et d'argent, puis brodée de fils multicolores
Pour porter lors de petites sorties, avec un kimono de couleur unie arborant un blason familial *mon*, un kimono informel à petits motifs répétés *komon*, un kimono quotidien *tsumugi* ou de visite *hōmongi*, moins formel, *tsukesage*
Japon, début de l'ère Shōwa (1926-1989)
Provenance Tōkyō
Fondation Baur, donation Sugawara Keiko, FB.DSK.2015.36

Ceinture de grand luxe
et réversible *maru*
Fleurs en carreaux *hanabishi* (花菱),
sur fond beige
Soie tissée de fils colorés,
avec liseré au fil d'or
Pour le printemps, à porter avec
un kimono quotidien *tsumugi*
ou informel à petits motifs répétés
komon, par exemple
Japon, fin de l'ère Taishō (1912-1926), ou début Shōwa (1926-1989)
Provenance Kyōto
Fondation Baur, donation
Sato Mariko, FB.DS.2008.47

Lavish and reversible *maru obi*
Flowers in *hanabishi* (花菱) squares
on a beige ground
Silk woven with coloured thread,
with fine gold line
To be worn in spring with a *tsumugi*
everyday kimono or an informal
komon kimono perhaps
with small, repeated motifs
Japan, late Taishō era (1912–26)
or early Shōwa era (1926–89)
Provenance Kyōto
Baur Foundation, Sato Mariko
donation, FB.DS.2008.47

Ceinture à revers sans décor *fukuro*
Motif de jardin et de palissades
(*chaya tsuji* 茶屋辻), sur fond prune
Soie à trame visible *shioze* (塩瀬),
teinte et peinte
Pour de petites sorties,
le printemps ou l'automne
Japon, fin de l'ère Taishō (1912-1926)
Provenance Tōkyō
Fondation Baur, donation
Sugawara Keiko, FB.DSK.2015.21

Fukuro obi with a plain reverse
Chaya tsuji (茶屋辻) motif
of a garden and fence on
a plum-coloured ground
Dyed and painted *shioze* (塩瀬)
silk with a visible weft
For lesser outings in spring
or autumn
Japan, late Taishō era (1912–26)
Provenance Tōkyō
Baur Foundation, Sugawara Keiko
donation, FB.DSK.2015.21

AU CLAIR DE LA LUNE

Manteau du soir de Paul Poiret

Femme-déesse
Woman as goddess

The kimono also provided the inspiration for a large open wrap-around coat that appeared in the first decades of the 20th century. At that time, women's clothing was typified by a generous amount of fabric that transformed its wearer into a goddess of modern times, evocative of Asia and ancient Greece at the same time.[57] Once again, the combinations of bright colours, embroideries and accessories were drawn from Far Eastern styles. Silk, that long coveted and mysterious material, was however differently exploited, "There was a time when only high-ranking women could wear silk; and yet another time when to wear a silk dress you had to be invited to a gala: a marriage or another important ceremony for which you didn't dress as for other days . . . We wear silk today . . . as simply as anything, morning and evening, because the artist who produces it has made it 'domestic'".[58] Furthermore, its magic is heightened by the mystery of its creation. "Of course, the young Chinese princess Si-Ling-chi, who, it is said, invented its precious thread 2,698 years ago, had no idea of the fashion its discovery would bring about. Aren't the grateful Chinese right when, to thank her, they place her among their genies with the pretty name Spirit of Mulberry Trees and Silkworms?"[59]
Different shades of pink, blue, violet and orange that shimmer in the moonlight, the asymmetry of the garment that is closed by a single button, the treatment of the upper section, which has been printed, dyed or embroidered, and the tassel that gives the final touch to the outfit together suggest a blend of China and Japan and the art of lacquer inlay (p. 51).

Le kimono est aussi à l'origine d'un large manteau ouvert et enveloppant qui apparaît dans les premières décennies du xxe siècle. On drape alors le corps de la femme d'une généreuse quantité de tissu qui la transforme en une déesse des temps modernes, se partageant entre l'Asie et la Grèce antique[57]. Une fois encore, les associations de couleurs vives, les broderies, ainsi que les accessoires ont été directement puisés dans le répertoire extrême-oriental. La soie également, cette matière hautement désirable et longtemps auréolée de mystère est alors diversement exploitée. « Il fut un temps où seules les femmes de qualité pouvaient porter de la soie ; un autre temps encore où pour mettre une robe de soie il fallait être convoquée à un gala : mariage ou cérémonie importante où l'on ne se vêtait pas comme les autres jours. [...] portons la soie aujourd'hui [...] le plus simplement du monde, le matin et le soir, parce que l'artiste qui la fabrique nous l'a rendue "domestique[58]" [...] » En outre, l'aura qui enrobe la naissance de cette étoffe ajoute à sa magie. « Certes, elle ne se doutait pas de la vogue qu'aurait sa découverte, la petite princesse chinoise Si-Ling-chi, qui inventa, dit-on, le précieux fil, il y a quelque 2698 ans. Les Chinois reconnaissants n'eurent-ils pas raison, pour la remercier, de la placer au nombre de leurs génies sous le joli nom d'Esprit des Mûriers et des Vers à soie[59] ? »
Les différentes tonalités de rose, de bleu, de violet et d'orangé qui luisent à la lueur de la lune, l'asymétrie du vêtement qui se ferme par un bouton unique, le traitement de la partie supérieure, imprimée, teinte ou brodée ainsi que le gland de passementerie qui parachève la tenue évoquent tout à la fois la Chine et le Japon mélangés, et l'art des laques burgautés (p. 51).

In the moonlight, an evening coat
by Paul Poiret
Printed plate, painted on paper
using a metal stencil
Paris, *Gazette du bon ton*,
yearbook 1913, no. 9, pl. VII,
by Georges Lepape
Bibliothèque d'art et d'archéologie
des Musées d'art et d'histoire,
Ville de Genève

« Au clair de la lune, manteau du soir
de Paul Poiret »
Planche peinte au pochoir
métallique sur papier
France, Paris, *Gazette du bon ton*,
année 1913, n° 9, pl. VII,
signée Georges Lepape
Bibliothèque d'art et d'archéologie
des Musées d'art et d'histoire,
Ville de Genève

Furisode kimono for a young girl with mid-length *chū* sleeves and detail
Kikkomon (亀甲紋) tortoiseshell motif with small scattered flowers, on a violet ground
Rinzu satin crepe, dyed with *shibori* knots, embroidered with coloured and gold thread, sprinkled with gold
Awase lined kimono for the winter season, violet lining and red *momi* colour for the sleeves
To be worn with a narrow-ended *Nagoya obi*, or a *fukuro obi* with a plain reverse or *tsumugi* raw silk, perhaps orange
Japan, late Taishō era (1912–26) or early Shōwa era (1926–89)
Provenance Kyōto
Baur Foundation, Sato Mariko donation, FB.DS.2008.85

Kimono de jeune fille *furisode* à manches de longueur moyenne *chū* et détail
Motif en écailles de tortue *kikkomon* (亀甲紋) avec de petites fleurs clairsemées, sur fond violet
Crêpe de satin *rinzu* avec teinture à points noués *shibori*, brodé de couleurs et de fil d'or, saupoudré d'or
Kimono doublé *awase* pour la saison hivernale, doublure violette et rouge *momi* pour les manches, à porter avec une ceinture à extrémité rétrécie Nagoya, à revers sans décor *fukuro* ou de soie grège *tsumugi,* peut-être orange
Japon, fin de l'ère Taishō (1912-1926), ou début Shōwa (1926-1989)
Provenance Kyōto
Fondation Baur, donation Sato Mariko, FB.DS.2008.85

"Hairdos, shoes, new fabrics, faces skilfully enhanced with kohl and bright red lipstick, everything there is to be seen is a pleasure, a lesson, from the morning walk until late evening, where, slipping away from too brightly lit drawing rooms, each woman withdraws into the large wings of her evening coat. Angels or elves, what does it matter, creatures of Beauty in either case, whose indistinct and lively shape we follow into the heart of the blue night."[60]

« Coiffures, chaussures, tissus nouveaux, visages savamment embellis par le Kohl et le rouge vif, tout à contempler nous est un plaisir, tout nous est une leçon, depuis la promenade matinale jusqu'à l'heure tardive, où glissant une à une des salons trop éclairés, chaque femme se replie dans les grandes ailes de son manteau du soir. Anges ou elfes, qu'importe, créatures de Beauté en tous cas, dont nous suivons la forme imprécise et dansante au cœur de la nuit bleue[60]. »

Tsukesage, a less formal visiting kimono
Tagasode (誰袖) "floating sleeves" motif, on an iridescent white ground
Raden (螺鈿) silk with a mother-of-pearl sheen, dyed and a sprinkling of iridescent colours, painted with colours and gold, embellished with small *surihaku* applique layers of gold leaf

Awase lined kimono for the winter and spring seasons, the lining in graded shades of violet
To be worn with a white *fukuro obi* with a plain reverse
Japan, Shōwa era (1926–89)
Provenance Tōkyō
Baur Foundation, Sugawara Keiko donation, FB.DSK.2015.30

Kimono de visite, moins formel, *tsukesage*
Motif de « manches flottantes » dans le genre *tagasode* (誰袖), sur fond blanc irisé
Soie à reflets nacrés *raden* (螺鈿), teinte, saupoudrée de couleurs irisées, peinte de couleurs et d'or, rehaussée de petites feuilles d'or appliquées *surihaku*

Kimono doublé *awase* pour la saison hivernale et le printemps, doublure traitée en dégradé dans les tonalités violettes, à porter avec une ceinture à revers sans décor *fukuro* blanche
Japon, ère Shōwa (1926-1989)
Provenance Tōkyō
Fondation Baur, donation Sugawara Keiko, FB.DSK.2015.30

This magnificent garment with iridescent reflections has a classic Japanese *tagasode* decoration. This term refers to a theme inspired by poetry and is literally translated as "whose sleeves?" This motif is often represented on lacquerware and screens but occasionally also as a "story within a story" on textiles. In general, the composition shows kimonos and perhaps other items of clothing placed on a lacquer or bamboo frame to air. The scent of the incense that floats in the air and the magnificence of the fabric allude to the beauty of a woman whose absence invites us to dream.

Cette magnifique tenue aux reflets nacrés propose un décor japonais classique du nom de *tagasode*. Cette expression, qui désigne un genre inspiré de la poésie, peut être traduite par : « à qui appartiennent donc ces manches ? » Il s'agit d'une thématique souvent abordée sur les laques ou les paravents, mais parfois aussi comme mise en abîme sur les textiles. Cette composition comprend en général des kimonos, ainsi que d'autres pièces de vêtements divers jetés sur un portant de laque ou de bambou pour être aérés. Le parfum de l'encens qui flotte dans les airs et la préciosité des étoffes évoquent la beauté d'une femme absente sur laquelle on peut rêver.

Everyday kimono for *gaishū tsumugi* outings, with an all-over *eba* composition
Reeds with dewdrops, on a violet ground
Light *sha* silk gauze, dyed, painted and embroidered with coloured and silver thread

Hitoe simple *usumono* kimono for summer wear
To be worn with a white under-kimono and a *natsu* summer *obi*
Japan, late Taishō era (1912–26)
Provenance Kyōto
Baur Foundation, Sato Mariko donation, FB.DS.2008.9

Kimono de sortie quotidien *gaishū tsumugi*, à composition étendue *eba*
Motif de roseaux avec gouttelettes de rosée, sur fond violet
Gaze de soie légère *sha*, teinte, peinte et brodée de fils de couleurs et d'argent

Kimono simple *hitoe* et léger pour l'été *usumono*, à porter avec un sous-kimono blanc et un obi d'été *natsu*
Japon, fin de l'ère Taishō (1912-1926)
Provenance Kyōto
Fondation Baur, donation Sato Mariko, FB.DS.2008.9

Dewdrops are embroidered with slightly shiny, pale-green thread on reed leaves. This detail tells us that the plants are being seen in the early light of dawn. The kimono's various colours are similar to those chosen by the illustrator for his "in the moonlight" coat by Paul Poiret. This kimono would be suitable for moon-watching during the *tsukimi* (月見) "moon-viewing" festival, perhaps pairing it with the *obi* decorated with a cricket and insects in a cage (p. 93), in reference to a famous chapter in the classic work of Japanese literature, the *Tale of Genji*.[61] Dew also inspired the Japanese poet Kobayashi Issa 小林一茶 (1763–1828), who composed a famous haiku while mourning the death of his daughter: "The world of dew is, yes, a world of dew, but even so . . . "[62]

Des gouttelettes de rosée sont brodées de fil vert pâle, légèrement brillant, sur les feuilles de roseaux. Ce détail révèle qu'il s'agit d'un décor imaginé aux premières lueurs de l'aube. Les différentes nuances de ce vêtement sont très proches de celles choisies par l'illustrateur pour situer son modèle « au clair de la lune ». On pourrait d'ailleurs penser à revêtir ce kimono pour aller observer l'astre lors des festivités du Tsukimi (月見), et peut-être même l'assortir à la ceinture à un décor de grillon et d'insectes en cage (p. 93), comme un clin d'œil à un chapitre fameux du classique *Dit du Genji*[61]. Enfin, la rosée a également inspiré le poète japonais Kobayashi Issa 小林一茶 (1763-1828), qui est à l'origine d'un haïku très célèbre qu'il rédigea en pleurant la mort de sa fille. « Rosée que ce monde, rosée que ce monde-ci, oui sans doute et pourtant[62]. . . »

Detail of a *wanxiu* sleeve edging, one of a pair
Embroidered with coloured silk thread on a pink satin ground
China, Qing dynasty (1644–1911), late 19th or early 20th century
Baur Foundation, acquired during the 1920s through Gustave Loup, CB.TC.1964.80

Détail de bordure de manche *wanxiu*, d'une paire
Brodée de fils de soie multicolores sur fond de satin rose
Chine, dynastie Qing (1644-1911), fin du XIXe ou début du XXe siècle
Fondation Baur, acquises dans les années 1920 auprès de Gustave Loup, CB.TC.1964.80

The butterfly is omnipresent on Chinese women's clothing. It is appreciated most of all because of the many colours it can bring to decorative patterns, but also for the homophonic qualities of its name, which plays on the notion of repetition.[63] The word for "butterfly" (*hudie* 蝴蝶) increases the chances that wishes will come true, as well as being an auspicious symbol for the Five Blessings: longevity, social promotion, marital harmony, prosperity and good fortune. Furthermore, a design featuring butterflies around flowers is particularly propitious as it makes reference to the "Butterfly Lovers", Liang Shanbo and Zhu Yingtai, whose love story makes every woman dream.[64]

The composition of this embroidered sleeve, featuring a cluster of butterflies, is very modern. The insects seem to fragment into colourful geometric forms. It was only a short step from this Chinese image to Art Deco stylisation.

Le papillon est omniprésent sur les tenues féminines chinoises. Le lépidoptère est tout d'abord apprécié pour la multitude de couleurs qu'il autorise, mais aussi pour les qualités homophoniques de son nom qui jouent sur la répétition[63]. En effet, le mot « papillon » (*hudie* 蝴蝶) accroît toutes les chances de réalisation des souhaits qu'il accompagne et des Cinq bonheurs, notamment : longévité, ascension sociale, harmonie conjugale, prospérité et bonheur. De plus, un décor de fleurs visitées par des papillons est particulièrement propice puisqu'il fait aussi allusion à l'histoire des « amoureux papillons » : Liang Shanbo et Zhu Yingtai, dont la complicité fait rêver toutes les femmes[64].

La composition de cette manche brodée qui propose un amas de papillons est très moderne. Les insectes semblent se désintégrer en formes géométriques colorées. De cette image chinoise à la stylisation façon Art déco, il n'y a qu'un pas.

AH ! LE BEL OISEAU !

Robe d'intérieur de Doucet

Les cages dorées
Gilded cages

Europe's earlier passion for chinoiserie is illustrated by the décor of this salon, whose wallpaper resembles a *toile de Jouy* (cotton printed textiles made in Jouy, France). These fabrics had patterns either painted or printed using a wooden block or, later, a copper plate, inspired by the Indies. The same printing technique was also used for the *Gazette*'s painted plates. The plate's title "Ah! What a beautiful bird!" leaves the reader wondering about its real message as both the bird and the woman in her home seem trapped in a gilded cage. Many allusions to this comparison are made in women's magazines. One article in particular is titled "Birds today sing better when they are enclosed in attractive cages".[65] However, other authors assert that, "A woman's charm is worth more than beauty or learning parrot-fashion".[66]

Le décor de ce salon, dont le papier peint ressemble à une toile de Jouy ou une indienne – ces étoffes de coton peintes ou imprimées avec une matrice en bois, par la suite remplacées par des plaques de cuivre et dont l'inspiration provenait justement « des Indes », au sens large –, évoque la passion ancienne de l'Europe pour les chinoiseries. En outre, c'est un même procédé d'estampage qui est à l'origine des planches peintes de la *Gazette*. Le sous-titre de l'image – « Ah ! Le bel oiseau ! » – laisse toutefois le spectateur songeur quant à son véritable propos puisque, comme mentionné précédemment, l'oiseau en cage et la femme d'intérieur possèdent en commun une belle prison dorée. On trouve beaucoup d'allusions à cette comparaison dans les revues féminines. Il existe un article intitulé « Les oiseaux d'aujourd'hui chantent mieux lorsqu'ils sont enfermés dans de jolies cages[65] », notamment. D'autres auteurs affirment cependant que « le charme féminin vaut plus que la beauté ou qu'une érudition de perroquet[66] ».

Ah! What a beautiful bird!
Indoor dress by Doucet
Printed plate, painted on paper
using a metal stencil
Paris, *Gazette du bon ton*,
yearbook 1913, no. 12, pl. 9,
by H. Robert Dammy (c. 1890–?)
Bibliothèque d'art et d'archéologie
des Musées d'art et d'histoire,
Ville de Genève

« Ah ! Le bel oiseau !
Robe d'intérieur de Doucet »
Planche peinte au pochoir
métallique sur papier
France, Paris, *Gazette du bon ton*,
année 1913, n° 12, pl. 9,
signée H. Robert Dammy (env. 1890-?)
Bibliothèque d'art et d'archéologie
des Musées d'art et d'histoire,
Ville de Genève

Tsumugi everyday kimono
for a young girl, and detail
Kiri (桐) paulownia flowers in bloom,
on an ivory ground
Dyed and woven ramie, which
was then buried in the snow
Ojiya-chijimi (小千谷縮) crumpled
textile

Hitoe simple *usumono* kimono
for summer wear, to be worn with
a matt *sha*, *ra* or *rō* light silk *obi*
Japan, Taishō era (1912–26)
Provenance Tōkyō
Baur Foundation, Sugawara
Keiko donation, FB.DSK.2015.6

Kimono quotidien *tsumugi*
pour jeune femme
Motif de paulownias en fleur,
kiri (桐), sur fond ivoire
Ramie teint puis tissé avant d'être
enfoui sous la neige
Textile à effet froissé caractéristique
du nom de *Ojiya-chijimi* (小千谷縮)

Kimono simple *hitoe* et léger pour l'été
usumono, à porter avec une ceinture
de soie légère *sha*, *ra* ou *rō*, mate
Japon, ère Taishō (1912-1926)
Provenance Tōkyō
Fondation Baur, donation Sugawara
Keiko, FB.DSK.2015.6

The Japanese city of Ojiya in the region of Uonuma (Niigata) is famous for a special fabric effect created by burying a textile made from ramie yarn (苧麻 *Boehmeria nivea* var. *niponivea*) in the snow. The process the yarn undergoes produces a textile that appears crumpled, in very faded and highly sought-after colours. Paradoxically, the resulting delicate nature of the material makes the kimono created a garment that is worn in summer only. This tradition still inspires contemporary fashion designers like Hanae Mori 森英恵 (born in 1926), Issey Miyake 三宅一生 (born in 1938) and Takada Kenzo 高田賢三 (born in 1939).

Au Japon, la ville d'Ojiya, dans la région d'Uonuma, Niigata, est réputée pour une spécialité qui consiste à enfouir un textile conçu de fils de ramie (苧麻 *Boehmeria nivea* var. *niponivea*) sous la neige. Endommagé par les intempéries, il en ressort un tissu à effet froissé, aux tonalités douces puisque détrempées, très recherché. La délicatesse de la matière en fait un vêtement que l'on portera, assez paradoxalement, en été uniquement. Cet héritage inspire encore couramment des stylistes contemporains comme Hanae Mori 森英恵 (née en 1926), Issey Miyake 三宅一生 (né en 1938), ou Takada Kenzo 高田賢三 (né en 1939).

Pair of spotted doves
(*Streptopelia chinensis tigrina*)
Pith painting "from Canton",
gouache on "rice paper"
China, Qing dynasty (1644–1911),
c. 1850
Provenance southern China,
probably Canton
Private collection

Couple de tourterelles tigrines
(*Streptopelia chinensis tigrina*)
Peinture dite «de Canton»,
gouache sur «papier de riz»
Chine, dynastie Qing (1644-1911),
vers 1850
Provenance du sud de la Chine,
Canton probablement
Collection privée

"Flowers and birds" is a recognised genre in Chinese and Japanese painting traditions that alludes to the love of nature and its close observation.[67] The theme is abundantly developed but, beyond the image shown, it may also contain hidden puns. A pair of turtledoves, for example, represents a wish for marital harmony.[68] Europeans, who were unaware of the symbolism of Far Eastern imagery, were just seduced by the charm of these bucolic scenes. Compositions of flowers and birds were imitated in the production of tapestries, wallpaper and fabrics to be used for upholstery and clothing. In interior decorating, birds could also be found perched "in the salon and boudoir", either stuffed, made of white porcelain from China or Dresden, or of metal.[69]

Le genre «fleurs et oiseaux» est un courant reconnu des traditions picturales chinoises et japonaises qui évoque l'amour porté à la nature et à son observation attentive[67]. Cette thématique, exploitée à l'envi, n'est cependant pas toujours anodine puisqu'on aime y dissimuler de nombreux jeux de mots. Un couple de tourterelles, par exemple, formule le souhait à peine voilé de bénéficier de l'harmonie conjugale[68]. Les Européens, qui n'avaient pas accès à ces significations cachées, n'ont retenu, eux, que le charme de ces scènes bucoliques. Les compositions de fleurs et d'oiseaux se retrouvent donc imitées, tant dans la production de tapisseries ou de papiers peints, que dans celles d'étoffes destinées à l'ameublement ou à la confection de vêtements. Dans les conseils de décoration d'intérieur, on propose de nombreux oiseaux également, destinés à être perchés «dans le salon et le boudoir» – naturalisés, en porcelaine blanche de Chine ou de Dresde, ou de métal ouvré[69].

Une malle aux trésors pour garde-robe
A treasure-chest for a wardrobe

In this illustration, George Barbier puts words into the mouth of the old Chinese sage who watches the dancers from the folding screen in the background. In the *Gazette du bon ton*, an author imagines that invisible dwarves travel to the four corners of the Earth to bring back the most exotic of clothes for women. "The wardrobe of a woman of fashion today has nothing in common with the respectable chest of clothes that belonged to her grandmother. I think of it rather like a magical chest, constantly restocked by invisible travelling gnomes, from where she smilingly, and eternally rejuvenated, draws an inexhaustible supply of Persian tunics and Hindu turbans, Turkish pantaloons and Athenian sandals, Alexandrine dresses, Afghan shawls, Albanian boleros, and hats that come from the moon, so unreal, absurd and bewitching are they . . . China, the homeland of dragons, chimeras, wisdom and tiny feet, which, thanks to our fascination, will finally experience a final burst of life, a supreme resurrection of beauty before its final agony. For I speak of course of the true China, the one that died on the symbolic day that she thought she could free herself by proscribing the pigtail and bound feet, in order, alas, to adopt the far more frightful bondage to the bowler hat and American shoes. I am speaking of the China of porcelain and pagodas, of smiles and silk, of Confucius and Voltaire. The other, the new China, the one with which the Celestials of today content themselves, we will leave it to them as that is what they wished for, and we will take the one that they have spurned: the short and long smocks with ingenious necklines so attractively overlaid . . . those graceful tunics (which would offer a wonderful transition with our current fashions), those dresses so severe in line but which a pattern of flowers brocades with a living garden, those sleeves whose superlative width permits the arms to make gestures of unique nobility and grace, those necklaces, those adorable hats . . . like the roof of

Sur cette image, l'illustrateur fait parler le vieux sage chinois qui observe les danseurs depuis son paravent. Dans la *Gazette du bon ton*, un auteur imagine que ce sont de petits nains invisibles qui se rendent aux quatre coins du monde pour rapporter aux femmes les vêtements les plus exotiques qui soient. « L'armoire d'une élégante d'aujourd'hui n'a rien de commun avec le respectable bahut des aïeules. Je l'imagine plutôt comme un coffre magique, sans cesse réassorti par de subtils gnomes voyageurs, et d'où elle tire, souriante et éternellement rajeunie, un lot inépuisable de tuniques persanes et de turbans hindous, de pantalons à la turque et de sandales athéniennes, de robes alexandrines, de châles afghans, de boléros albanais, de chapeaux enfin, qui, eux, viennent de la lune, tant ils sont irréels, absurdes, ensorcelants. [...] La Chine, patrie des dragons, des chimères, de la sagesse et des petits pieds, qui connaîtra enfin, grâce à notre engouement, un dernier sursaut de vie, une suprême résurrection de beauté avant son agonie définitive. Car je parle, bien entendu, de la vraie Chine, celle qui est morte le jour symbolique où elle crut se délivrer en condamnant la tresse et le pied brisé, mais pour adopter, hélas! l'esclavage autrement affreux du chapeau melon et de la chaussure américaine. Je parle de la Chine des porcelaines et des pagodes, des sourires et de la soie, celle de Confucius et de Voltaire. L'autre, la nouvelle, celle dont les Célestes d'aujourd'hui se contentent, nous la leur laisserons puisqu'ils l'ont voulue et nous prendrons ce qu'ils dédaignent : ces blouses courtes ou longues, aux échancrures ingénieuses, superposées de si jolie façon [...], ces tuniques d'un si gracieux mouvement (et dont l'emploi servirait d'heureuse transition avec nos modes actuelles), ces robes si sobres de ligne mais qu'un semis de fleurs broche d'un souple et vivant jardin, ces manches dont la superbe ampleur permet au bras des gestes d'une noblesse et d'une grâce uniques, ces colliers, ces adorables chapeaux qui

Dancing. I am handsome. My slim body dressed in loose golden clothes is inlaid in the panel of black lacquer
Printed plate, painted on paper using a metal stencil

Paris, *Modes et manières d'aujourd'hui*, yearbook 1914, pl. XI, by George Barbier
Bibliothèque nationale de France, Paris

« La danse. Je suis beau. Mon corps maigre que vêt une ample robe d'or s'incruste dans le panneau de laque noir... »
Planche peinte au pochoir métallique sur papier

France, Paris, *Modes et manières d'aujourd'hui*, année 1914, pl. XI, signée George Barbier
Bibliothèque nationale de France, Paris

G. BARBIER 1914

La Danse

Je suis beau. Mon corps maigre que vêt une ample robe d'or s'incruste dans le panneau de laque noir.....

Fukuro obi with a plain reverse
Kando shima (間道縞) geometric motifs on a blue ground
Tsumugi raw silk, woven with colours
To be worn during the winter season or mid-season, with a *tsumugi* everyday kimono in the style of the island of Ōshima, but with an understated pattern

Japan, Shōwa era (1926–89), post-war
Provenance Tōkyō, designed by Urano Riichi 浦野理一 (born at the start of the Shōwa period)
Baur Foundation, Sugawara Keiko donation, FB.DSK.2015.20

Ceinture à revers sans décor *fukuro*
Motifs géométriques *kando shima* (間道縞), sur fond bleu
Soie grège *tsumugi*, tissée de couleurs
Pour la saison hivernale ou l'entre-saison, avec un kimono quotidien *tsumugi* dans le style de l'île d'Ōshima, mais au décor sobre

Japon, ère Shōwa (1926-1989), après-guerre
Provenance Tōkyō, pièce signée Urano Riichi 浦野理一 (né au début de l'ère Shōwa)
Fondation Baur, donation Sugawara Keiko, FB.DSK.2015.20

a pagoda, the baggy pantaloons of such new and simple appearance, and above all that mix of colours so rich and bold they seem to have been borrowed from a Persian palette, but perhaps more gently harmonised, more delicate, more in tune in terms of tone, closer to our taste. That is with regard to the overall lines. For I am not speaking of the thousand details that the genius of our little gnomes will draw from similarities outside those of costume. The folded paper lantern, lit up and strewn with monsters, could it not become an amusing motif for an evening coat? A world of imagination has been opened up to us. The more that I think about it, the more I find that China is asserting itself . . . for it is almost a French tradition; we are too fond of our dear 18th century not to imitate it once again with regard to its love of chinoiserie. With the progress in learning made by our collectors, moreover, the mine is so much richer. Chinese garments, affected by our taste, would be alternately sumptuous and practical, ideal for the dazzlements of parties . . . ".[70] To be fashionable, therefore, women were expected to make clever combinations of accessories from their "treasure chest". They built up a new wardrobe composed of pieces from different civilisations, like the fashionable woman in the print: a turban decorated with pearls and an aigrette, a sleeveless top worn over baggy trousers, and a wide knotted sash. Her jewels match her outfit, all the colour of jade with a few touches of coral. Behind her, the Far Eastern motifs stand out in gold on a black lacquer screen behind a bowl of exotic fruit that reflect the tone of the party.

In Japan, traditional kimono-making shops are rather like European haute couture companies. The customers either visit the shop to choose from the models on display or more often simply make an order. Then, using pattern books, they choose the fabric, colours and compositions they want. Sometimes the kimono workshops turn to famous artisans specialised in a particular weaving, dyeing or embroidery technique. The finished piece is then a real designer product, as is the case for this *obi*.

rappellent […] le toit des pagodes, ces larges pantalons d'un effet si simple et si neuf, et surtout cet assemblage de couleurs aussi riches et aussi hardies que celles empruntées à la palette persane, mais peut-être plus doucement harmonisées, plus subtiles, plus justes de ton, plus proches enfin de notre goût. Voilà pour la ligne générale. Car je ne parle pas de mille trouvailles de détail que le génie de nos petits gnomes tirera d'analogies autres que celles du costume. La lanterne de papier plissé, lumineuse et semée de monstres, ne pourrait-elle pas devenir, par exemple, un amusant motif de manteau du soir ? Un monde de fantaisie nous est ouvert. Plus j'y réfléchis, plus je trouve que la Chine s'impose. […] parce que c'est quasi une tradition française ; nous aimons trop notre cher dix-huitième siècle pour ne pas l'imiter encore une fois dans son amour des chinoiseries. Avec les progrès, du reste, qu'ont accomplis en érudition nos collectionneurs, la mine est tellement plus riche. Les ajustements chinois, traités par notre goût, seraient tour à tour somptueux et pratiques, propres à l'éblouissement des fêtes[70] […]. » Pour être à la mode, les femmes font donc un savant mélange des différents accessoires de leur « malle aux trésors ». Elles se constituent une nouvelle garde-robe faite d'éléments empruntés à diverses civilisations, comme c'est le cas de l'élégante de cette estampe : turban emperlé surmonté d'une aigrette, tunique sans manches portée sur un pantalon bouffant, et retenue à la taille par une ceinture faite d'un large ruban noué. Les bijoux sont assortis à la tenue, toute de couleur jade avec quelques touches de rouge corail. Au second plan, des motifs extrême-orientaux se dessinent à l'or sur un paravent de laque noire derrière une corbeille de fruits exotiques qui donnent le ton de la fête.

Au Japon, les échoppes traditionnelles réputées dans la confection des kimonos fonctionnent un peu comme les maisons de haute couture européennes. Les clientes viennent y choisir des modèles déjà réalisés ou, le plus souvent, passent commande. Elles choisissent alors les étoffes, le mélange de couleurs désiré, les compositions encore, d'après des anthologies de motifs, selon leurs envies et besoins. Parfois, les ateliers ont recours à de fameux artisans, spécialisés dans une technique de tissage, de teinture ou de broderie. Les pièces qu'ils réalisent alors sont véritablement griffées, comme c'est le cas pour ce obi.

Furisode kimono for a young girl
with long *ō* sleeves
Bearing five dyed and painted *mon* family crests, featuring two intertwined oak leaves surrounded by five *gokan kashiwa* metal handles
Nature in springtime and a carriage with drawn curtains *gosho guruma*, in the shade of pines, on a green ground
Chirimen silk crepe, dyed and painted, repainted with gold, embroidered with coloured and gold thread
Awase lined spring kimono, the lining is made of the same material as the outer face, also dyed, painted and embroidered; and with red *momi* colour for the sleeves
To be worn at ceremonies with a lavish and reversible *maru obi*, perhaps woven
Japan, Taishō era (1912–26)
Provenance Kyōto
Baur Foundation, Sato Mariko donation, FB.DS.2008.34

Kimono de jeune fille *furisode* à longues manches *ō*
Avec cinq blasons familiaux *mon* teints et peints, représentant deux feuilles de chêne entrecroisées entourées de cinq poignées de métal *gokan kashiwa*
Nature printanière et chariot aux rideaux tirés *gosho guruma*, arrêté à l'ombre des pins sur fond vert
Crêpe de soie *chirimen*, teint, peint, repeint à l'or, brodé de fils de couleurs et d'or
Kimono doublé *awase* pour le printemps, doublure peinte comme l'extérieur et rouge *momi* pour les manches, à porter lors de cérémonies, avec une ceinture de grand luxe *maru*, peut-être tissée
Japon, ère Taishō (1912-1926)
Provenance Kyōto
Fondation Baur, donation Sato Mariko, FB.DS.2008.34

This motif is taken from a repertoire with close links to literature, and the *Tale of Genji* or *Genji monogatari* (源氏物語) in particular. This important work of literature of the 11th century is attributed to Murasaki Shikibu 紫式部 (c. 973–1014 or 1025); it tells the adventures of a prince led astray in a life of pleasure and luxury. The novel is an important source of inspiration as the main scenes are regularly illustrated on kimonos. Several examples from the Baur collection make clear allusion to the book, such as the motif of a single carriage with its curtains drawn to offer a degree of privacy,[71] and images of courtesans enjoying a picnic and other outdoor recreations, indicating a life of gentle decadence. The composition of this garment is in fact a painting with an impressive series of refined details.

Ce motif appartient à un répertoire spécifique qui noue des liens étroits avec la littérature et le *Dit du Genji* ou *Genji monogatari* (源氏物語), en particulier. Cette œuvre majeure du XIe siècle est attribuée à Murasaki Shikibu 紫式部 (env. 973-1014 ou 1025), et raconte les aventures d'un prince égaré dans une vie de plaisirs et de luxure. Ce roman constitue une source importante, dont les scènes principales sont régulièrement illustrées sur les pans des kimonos. Plusieurs exemples en notre possession font clairement allusion à cet ouvrage. Le motif d'une carriole isolée aux rideaux baissés offrant une certaine intimité[71], notamment, ou des images de courtisans qui savourent des pique-niques et autres divertissements en plein air, signes d'une douce décadence, en sont la manifestation. Il est fascinant d'observer la composition de ce vêtement qui constitue un véritable tableau, peint, avec une finesse de détails impressionnante.

L'Oiseau volage

J'avais un perroquet bleu dont j'étais folle.....

Des jardins féeriques
Magical gardens

Asia had been the land of fantasies since the Enlightenment. In people's minds, its generous and luxuriant nature made it a land of milk and honey. This paradisiacal image was conveyed in chinoiseries, European Indian-style cotton prints and French canvas made in Jouy, in which the inhabitants went about their often peculiar business in a setting abounding in fruit, flowers, birds and strange buildings. At the start of the 20th century, the East was inseparable from the exoticism of the *One Thousand and One Nights* and its wondrous stories, and European women transformed themselves into the heroines of the tales they loved so much. "Entrancing merchants in illusion! Arousing apparitions in your robes decorated with flowers, branches, birds, fruits and tiny figures from the distant East! You swan around, elegant and at ease, entirely unaware of the admirable work that goes into the making of your fabulous clothes, conjuring up images of the gardens and lands of the most magical tales!"[72]

The woman in the illustration has adopted the posture of a supplicant, with her arms raised like someone praying. She wants her dear beloved pet to return to its cage, having escaped and flown up into a pine tree. At her feet a beautiful but empty bamboo cage, whose upturned decorative corners, tassel and lacquered base disclose its Asian origin. Her long loose dress is studded with fabulous flowers, and held by a crimson sash. Around her neck and arms, a long string of pearls is wrapped like a snake. Once again, the autumnal colours chosen for this plate, in addition to its subject, allude to Far Eastern fabrics.

Depuis le siècle des Lumières déjà, l'Asie est la terre de tous les fantasmes. Sa nature généreuse et luxuriante en fait un pays de cocagne. Cette image paradisiaque est véhiculée par les chinoiseries, les indiennes ou les toiles de Jouy, dont les habitants vaquent à leurs activités, souvent excentriques, dans un univers foisonnant de fruits, de fleurs, d'oiseaux et d'architectures étranges. Au début du XXe siècle, l'Orient est aussi indissociable des *Contes des mille et une nuits* et de son lot d'histoires merveilleuses. La femme se métamorphose donc en héroïne de ces fables que l'on apprécie tant. « Charmantes petites marchandes d'illusion ! Apparitions troublantes avec vos robes couvertes de fleurs, de branches, d'oiseaux, de fruits, de minuscules personnages du lointain Orient ! Vous évoluez élégantes et souples, tout à fait inconscientes du formidable travail qui fait tout le raffinement de ces robes étonnantes, évoquant les jardins et les pays des contes les plus féeriques[72] ! »

La femme de cette illustration adopte une attitude d'orante, bras levés et suppliante. Elle aimerait tant convaincre son compagnon chéri qui s'est échappé, perché dans un pin, de revenir auprès d'elle. À ses pieds, une belle cage de bambou vide, dont la structure aux extrémités retroussées, le pompon et le socle de laque rouge trahissent l'origine asiatique. Sa jupe longue et souple est constellée de fleurs fantastiques et retenue par une ceinture de tissu cramoisi. Autour de son cou et de ses bras, un sautoir de perles s'enroule comme un serpent. Une fois encore, la gamme de couleurs automnales choisie pour cette planche ainsi que le sujet rappellent les étoffes extrême-orientales.

The wayward bird. I had a blue parrot I was crazy about…
Printed plate, painted on paper using a metal stencil
Paris, *Modes et manières d'aujourd'hui*, yearbook 1914, pl. IV,
by George Barbier
Bibliothèque nationale de France, Paris

« L'oiseau volage. J'avais un perroquet bleu dont j'étais folle… »
Planche peinte au pochoir métallique sur papier
France, Paris, *Modes et manières d'aujourd'hui*, année 1914, pl. IV,
signée George Barbier
Bibliothèque nationale de France, Paris

Informal *komon* kimono decorated with small repeated motifs
Chrysanthemums in flower in an autumnal garden (*chaya tsuji* 茶屋辻), on a wine-coloured ground
Dyed *chirimen* silk crepe
Hitoe simple kimono
To be worn at the start of autumn, with a narrow-ended *Nagoya obi*, perhaps beige, pale yellow or white

Japan, Shōwa era (1926–89)
Provenance Tōkyō
Baur Foundation, Sugawara Keiko donation, FB.DSK.2015.17

Kimono informel à petits motifs répétés *komon*
Décor de chrysanthèmes en fleur dans un jardin automnal (*chaya tsuji* 茶屋辻), sur fond lie-de-vin
Crêpe de soie *chirimen* teinte
Kimono simple *hitoe* à porter au début de l'automne, avec une ceinture à extrémité rétrécie Nagoya de couleur beige, jaune pâle ou blanche

Japon, ère Shōwa (1926-1989)
Provenance Tōkyō
Fondation Baur, donation Sugawara Keiko, FB.DSK.2015.17

The range of colours in this garment is that of *kōyō* (紅葉) "red leaves", a term that alludes to the changes in the colour of the foliage on the trees. In Japan, whereas the *hanami* (花見) festival celebrates the cherry blossom in spring, there is the festival of *momijigari* (紅葉狩り), or "red leaf hunting", in autumn.[73] During this period, two species of tree that are most appreciated are maples (such as *Acer japonicum*) whose leaves turn deep red, and gingko (*Gingko biloba*), which turn yellow. These colours could be subtly used in an outfit in which an autumnal kimono like the one here is matched with a yellow *obi*.

In the above-mentioned *Tale of Genji*, there is a chapter called "The Festival of Red Leaves" (*Momijiga* 紅葉賀), in which the hero of the book, Prince Genji, performs a dance dressed in a costume decorated with plovers flying on a wavy ground. The colours of the design of the kimono, dominated by blue, contrast marvellously with those of the red and gold foliage. Such a combination of autumnal colours features in the drawing of the "wayward bird" on page 132.

La tonalité de ce vêtement correspond à celle des « feuilles rouges » *kōyō* (紅葉). Ce terme fait allusion aux changements de couleurs que l'on observe au Japon, en automne, dans la ramure des arbres. Si, au printemps, on profite des cerisiers en fleur lors des festivités du *hanami* (花見), en automne, on part à la « chasse aux feuilles rouges » *momijigari* (紅葉狩り)[73]. Les deux essences particulièrement appréciées alors sont les érables (*Acer japonicum*, par exemple) qui se parent de pourpre et les ginkgos (*Ginkgo biloba*) qui jaunissent. Ces détails peuvent être subtilement repris dans une tenue qui proposerait, par exemple, un kimono automnal similaire à celui-ci, rehaussé d'une ceinture jaune.

Le obi de la page suivante présente un décor spécifique. Dans le fameux roman du *Dit du Genji* mentionné précédemment, il existe un chapitre intitulé « La fête des érables » (*Momijiga* 紅葉賀). On y apprend qu'à l'occasion de ces festivités, le héros du récit, le prince Genji lui-même, exécute une danse vêtu d'un costume orné de pluviers qui volent sur un fond ondé. Les teintes de ce motif à dominante bleue contrastent merveilleusement avec celles des feuillages rouge et or. Il est également possible de relever un mariage de couleurs identiques, lié aux nuances automnales, dans le dessin de « l'oiseau volage » précédent.

Lavish and reversible *maru obi*
Chidori plovers (千鳥) flying over the sea, on a greenish-blue ground
Light *sha* silk gauze woven with waves, dyed and embroidered with coloured thread
To be worn with a light *usumono* summer kimono for a married woman
Japan, late Taishō era (1912–26) or early Shōwa era (1926–89)
Provenance Kyōto
Baur Foundation, Sato Mariko donation, FB.DS.2008.46

Ceinture de grand luxe et réversible *maru*
Motif de pluviers *chidori* (千鳥), volant sur la mer, sur fond bleu-vert
Gaze de soie *sha* tissée de vagues, teinte et brodée de fils multicolores
À porter avec un kimono léger pour l'été *usumono*, par une femme mariée
Japon, fin de l'ère Taishō (1912-1926), ou début Shōwa (1926-1989)
Provenance Kyōto
Fondation Baur, donation Sato Mariko, FB.DS.2008.46

Pair of golden (or Chinese) pheasants (*Chrysolophus pictus*)
Pith painting "from Canton", gouache on "rice paper"
China, Qing dynasty (1644–1911), c. 1850
From the album that formerly belonged to Auguste Jeanneret-Oehl (1815–91)
Provenance southern China, probably Canton
Private collection

Couple de faisans dorés de Chine (*Chrysolophus pictus*)
Peinture dite « de Canton », gouache sur « papier de riz »
Chine, dynastie Qing (1644-1911), vers 1850
Album ayant appartenu à Auguste Jeanneret-Oehl (1815-1891)
Provenance du sud de la Chine, Canton probablement
Collection privée

This painting is from a collection of fourteen paintings that were brought back from China during the first half of the 19th century by a Swiss dealer in clocks and watches, Auguste Jeanneret-Oehl, who worked for the Bovet company.[74] On the first page of the album, he wrote descriptions and comments on each of the images it contains. The description of this one reads as follows: "A golden pheasant and its female. These birds are rare but exist, I've seen one!" Also called "golden hens" or "Chinese pheasants", these colourful birds are thought to have inspired the classical Chinese representation of the phoenix.

Cette peinture est issue d'un recueil contenant quatorze gouaches, ramenées de Chine dans la première moitié du XIXe siècle, par un négociant suisse en horlogerie, travaillant pour la marque Bovet, Auguste-Jeanneret Oehl[74]. Sur la première page de l'album, ce dernier avait pris soin de consigner descriptions et commentaires pour chacune des images rapportées. En ce qui concerne celle-ci, on peut lire : « Un faisan doré et sa femelle. Ces oiseaux sont rares, mais existent, j'en ai vu ! » Aussi appelés « poules d'or » ou « faisans chinois », certains pensent que ces volatiles multicolores seraient à l'origine de l'image du phénix asiatique.

Tsukesage, a less formal visiting kimono
Motif suggesting stylised flowers, on a tobacco-coloured ground
Tsumugi raw silk, resist-dyed and using the *tsujigahana* (辻ヶ花) technique with *shibori* knots in the *kumo* (蜘蛛) "spider's web" motif
Awase lined kimono for the winter season, brown and white lining
To be worn with a *fukuro obi* with a plain reverse, in the same colours or with a touch of gold
Japan, Shōwa era (1926–89)
Provenance Tōkyō
Baur Foundation, Sugawara Keiko donation, FB.DSK.2015.18

Kimono de visite, moins formel, *tsukesage*
Motif faisant penser à des fleurs stylisées, sur fond tabac
Soie grège *tsumugi* teinte et travaillée en teinture à réserve par ligature façon *tsujigahana* (辻ヶ花) et points noués *shibori* en motif de « toile d'araignée » (*kumo* 蜘蛛)
Kimono doublé *awase* pour la saison hivernale, doublure de couleur brune et blanche, à porter avec une ceinture à revers sans décor *fukuro*, dans les mêmes tonalités ou avec un peu d'or
Japon, ère Shōwa (1926-1989)
Provenance Tōkyō
Fondation Baur, donation Sugawara Keiko, FB.DSK.2015.18

The *tsujigahana* technique creates relief imaginary flowers. It is linked to *shibori* in that it uses the same technique of tie-dyeing. The motif is traditionally associated with some of the most important individuals in modern Japanese history, who appreciated the fabric. The story goes that the warriors Oda Nobunaga 織田信長 (1534–82) and Tokugawa Ieyasu 徳川家康 (1543–1616), among others, liked to wear a kimono of this kind as well as beneath their armour. These stories have contributed to the popularity of the textile and conferred it with a certain nobility.

La technique du *tsujigahana* crée des sortes de fleurs fantastiques en relief. Elle est apparentée à celle du *shibori*, puisqu'il s'agit d'un même travail de teinture en réserve par ligature. Ce motif particulier est traditionnellement associé à certains des plus importants personnages de l'histoire japonaise qui l'affectionnaient tout particulièrement. La légende rapporte que les guerriers Oda Nobunaga 織田信長 (1534-1582) ou Tokugawa Ieyasu 徳川家康 (1543-1616), par exemple, aimaient porter un kimono de ce genre, au quotidien, ou sous leur armure. Ces faits ont contribué à la popularité de ce textile et lui ont conféré une certaine noblesse d'âme.

Wall hanging featuring an aviary and zoological gardens
Birds, wildcats, a camel and other exotic animals in a Chinese garden, on an old rose ground
Silk embroidered with coloured thread

China, Qing dynasty (1644–1911), probably late 19th century
Baur Foundation, Maud Mottier donation, 2016, FB.DMM.2016.1

Tenture à la volière et au parc zoologique
Oiseaux, fauves, chameau et autres animaux exotiques dans un jardin chinois, sur fond vieux rose
Soie brodée de fils multicolores

Chine, dynastie Qing (1644-1911), fin du XIXe siècle probablement
Fondation Baur, donation Maud Mottier, 2016, FB.DMM.2016.1

The tradition long existed that the emperors of China should be presented with extraordinary and outstanding diplomatic gifts: precious materials, rare objects of all kinds, choice spices, foodstuffs, and numbers of exotic animals from remote lands.[75] In doing so, each vassal state in the empire attempted to impress the emperor in keeping with its means and to render itself more indispensable than the others. Very early on, the imperial gardens housed zoological parks to hold the exotic menagerie of brightly coloured birds, ostriches, giraffes and even wildcats, all received as tribute. In 1906, Emperor Guangxu 光绪 (r. 1874–1908) founded the first zoo in Beijing, which was named *Wanshengyuan* 万胜园, "the Garden of Ten Thousand Creatures". We know that it included spotted deer (*Axis axis*), a tiger, several lions, elephants and a camel. The wall hanging here on the left, which dates from the late 19th century, seems to illustrate this type of menagerie. Of course, the artisans who embroidered the animals did not have direct access to the palace gardens. They thus reproduced, as well as they could, the descriptions that had either been written or told to them, or copied the sketches they had been provided with. Following the exportation of such works, a throng of multicoloured birds – whose depiction often included a degree of fantasy – began to colonise the fabrics and wallpaper of Europe.

Depuis longtemps déjà, les empereurs de Chine avaient l'habitude de recevoir des cadeaux diplomatiques exceptionnels : matières précieuses diverses, objets rares en tout genre, épices ou denrées recherchées, mais aussi quantités d'animaux exotiques en provenance des contrées les plus reculées[75]. Chacun essayait, à sa manière et selon ses propres ressources, d'impressionner ces monarques et de se rendre ainsi plus indispensable que les autres. Très tôt, c'est dans les jardins impériaux qu'on aménagea des sortes de parcs zoologiques destinés à recueillir cette ménagerie inattendue réunissant aussi bien des oiseaux au plumage coloré que des autruches, des girafes ou même des fauves. En 1906, l'empereur Guangxu 光绪 (r. 1874-1908) fonda un premier zoo à Pékin alors baptisé Wanshengyuan 万胜园, soit « le Jardin aux dix mille créatures ». On sait qu'il y avait alors des cerfs tachetés (*Axis axis*), un tigre, plusieurs lions, des éléphants et un chameau, entre autres. La tenture brodée ci-contre, datée de la fin du XIXe siècle, semble parfaitement correspondre à ce genre de ménagerie. Il va de soi que les artisans qui ont brodé ces animaux n'avaient pas d'accès direct aux jardins du palais. Ils ont donc reproduit, tant bien que mal, ce qu'on leur avait certainement commandé, ce dont on leur avait parlé ou ce que l'on avait auparavant croqué pour eux… En toute logique et à la suite de l'exportation de pièces similaires, une multitude d'oiseaux multicolores, souvent réinterprétés, ont commencé à peupler les étoffes et les papiers peints européens.

Vapeurs d'opium
Opium vapours

In an interior decorated in the latest fashion, a young woman is seen burning a stick of incense. An incense-burner in Art Nouveau style stands on a low, red-lacquer table. Its base is in the shape of a crane, a bird that is highly thought of in the Far East. A Chinese amulet attached to her elongated sleeve and a seated Buddha in a corner of the room add to the exotic atmosphere. The woman prepares to sit on the cushions to smoke opium, as is suggested by the pipe she is holding. The title "Black smoke" no doubt refers to the consumption of this drug and to the fact that during the 1920s smoking was no longer solely the prerogative of men. One year previous to the publication of this image, an article with the title "What to smoke and how" was published . . ." On waking up, a cigarette is an excellent way to drive away the dark vapours of the night, restore order to one's hair, and clear the breath: in short, to revitalise the person. A cigarette is a handy friend: we fall out, get back together and then leave one another again. There it is, obedient to your caprice, and how docile! . . . The mild tobacco from the Orient will take you back there in a dream. Follow the thread of its blue swirls. Close your eyes and there you are – a Turk, in Arab dress, *mamamouchi*. The Golden Horn, the Eaux Douces d'Asie, the veiled women, minarets, a *caique* . . . That is the vaporous paradise to which mild tobacco will open the doors. Then, close your own, slip on some silky and gaily coloured *gandoura* and a skull cap, and, with your feet bare in your *babouches*, lie back on a comfy sofa thanks to a genuine tobacco from those parts . . ."[76]

What is most noteworthy in this outfit is its powerful colour. "The 'Far-Eastern' influence will be particularly apparent this season and especially in those shades in which jade- and even malachite-green will be all the rage."[77] A year later, Poiret, who was always on the lookout for "themes of varied inspiration in history, legend or the garden" presented a design he called "Lettuce", "the same green as a leaf from this young plant".[78] It would seem that green, whether from China or the vegetable garden, was very much the colour of the moment.

Dans un intérieur du dernier chic, une jeune femme fait brûler un bâton d'encens. Placé sur une table basse en laque rouge, le brûle-parfum est de style Art nouveau. Son pied épouse la forme d'une grue, très appréciée en Extrême-Orient. Une amulette chinoise qui pend de la manche allongée de sa robe ainsi qu'un bouddha assis dans un coin de la pièce ajoutent à la saveur exotique de la scène. La dame s'apprête à s'allonger sur les coussins pour y fumer de l'opium, car elle tient une pipe destinée à ce produit dans son autre main. « La fumée noire » fait sans doute allusion à cette consommation et au fait qu'à cette époque fumer n'est plus le seul apanage de l'homme, comme autrefois. Un an plus tôt et dans la même revue, on apprend « Ce qu'il faut fumer et comment » : « Dès le réveil, une cigarette a du bon pour chasser les vapeurs troubles de la nuit, redresser le cheveu défait, déboiser, si j'ose dire, le palais : vivifier un homme, enfin. La cigarette est une amie commode : on se brouille, on se reprend, on se quitte à nouveau. Elle est là, prête à votre caprice, et combien docile ! [...] Le tabac blond qui vient d'Orient, vous y reporte, en rêve. Suivez le fil de ses bleues volutes. Fermez les yeux : vous voilà turc, arabisant, *mamamouchi*. La Corne d'or, les Eaux Douces d'Asie, des femmes voilées, des minarets, un caïque... Voilà le vaporeux paradis dont le tabac jaune vous ouvre les portes. Alors, fermez la vôtre, endossez quelque gandourah soyeuse et bariolée, coiffez une calotte à gland, et, les pieds nus dans vos babouches, abandonnez-vous sur un moelleux divan, aux mérites d'un authentique tabac de là-bas[76]. »

Ce qui frappe aussi dans cette toilette, c'est sa teinte soutenue. « L'influence "Extrême-Orient" se fera du reste beaucoup sentir cette saison et particulièrement dans les coloris où le vert jade, et même le vert malachite feront fureur[77]. » Un an plus tard, Poiret qui cherche toujours « des thèmes d'inspirations variés dans l'histoire, la légende ou le jardin » propose un modèle intitulé « laitue », « d'un vert comme une feuille de cette jeune salade[78] ». Il semblerait donc que la couleur verte, en provenance de Chine ou du potager, ait bien le vent en poupe.

Black smoke, evening dress by Redfern
Printed plate, painted on paper using a metal stencil
Paris, *Gazette du bon ton*, yearbook 1914, no. 3, pl. 29, by Louis Strimpl (1880–1937)
Bibliothèque d'art et d'archéologie des Musées d'art et d'histoire, Ville de Genève

« La fumée noire, robe du soir de Redfern »
Planche peinte au pochoir métallique sur papier
France, Paris, *Gazette du bon ton*, année 1914, n° 3, pl. 29, signée Louis Strimpl (1880-1937)
Bibliothèque d'art et d'archéologie des Musées d'art et d'histoire, Ville de Genève

LA FUMÉE NOIRE

Robe du soir de Redfern

Ceinture de grand luxe
et réversible *maru*
À motif de fleurs et d'oiseaux
fantastiques (ressemblant
à des phénix), sur fond vert
Ce obi peint à la main constitue
une création très originale qui est,
à n'en pas douter, le fruit
d'une commande spéciale
Crêpe de soie *chirimen* peint à la
main de couleurs et d'or, filet d'or
Pourrait être porté avec un kimono
quotidien *tsumugi* ou informel
à petits motifs répétés *komon*
Japon, ère Shōwa (1926-1989)
Provenance Kyōto
Fondation Baur, donation
Sato Mariko, FB.DS.2008.49

Lavish and reversible *maru obi*
Flowers and imaginary birds
(resembling phoenixes),
on a green ground
This hand-painted *obi* is a very
original creation that was doubtless
made to order
Chirimen silk crepe painted
by hand with colours and gold,
with a fine gold line
To be worn with a *tsumugi* everyday
kimono or an informal *komon*
kimono decorated with
small repeated motifs
Japan, Shōwa era (1926–89)
Provenance Kyōto
Baur Foundation, Sato Mariko
donation, FB.DS.2008.49

Lamp
Stand in the form of a crane
among lotus plants
Engraved and painted brass, glass
cabochons and tassels
France, Art Nouveau style, 1900s–20s
Baur Foundation, CB.EU.1964.3

This lamp belonged to the Baurs.

Lampe
Grue parmi des lotus en guise
de décor pour le pied
Laiton gravé et peint, cabochons
de verre et pampilles
France, style Art nouveau,
années 1900-1920
Collections Baur, CB.EU.1964.3

Cette lampe a appartenu au couple Baur.

Birds, and the crane in particular, were regularly included in the repertoire of decorative motifs in China and Japan, where they were a symbol of peace and longevity. It is thus natural that the crane should also be found in European Art Nouveau compositions, which adopted many Asian motifs in numerous interpretations. This lamp comes from Alfred Baur's former residence in Tournay, close to Geneva, and represents a typical European lighting design from the early 20th century.

Les oiseaux, et la grue en particulier, trouvent une place de choix dans le répertoire décoratif de la Chine et du Japon où l'échassier est emblème de paix et de longévité. Il n'est donc pas étonnant de la retrouver dans les compositions européennes de style Art nouveau qui reprennent et déclinent à l'envi bon nombre de motifs asiatiques. Cette lampe provient de l'ancienne résidence d'Alfred Baur à Tournay, dans les environs de Genève, et présente les caractéristiques des luminaires européens du début du XXe siècle.

LA COMMODE EN LAQUE

Robe du soir de Worth

Le lachinage
Lachinage

In France in the 18th century, a new trend called *lachine* or *lachinage* (meaning to search out Chinese curios) caught on following the importation of lacquer wares by the Compagnies des Indes. These fascinating objects, coated with this precious material and adorned with exotic images, were of particular appeal to cabinet-makers, who used them in the production of new pieces of furniture.[79] Their creations, adorned with "Chinese" or "Japanese" lacquer panels, were made from parts taken from disassembled folding screens or chests that showed splendid scenes made from mother-of-pearl inlays, or painted in gold on a black, red or brown ground.[80] Even today, traces of Asian influence remain in everyday language as the French verb *chiner* means to hunt around for antiques at the flea market, while in English "china" means porcelain. And although it is not much used, the English word "japan" is both a noun that means lacquer the material and a verb meaning to apply lacquer.

What is interesting to note in the plate above is that Worth's immaculately white, loose and draped evening dress is clearly associated with a "lacquer commode". A certain elegance is radiated by the contrast between the simplicity of his creation – underlined by the presence of a dove – and the rich detail of the commode. Once again, the illustrations in the magazines of the period reveal that Chinese screens, hangings and furniture were indispensable objects that tastefully adorned the most fashionable homes.

Une tendance nouvelle dite de «lachine» ou de «lachinage» s'amorce au XVIIIe siècle en France, suite aux importations de laques par les Compagnies des Indes. Ces objets fascinants, couverts d'une matière précieuse et ornés de décors exotiques, séduisent jusqu'aux ébénistes qui vont imaginer de nouvelles créations[79]. Ces meubles en laque (que l'on désigne parfois aussi du nom de "verny"), ornés de panneaux «chinois» ou «japonais», imaginés de toutes pièces, issus de paravents ou de coffrets originaux démembrés, proposent alors des décors fabuleux, incrustés de nacre burgautée, réalisés à l'or sur fond noir, rouge ou brun[80]. Aujourd'hui encore, l'Asie a laissé des traces dans notre vocabulaire puisque le terme «chiner» demeure pour ceux qui fréquentent les brocantes. En anglais également, tandis que «*China*» désigne toujours la porcelaine; celui de «*Japan*» qui distinguait autrefois les laques, est lui tombé en désuétude.

Il est intéressant de relever que c'est ce contexte particulier de «commode en laque» qui est associé à la robe de soirée du couturier, blanc immaculé, ample et drapée. Une élégance certaine se dégage du contraste entre la sobriété de sa création, soulignée encore par la présence d'une colombe, et la richesse du mobilier. Dans les pages des magazines, on constate que les paravents, les tentures ou meubles de style chinois font décidément partie des objets indispensables, qui agrémentent avec goût les intérieurs les plus chics.

Lacquer commode,
evening dress by Worth
Printed plate, painted on paper using a metal stencil
Paris, *Gazette du bon ton*, yearbook 1914, no. 5, pl. 49, signed with a monogram attributed to Bernard Boutet de Monvel (1881–1949)
Bibliothèque d'art et d'archéologie des Musées d'art et d'histoire, Ville de Genève

«La commode en laque,
robe du soir de Worth»
Planche peinte au pochoir métallique sur papier
France, Paris, *Gazette du bon ton*, année 1914, n° 5, pl. 49,
signée d'un monogramme attribué à Bernard Boutet de Monvel (1881-1949)
Bibliothèque d'art et d'archéologie des Musées d'art et d'histoire, Ville de Genève

Haori open jacket
Bearing three dyed *mon* family crests, featuring a *tsuta* (蔦) ivy leaf
With an *urushi* (漆) lacquer tree motif on a black ground
Chirimen silk crepe, dyed and embroidered with red lacquered thread
Awase lined jacket, yellow lining with orange, green, white and pink wave motifs, to be worn on important evening occasions

Japan, Shōwa era (1926–89), shortly after World War II period
Provenance Kyōto
Baur Foundation, Sato Mariko donation, FB.DS.2008.72

Veste ouverte *haori*
Avec trois blasons familiaux *mon* teints, représentant une feuille de lierre *tsuta* (蔦)
À motif d'arbre à laque *urushi* (漆), sur fond noir
Crêpe de soie *chirimen* teint et brodé de fil laqué rouge
Veste doublée *awase*, doublure jaune à motif de vagues orange, vertes, blanches et roses, pour des soirées importantes

Japon, ère Shōwa (1926-1989), juste après-guerre
Provenance Kyōto
Fondation Baur, donation Sato Mariko, FB.DS.2008.72

The lacquer tree (*Toxicodendron vernicifluum*), sometimes also called the "varnish tree", is indigenous to the Far East. It has been grown there since ancient times for its sap, which, after treatment and application in very thin coats on all kinds of materials, gives a hard, shiny surface. Lacquer wares were much appreciated across all of Asia and in Europe, too.[81]
The distinctive characteristic of this jacket lies in its weaving. The trees, realized in red lacquered thread, stand out against the black silk. This technique is illustrative of the many uses that this astonishing material can be put to. In Japan, this particular motif became very popular on clothing just after the end of World War II. It is said that in China women sometimes dipped the end of their thread in lacquer so that it could be used for embroidery in place of a needle.

L'arbre à laque (*Toxicodendron vernicifluum*), parfois aussi appelé « vernis du Japon », est une essence indigène de l'Extrême-Orient. Il y est cultivé depuis des temps anciens pour sa résine qui, traitée et appliquée patiemment en de très fines couches sur toutes sortes de supports, permet d'obtenir une surface imperméable lisse et brillante. Les laques ainsi obtenus ont ensuite connu le succès que l'on sait dans toute l'Asie, mais en Europe également[81].
La particularité de ce vêtement réside dans son tissage. Les arbres se découpent en fils laqués de rouge sur un fond de soie noire. Cette technique montre la diversité des emplois de cette étonnante matière. Au Japon, ce motif spécifique devient apparemment très populaire sur les vêtements, juste après la Seconde Guerre mondiale. On raconte qu'en Chine les femmes enduisaient parfois aussi l'extrémité de leurs fils de laque pour broder en lieu et place d'une aiguille.

L'oiseau merveilleux
The fantastical bird

"We have grown up with the memory of the child's bedroom where, at our grandmother's house . . . we used to wake with the sun streaming onto the walls hung with pale prints, in which fantastical birds took flight in a flurry of feathers among flowers as fresh as those picked in the garden . . . Today it is in small sections scattered across a serge dress of silk cape that we rediscover small radiant animals or sadly drooping flowers, all the motifs in the prints with which we grew up. These days, French textile made in Jouy is used as a form of trimming in two-piece suits or dresses for the hot weather . . . They are cheerful and attractive, and a real novelty . . ."[82] As there was a strong link between tapestries and haute couture during the early 20th century, designers, illustrators and painters were not shut off from one another in their specialities, quite the contrary. They practised several, often complementary, disciplines. Yet again, we note that the woman in the plate here on the right finds herself in an imaginary setting beneath the gaze of a beautiful blue bird. Does the "Tree of Knowledge" refer to the tree of knowledge of Good and Evil in the Garden of Eden? In which case, the bird has taken the place of the serpent of temptation and the young woman is the embodiment of the new Eve. There are however other possible interpretations. In the traditional images seen in French Jouy textiles, there is a representation of the *Pleasures of the Four Seasons* drawn in 1785 by Jean-Baptiste Huet (1745–1811), the painter of Louis XVI (r. 1774–92), which is like an allegory of spring. It depicts the "dance of the Tree of May".[83] A parallel can be made with this illustration. Transpositions of this kind are commonly found among chinoiseries, which often contain barely concealed allusions or messages. In this plate, Asia is mostly represented by the decorative setting and the mythical bird perched in a tree in bloom.

« Nous avons grandi avec le souvenir de la chambre d'enfant où, chez grand'mère [...], nous nous réveillions, le soleil pénétrant à grands flots sur les murs tendus de toile claire, où les oiseaux merveilleux, s'envolaient à tire-d'aile parmi les fleurs aussi fraîches que celles cueillies dans le jardin. [...] Aujourd'hui, c'est par petits morceaux éparpillés sur une robe de serge ou une cape de soie que nous retrouvons petits animaux lumineux ou fleurs tristement penchées, tous les motifs de ces toiles charmantes qui nous virent grandir. La toile de Jouy est désormais employée comme garniture soit des costumes tailleurs, soit des robes pour les jours très chauds [...]. C'est gai, c'est joli, et d'une nouveauté vraiment charmante[82] [...]. » Comme il existe un lien indéfectible, à cette époque, entre tapisseries et haute couture, les stylistes, illustrateurs et artistes peintres ne sont pas cloisonnés dans leur spécialité, bien au contraire. Ils s'essayent à plusieurs disciplines, souvent complémentaires. Une fois de plus, on constate que le modèle évolue dans un environnement merveilleux sous le regard d'un bel oiseau bleu. L'« arbre de science » fait-il allusion à l'arbre de la connaissance du bien et du mal dans le jardin d'Eden ? Auquel cas, l'oiseau remplacerait le serpent de la tentation et la jeune femme ici représentée incarnerait la nouvelle Ève. Il existe toutefois d'autres possibilités de lecture. Dans le répertoire traditionnel des toiles de Jouy, par exemple, on connaît la représentation des *Délices des quatre saisons*. L'une de ces célèbres scènes, dessinée en 1785 par le peintre du roi Louis XVI (r. 1774-1792) Jean-Baptiste Huet (1745-1811), fonctionne comme une allégorie du printemps[83]. Elle dépeint « la danse de l'arbre de mai ». On pourrait donc aussi entrevoir un parallèle avec cette illustration. Les transpositions de ce genre correspondent à la tradition des chinoiseries, qui contiennent souvent des allusions ou des messages semblables à peine dissimulés. Dans ce cas, en l'occurrence, c'est dans le décor qui entoure le mannequin que l'on reconnaît l'Asie avec l'image d'un oiseau fabuleux niché dans un arbre en fleur.

The Tree of Knowledge, evening dress by Dœuillet
Printed plate, painted on paper using a metal stencil

Paris, *Gazette du bon ton*, yearbook 1914, no. 8, pl. 80, by George Barbier
Rijksmuseum, Amsterdam

« L'arbre de science, robe du soir de Dœuillet »
Planche peinte au pochoir métallique sur papier

France, Paris, *Gazette du bon ton*, année 1914, n° 8, pl. 80, signée George Barbier
Rijksmuseum, Amsterdam

L'ARBRE DE SCIENCE

Robe du soir de Dœuillet

Lavish and reversible *maru obi*
Roses on a red ground
Shioze silk with a visible weft, printed and embroidered with colours
To be worn with a *tsumugi* everyday kimono or an informal *komon* kimono decorated with small repeated motifs, dark in colour

Japan, Shōwa era (1926–89), post-war
Provenance Kyōto
Baur Foundation, Sato Mariko donation, FB.DS.2008.25

Ceinture de grand luxe et réversible *maru*
À motif de roses, sur fond rouge
Soie à trame visible *shioze*, imprimée et brodée de couleurs
À porter avec un kimono quotidien *tsumugi* ou informel à petits motifs répétés *komon*, de couleur foncée
Japon, ère Shōwa (1926-1989), après-guerre

Provenance Kyōto
Fondation Baur, donation Sato Mariko, FB.DS.2008.25

Flowers have always been admired in Japan but roses do not feature in the country's traditional imagery. It was only later, and under Western influence, that the rose was included in their compositions. Following the Paris World Fair in 1900 and the Louisiana Purchase Exposition held in St Louis, Missouri, in 1904, new species of plants were introduced to Japan and began to bloom on kimonos, notably pansies and Marcel Proust's famous Cattleya orchid.[84] Roses were especially valued in Europe during the 1920s, a period during which they became a favourite emblem on textiles, worn as corsage ornaments or as a freshly cut bud, offered to a loved one, or used to make new fragrances.

The beauty of the hibiscus on page 154 is only equalled by its fragility. Their flowers, which open at dawn, have already faded by nightfall. It is on account of this ephemeral beauty that in the East the plant has a poetic quality and is considered with such affection.

Au Japon, on admire les fleurs depuis toujours, mais la rose ne paraît pas dans le répertoire décoratif traditionnel. Ce n'est que tardivement, et sous influence occidentale, que cette fleur naît dans les compositions. Une fois n'est pas coutume, et on sait qu'à la suite de l'Exposition universelle de Paris, en 1900, ou celle de Saint-Louis, en 1904, de nouvelles essences sont introduites au Japon et commencent à fleurir sur les kimonos, comme la pensée, ou l'orchidée catleya de Proust, par exemple[84]. La rose fait partie de ces fleurs particulièrement mises en valeur dans l'Europe des années 1920, période durant laquelle elle est devenue l'un des emblèmes préférés des créateurs, en motif sur les textiles, ajoutée fraîche ou en ornement sur les tenues, offerte à sa dulcinée ou même mise en flacons pour de nouveaux parfums.

Dans ce répertoire floral, l'hibiscus de la page suivante tient aussi une place à part. Sa beauté n'a d'égale que sa fragilité. En effet, les fleurs qui s'ouvrent dès l'aube se fanent à la nuit tombée. C'est de cette beauté éphémère que cette plante tire sa poésie et l'affection qu'on lui porte.

Hōmongi visiting kimono
Bearing three woven *mon* family crests, featuring a Japanese bellflower in a *maru kikyo* circle
Birds flying around hibiscus flowers (*Hibiscus sp.*), while thick clouds and fern motifs are painted and woven into the fabric, on a light blue ground
Omeshi (お召し) silk crepe, dyed and painted

Awase lined kimono, for late winter and early spring, red *momi* colour lining, to be worn with a lavish and reversible *maru obi* or a *fukuro obi* with a plain reverse, light yellow, woven with gold or silver thread
Japan, late Taishō era (1912–26) or early Shōwa era (1926–89)
Provenance Kyōto
Baur Foundation, Sato Mariko donation, FB.DS.2008.4

Kimono de visite *hōmongi*
Avec trois blasons familiaux *mon* tissés, représentant une campanule japonaise prise dans un cercle *maru kikyo*
Des oiseaux volent autour de fleurs d'hibiscus (*Hibiscus sp.*), des nuées apparaissent, peintes et prises dans le tissage, ainsi que des semis de fougères, sur fond bleu clair
Crêpe de soie *omeshi* (お召し), teint et peint

Kimono doublé *awase*, pour la fin de la saison hivernale ou le début du printemps, doublure rouge *momi*, à porter avec une ceinture de grand luxe *maru* ou à revers sans décor *fukuro*, jaune pâle, tissée de fil d'or ou d'argent
Japon, fin de l'ère Taishō (1912-1926), ou début Shōwa (1926-1989)
Provenance Kyōto
Fondation Baur, donation Sato Mariko, FB.DS.2008.4

Indian paradise flycatcher
(*Terpsiphone paradisi*)
Pith painting, gouache
on "rice paper"
China, Qing dynasty (1644–1911),
c. 1850
Provenance southern China,
probably Canton
Private collection

Gobe-mouches de paradis
ou tchitrec de paradis
(*Terpsiphone paradisi*)
Peinture à la gouache
sur « papier de riz »
Chine, dynastie Qing (1644-1911),
vers 1850
Provenance du sud de la Chine,
Canton probablement
Collection privée

This painting is characteristic of the souvenirs brought back by Europeans from the Celestial Empire as a reminder of their experiences at a time when photographs hardly existed. Pleasing, light and inexpensive, they were offered as presents and helped to spread new ideas of China in Europe. Taken out of context, these images were added to the range of stereotypes of the East that were increasingly copied and imitated. In China, Indian paradise flycatchers are symbols of longevity. In Mandarin, their name is pronounced in the same way as "bird of longevity".[85]

Cette peinture fait partie des souvenirs couramment ramenés par les Européens partis à la conquête du Céleste Empire. Elles illustraient ce qu'ils découvraient à une époque où les photographies n'existaient presque pas. Jolies, légères et peu coûteuses, elle étaient ramenées en cadeau aux proches et participaient ainsi à la diffusion de nouvelles images de la Chine en Europe. Sorties de leur contexte, ces représentations rejoignaient les clichés copiés et imités, encore et encore. En Chine, le gobe-mouches de paradis de l'Inde est un symbole de longévité. En mandarin, son nom se prononce comme « oiseau de longévité[85] ».

1919
LES MODES
N° 187
G. BARBIER

De « l'utilité » des colonies…
The "usefulness" of the colonies . . .

"The influence on fashion has many times been underlined, not only of the outstanding events of an epoch, but also of those that did not seem to be of great importance . . . It is by visiting the colonial exhibition in Marseilles at the very moment that plans for a new collection were taking form in his mind that M. Rodier [a fabric designer, *Author's note*] was struck by the extent of the resources offered by the art in our colonies . . . It was by finding there, all in one place, the variety of weaving and decoration of these different peoples that he was struck by the idea of taking inspiration from them for injecting innovation into fashion. In his undoubted capacity as an artist, but also in that of a capable businessman, M. Rodier quickly shifted from idea to action . . . So much so that each country – Morocco, Algeria, Tunisia, Indo-China [*sic*] . . . – will contribute a little of its experience and sense of beauty to the fashions of the women of Paris."[86] "Of all the applied arts, there is none more easily influenced than clothes design, more sensitive to the artistic and economic fluctuations of an epoch. After the colonial exhibition, which impressed upon us a new upsurge of negro, Arab and Hindu prints and embroideries, and of Moroccan weavings, before it has even opened its doors, the Exposition internationale des arts décoratifs modernes is leading us towards a geometric conception of fashion."[87]
This cover of the magazine *Les Modes* designed by George Barbier and titled "At Poiret" perfectly reflects this cultural mix. Two turbaned women are wrapped in elegant coats lined with white fox. One of them takes a peach from a dish of exotic fruit carried by a Moorish child. The two friends stand on a terrace with a checked tile floor that faces onto a Chinese garden.

« On a maintes fois souligné l'influence que peuvent exercer sur la mode, non seulement les faits marquants d'une époque, mais ceux-là mêmes qui semblaient sans grande importance […]. C'est en visitant l'exposition coloniale de Marseille, en effet, au moment même où s'ébauchaient dans son imagination les plans d'une collection nouvelle, que M. Rodier [créateur d'étoffes, *N.d.A.*] fut frappé de toutes les ressources offertes par l'art de nos colonies. […] C'est en trouvant là, réunies, les conceptions de toutes ces races différentes en matière de tissage et de décoration que lui vint l'idée de s'en inspirer pour renouveler la mode. Artiste, certes, mais aussi industriel avisé, M. Rodier passa bien vite du plan à l'exécution […]. Si bien que chaque pays : Maroc, Algérie, Tunisie, Indo-Chine [*sic*] […] apportera cet été à la toilette des Parisiennes, sa part de collaboration, un peu de son expérience et de son sens de la beauté[86]. » « Entre tous les arts appliqués, il n'en est pas de plus influençable que la couture, de plus sensible à toutes les fluctuations artistiques ou économiques d'une époque. Après l'exposition coloniale qui nous valut une recrudescence d'impressions et de broderies nègres, arabes et hindoues, de tissages marocains, voici que l'Exposition internationale des arts décoratifs modernes, avant même d'avoir ouvert ses portes, nous entraîne vers une conception toute géométrique de la décoration dans la mode[87]. »
Cette couverture des *Modes*, dessinée par George Barbier et portant le titre « Chez Poiret », évoque parfaitement ce mélange culturel. Deux femmes coiffées d'un turban sont enveloppées dans d'élégants manteaux bordés de renard blanc. L'une d'elles s'empare d'une pêche provenant d'un plat de fruits exotiques porté par un enfant maure. Les deux amies se tiennent sur une terrasse aux carreaux en damier, qui domine un jardin chinois.

Cover of the magazine *Les Modes*
At Poiret's, by George Barbier
Colour print on paper
Paris, *Les Modes*,[88] yearbook 1919,
April, no. 187
by George Barbier
Bibliothèque nationale de France,
Paris

Page de couverture du magazine
Les Modes
« Chez Poiret, par G. Barbier »,
Impression en couleurs sur papier
France, Paris, *Les Modes*[88],
année 1919, avril, n° 187,
signé George Barbier
Bibliothèque nationale de France,
Paris

Pagoda temple with opening
doors, revealing a divinity
Small plaques made of carved
ivory and bone assembled
on a wooden core
Japan, Meiji era (1868–1912)
Baur Foundation, D. D. donation,
FB.DD.2015.8

Temple pagode avec parties
mobiles ouvrant sur une divinité
Plaquettes d'ivoire et d'os sculptées,
puis assemblées autour d'un châssis
de bois
Japon, ère Meiji (1868-1912)
Fondation Baur, donation D. D.,
FB.DD.2015.8

With their unusual storied architecture, and distinctive roof shapes often fitted with bells, pavilions and pagodas are quintessential features of the Far East. Inspired by portable Buddhist altars, these small curios quickly fascinated the West.

Il va de soi que pavillons et pagodes, avec leur architecture singulière à étages, leurs toits retroussés, souvent ornés de clochettes, font partie des incontournables extrême-orientaux. Ces pièces particulières, inspirées d'autels portatifs bouddhiques, ont rapidement trouvé leur chemin vers l'Europe, fascinée par ces curiosités.

Furisode kimono for a young girl with mid-length *chū* sleeves
Bearing three embroidered *nui-mon* family crests, featuring two intertwined oak leaves surrounded by five *gokan kashiwa* metal handles
Boats filled with flowers, surrounded by mandarin trees, wisteria, peonies, chrysanthemums and cherry blossom; a wavy pattern is woven into the fabric, on a *tokiiro* (鴇色) old-rose coloured ground[89]
Chirimen silk crepe, dyed, painted, embroidered in coloured, gold and silver thread, treated in places with false *shibori*-style painting
Awase lined kimono for spring, red *momi* lining, to be worn with a lavish and reversible *maru obi* or a *fukuro obi* with a plain reverse, preferably adorned with a single motif that covers the entire surface
Japan, late Taishō era (1912–26)
Provenance Kyōto
Baur Foundation, Sato Mariko donation, FB.DS.2008.12

Kimono de jeune fille *furisode* à manches de longueur moyenne *chū*
Avec trois blasons familiaux brodés *nui-mon*, représentant deux feuilles de chêne entrecroisées entourées de cinq poignées de métal *gokan kashiwa*
À motif de fleurs dans des bateaux entourés de mandariniers, glycines, pivoines, chrysanthèmes et de fleurs de cerisiers ; un mouvement ondé est pris dans le tissage, sur fond de couleur vieux rose *tokiiro* (鴇色)[89]
Crêpe de soie *chirimen* teint, peint, brodé de couleurs, de fils d'or et d'argent, travaillé par endroits en faux *shibori*
Kimono doublé *awase* pour le printemps, doublure rouge *momi*, se porte avec une ceinture de grand luxe *maru* ou à revers sans décor *fukuro*, ornée d'un seul motif qui recouvre toute la surface, de préférence
Japon, fin de l'ère Taishō (1912-1926)
Provenance Kyōto
Fondation Baur, donation Sato Mariko, FB.DS.2008.12

Nagajuban under-kimono
A motif of waves, pines, *prunus* blossom and reeds woven into the fabric, in gradations of orange
Dyed silk, collar embroidered with waves in coloured thread
Awase lined under-kimono for the winter season, lining in the same fabric and white
To be worn beneath a *hōmongi* visiting kimono
Japan, early Shōwa era (1926–89)
Provenance Kyōto
Baur Foundation, Sato Mariko donation, FB.DS.2008.81

Sous-kimono *nagajuban*
À motif de vagues, pins, fleurs de prunus et roseaux pris dans le tissage, dégradé dans les tonalités orangées
Soie teinte, col rebrodé de vagues aux fils multicolores
Sous-kimono doublé *awase* pour la saison hivernale, doublure du même tissu et blanche, à porter sous un kimono de visite *hōmongi*
Japon, début de l'ère Shōwa (1926-1989)
Provenance Kyōto
Fondation Baur, donation Sato Mariko, FB.DS.2008.81

Under-kimonos are not usually meant to be displayed. They match the rest of the outfit but only a glimpse is caught of them as a result of their wearer's movements. They contribute, in very discreet fashion, to defining the wearer's elegance and social status. However, only glimpses of this luxury garment would ever have been seen. The coat designed by Poiret on the magazine cover has a similar pattern, which was probably also inspired by a fabric from the "colonies".

Les sous-kimonos ne sont généralement pas destinés à être exhibés. Ils s'accordent avec le reste de la tenue, mais ne font que se laisser deviner, au gré des mouvements. Ils participent à dévoiler, très subtilement, le raffinement et le rang. On ne fera toutefois qu'entrevoir ce sous-vêtement d'un très grand luxe. On reconnaît un décor similaire qui court sur le manteau du modèle de chez Poiret, probablement inspiré aussi d'un exemple des « colonies ».

A branch from a lychee tree
(*Litchi sinensis*)[90]
With caption "A fruit called Laïchee"
Pith painting "from Canton",
gouache on "rice paper"
China, Qing dynasty (1644–1911),
c. 1850
From an album that belonged to
Auguste Jeanneret-Oehl (1815–91)
Provenance southern China,
probably Canton
Private collection

Branche de litchis (*Litchi sinensis*)[90]
Inscription précisant « Un fruit
appelé Laïchee »
Peinture dite « de Canton »,
gouache sur « papier de riz »
Chine, dynastie Qing (1644-1911),
vers 1850
Album ayant appartenu à Auguste
Jeanneret-Oehl (1815-1891)
Provenance du sud de la Chine,
Canton probablement
Collection privée

Pith paintings were often wrongly described as having been painted on "rice paper". The support is in fact made from neither rice nor paper but the bark of a tree (*Tetrapanax papyrifera*). When cut into very fine sheets, the result is a flaky material with a soft and translucent surface. One of the characteristics of pith paintings is the impression of a raised image. The colours are bright and the images meticulously detailed. To obtain this result, the artists had to make use of the specificities of the medium they were working with. First, flat tints were applied to the reverse side of the support to give a certain depth. The motifs were then created by adding several layers of paint, then reworked on the surface to achieve a pleasing result. Birds, flowers and exotic fruit were a few of the favourite subjects. Some of these images were used in new botanical books compiled in Europe in the 19th century or as models for enamel-painted watch cases in particular.[91]

Ces peintures ont souvent été décrites comme ayant été exécutées sur du « papier de riz ». En fait de support, il ne s'agit pas de papier, ni de riz, mais de l'écorce d'un arbre (le *Tetrapanax papyrifera*) qui, coupée en de très fines lamelles, fournit un support friable à la texture douce et translucide. Une des particularités des peintures de Canton est l'impression de relief. Les teintes sont vives et les détails minutieux. Pour obtenir ce résultat, les artistes savaient exploiter les spécificités du médium qu'ils utilisaient. De premiers aplats de couleurs étaient tout d'abord couchés, au revers, les motifs étaient ensuite rehaussés de couches successives et retravaillés en surface pour un résultat très séduisant. Les oiseaux, mais également les fleurs et fruits exotiques faisaient partie des sujets que l'on aimait. Certaines de ces images ont d'ailleurs servi à l'enrichissement de nouveaux manuels botaniques européens, compilés au XIXe siècle ou comme modèles au décor de boîtiers de montres émaillés, notamment[91].

Les dominos chinois
Chinese dominos

The influence of Asia on the West was not limited to clothing and decoration. It included the masquerades that enlivened many a social evening, but also other forms of recreation. "Among the fashionable distractions on the Riviera, the craze is for a new Chinese game called *mah-jong* that everyone in England plays during those long evenings in the country. Bridge has been edged out by this sort of Chinese dominos, which is as brisk as poker and brightens the table with the characters on its little ivory-coloured tiles. This new pastime owes its popularity to its exotic and distant origin and was very fashionable last year, when only a few privileged highbrows were familiar with it and you had to depend on the obliging nature of a famous Chinese pedicurist to be able to get hold of it. Today it is all the rage and its characters have become so familiar that, at a recent costume party, a group of young aristocratic women made a sensational entrance as figures featured in this charming and exotically imaginative game."[92] The magazine *Vogue* also reported on the new fad. "The game Mah-Jong . . . also called the Battle of the Dragons, is the oldest known game of chance. Its origins have been lost in the mysterious Chinese night. All the dizzying scents of sandalwood to be had on the banks of the great rivers . . . are contained as if in a pot in these small ivory and bamboo dominos. The symbols and poetry that we find so charming in the history of the Celestial Empire are represented in the perfection of this game and its subtle art . . . The enthusiasm with which the world today is embracing this game from the distant past is explained by the charm of the mysterious objects used to play it. These pieces, symbols of the bricks that form the insurmountable Great Wall of China, and which we call dominos . . . these ivory tiles, as slim as matches, and which are

On découvre que l'Asie ne s'immisce pas seulement dans le costume et la décoration. Elle égaye déjà les soirées bien sûr, inspirant bon nombre de mascarades, mais s'insinue bientôt aussi dans d'autres divertissements. « Parmi les distractions à la mode sur la Riviera, il n'est question, cette année, que d'un nouveau jeu chinois appelé "*mah-jong*" et auquel tout le monde joue en Angleterre durant les longues soirées à la campagne. Le bridge est détrôné par cette sorte de domino chinois, qui est aussi animé que le poker et égaye les tables par ses petits sujets en ivoire de couleur. Ce passe-temps nouveau doit sa vogue à son origine exotique et lointaine et il fut très chic l'an dernier, où quelques snobs privilégiés étaient seuls à le connaître et où il fallait avoir recours à l'obligeance d'un célèbre pédicure chinois pour se le procurer. Aujourd'hui il fait fureur et ses personnages nous sont devenus si familiers que, dans un récent bal costumé, il y eut une entrée sensationnelle de jeunes femmes aristocratiques qui personnifiaient les figures de ce jeu charmant, plein de fantaisie exotique[92]. » Le magazine *Vogue* rapporte également ce fol engouement. « Le jeu de Mah-Jong [...] aussi nommé la Bataille des Dragons est le plus ancien jeu de hasard que l'on connaisse actuellement. Ses origines se perdent dans la mystérieuse nuit chinoise. Toute l'odeur vertigineuse de santal que l'on respire sur les rives des grands fleuves [...] se trouve enfermée comme en une merveilleuse cassolette dans ces petits dominos d'ivoire et de bambou. Dans la perfection de ce jeu, dans son art subtil, se retrouvent les éléments de symbole et de poésie qui nous charment tant dans l'histoire du Céleste Empire. [...] L'enthousiasme avec lequel le monde d'aujourd'hui accueille ce jeu des siècles lointains s'explique par le charme qu'exercent les mystérieux objets avec lesquels on joue.

Dogaressa, 1919
Printed plate, painted on paper
using a metal stencil,
with gold highlights
Paris, taken from *La Guirlande des mois*,[93] a fashion almanac, 1919–20,
by George Barbier
The Stapleton Collection

« Dogaresse », 1919
Planche peinte au pochoir
métallique sur papier
avec rehauts d'or
France, Paris, tirée de *La Guirlande des mois*[93], publication de mode,
1919-1920,
signée George Barbier
The Stapleton Collection

Dogaresse
Robe du soir de Jenny.

Theatre tunic with dragons
frolicking among waves
Silk satin woven and embroidered
with coloured and gold silk thread
on a green ground
Lining made from raw linen
China, Shanghai,
20th century, pre-1960

This tunic has different inscriptions on its lining that mention its previous owner – *Jingju* Opera in Shanghai[94] – and the year 195? (the last number is indecipherable)
Baur Foundation, Natural 2017 donation, FB.DN.2017.1

Robe de théâtre à motif de dragons
évoluant parmi des vagues
Satin de soie tissé et brodé de fils
de soie multicolores et d'or
sur fond vert
Doublure de lin écru
Chine, Shanghai, XXe siècle,
années 1950 au plus tard

Cette pièce porte différentes inscriptions dans sa doublure intérieure qui mentionnent son ancienne appartenance : Opéra Jingju à Shanghai[94] et l'année 195 ? (le dernier chiffre demeure malheureusement illisible)
Fondation Baur, donation Natural 2017, FB.DN.2017.1

marked with a colourful flower or character, these Lilliputian dice, all these incomprehensible signs that suggest beautiful images, this invocation to the mysterious powers of nature, the winds that bring either disorder or a blessing, warmth or cold, dampness or dryness, the seasons, the season of the flowers, the season of the snows, the season of hope and despair, dragons, fabulous and legendary creatures that blow fire through their noses and have the mane of a lion, all that and many other things, and so many other stirring rules make this game as involving as a beautiful poem or a rich piece of music and stimulates lively intellectual pleasure by means of its multiple possibilities . . ."[95]
It is easy to imagine that the dogaressa in the illustration is getting ready to join her friends. Her fan made of green ostrich feathers matches her jade earrings but jars with the colour of her elegant golden evening dress. The magnificent dragon that gambols among the waves on the wall of her boudoir seems to have emerged from a Japanese print. Once again, China and Japan are seen side by side, indifferently mixed. "Let's state this humdrum truth once again: the time is up for traditional dress . . . Actresses have followed the example of Parisiennes . . . Persian images and Russian decors have accustomed us to demand novelty, glorious colours and original movements . . . But although our costumes take their inspiration from Persian miniatures and Japanese woodblock prints, they are given an interpretation so strongly modern that they impress on account of an excess of novelty rather than archaism or exoticism."[96] In clothes from the Far East, it is not difficult to find the same style with which the dragon, the water and the waves have been illustrated in the print, which was considered entirely modern in the 1920s.

Ces pièces, symboles des *briques* qui constituaient l'infranchissable muraille de Chine et que nous appelons dominos [...] ces baguettes d'ivoire, fines comme des allumettes et qui portent une fleur vive ou un caractère de couleur, ces dés lilliputiens, tous ces signes incompréhensibles qui évoquent les plus belles images, cette invocation aux puissances mystérieuses de la nature, aux vents qui soufflent la tempête ou le bonheur, le froid ou le chaud, l'humidité ou la sécheresse, aux saisons, saison des fleurs, saison des neiges, saison des espoirs et des désespérances, aux dragons, animaux fantastiques et légendaires dont les naseaux soufflent des flammes et dont la crinière s'échevèle comme celle d'un lion, tout cela et tant d'autres choses encore, tant d'autres règles, émouvantes, font que ce jeu envoûte aussi bien qu'un beau poème ou qu'une riche musique et procure en plus une vive jouissance intellectuelle par ses multiples combinaisons[95] [...]. »
On imagine alors sans peine que la dogaresse de cette illustration s'apprête pour rejoindre ses amis. Son éventail de plumes d'autruches vertes s'accorde avec ses bijoux de jade, mais tranche avec la couleur de son élégante tenue de soie dorée. Le magnifique dragon qui s'ébat parmi les flots sur le mur de son boudoir semble avoir surgi d'une estampe japonaise. Une fois encore, Chine et Japon paraissent côte à côte, indifféremment mêlés. « Proclamons à nouveau cette vérité banale : le costume classique a fait son temps. [...] Les comédiennes ont suivi les Parisiennes. [...] Images persanes et décors russes ont rendu nos yeux exigeants de nouveauté, de couleurs savoureuses et de mouvements originaux. [...] Mais si les costumes s'inspirent des miniatures persanes et des estampes japonaises, c'est avec une interprétation si violemment moderne qu'ils frappent assurément par l'excès de la nouveauté plutôt que par l'archaïsme ou par l'exotisme[96]. » On peut d'ailleurs facilement reconnaître le graphisme caractéristique d'un dragon similaire, alors considéré comme si moderne, de l'eau et des vagues sur des vêtements extrême-orientaux.

Haori open jacket
Bearing three dyed *mon* family crests, featuring a Japanese bellflower in a *maru kikyo* circle
Maple leaves carried away by the current, other waves woven into the fabric, accompanied by poems,[97] on a black ground

Light *sha* silk gauze, dyed and painted
To be worn at funerals
Japan, late Taishō era (1912–26) or early Shōwa era (1926–89)
Provenance Kyōto
Baur Foundation, Sato Mariko donation, FB.DS.2008.75

Veste ouverte *haori*
Avec trois blasons familiaux *mon* teints, représentant une campanule japonaise prise dans un cercle *maru kikyo*
À motif de feuilles d'érables emportées par le courant, d'autres vagues sont prises dans le tissage, accompagnées de poèmes[97], sur fond noir

Gaze de soie légère *sha*, teinte et peinte
Pour porter lors de funérailles
Japon, fin de l'ère Taishō (1912-1926), ou début Shōwa (1926-1989)
Provenance Kyōto
Fondation Baur, donation Sato Mariko, FB.DS.2008.75

Sharegi (洒落着) informal everyday kimono
Waterfalls and summertime maple leaves, maple leaves floating on the water of the Tatsuta River woven into the fabric, on a black ground
Chirimen silk crepe, dyed and painted
Hitoe simple *usumono* kimono for summer wear, to be worn with a white or pale *nagajuban* under-kimono and a *natsu* summer *obi*, perhaps with silver thread

Japan, late Taishō era (1912–26) or early Shōwa era (1926–89)
Provenance Kyōto, made to order
Baur Foundation, Sato Mariko donation, FB.DS.2008.3

Kimono informel pour le quotidien *sharegi* (洒落着)
Couvert de cascades et de feuilles d'érables estivales, feuilles d'érables flottant sur l'eau de la rivière Tatsuta prises dans le tissage, sur fond noir
Crêpe de soie *chirimen*, teint et peint
Kimono simple *hitoe* et léger pour l'été *usumono*, à porter avec un sous-kimono *nagajuban* de couleur blanche ou claire et un obi d'été *natsu*, peut-être avec de l'argent

Japon, fin de l'ère Taishō (1912-1926), ou début Shōwa (1926-1989)
Provenance Kyōto, pièce de commande
Fondation Baur, donation Sato Mariko, FB.DS.2008.3

Les paradis artificiels
Artificial paradises

While opium was the means by which the West finally managed to force its way into China, it was also the drug associated with the start of the 20th century in Europe.[98] Some artists explored these "artificial paradises" that allowed them to transcend their limits and inspire new creations, such as the writings of Edgar Allan Poe (1809–49), Charles Baudelaire (1821–67), and Jean Cocteau (1889–1963) in particular. "Opium frees the spirit", claimed the latter.

The writer Maurice Magre (1877–1941) also wrote a great deal under the drug's effects. He transcribed his search for ecstasy in many poems, like a reflection on this ambivalent period, caught between the pleasure of new experiences and a headlong rush forward. "The soul of dead poppies rises in the smoke . . . Reclining, I contemplate human faces, delicate pieces of furniture, things well-loved, Lulled on the vessel of divine opium . . ."[99] Another of his poems is seen in George Barbier's illustration *The Opium Den* (see p. 39).

Set in this context, haute couture contributed to illustrating how society and customs were changing. It happily exploited the imagery associated with poppies. More recently, Yves Saint-Laurent (1936–2008) created a perfume named after the drug, one that has since become a classic, simply named "Opium".[100]

Si l'opium est l'arme grâce à laquelle les Occidentaux ont finalement réussi à s'introduire en Chine, c'est aussi la drogue emblématique du tournant du xxe siècle[98]. Certains artistes explorent ces « paradis artificiels » qui permettent de repousser leurs limites et inspirent des créations inédites, comme les écrits d'Edgar Allan Poe (1809-1849), de Charles Baudelaire (1821-1867), ou de Jean Cocteau (1889-1963), notamment. « L'opium dégage l'esprit », revendique ce dernier.

En son temps, l'écrivain Maurice Magre (1877-1941) a également beaucoup rédigé sous l'emprise de ce psychotrope. Sa recherche de l'extase se trouve retranscrite dans de nombreux poèmes, comme un reflet de cette période ambivalente – entre nouvelles expériences et fuite en avant. « L'âme des pavots morts monte dans la fumée… Je contemple, étendu, les visages humains, les meubles délicats, les choses bien-aimées, Bercé sur le vaisseau de l'opium divin[99]. […] » Un autre de ses poèmes figure sur l'illustration de George Barbier « Fumerie » – reproduite à page 39.

Dans ce contexte, la haute couture fonctionne comme révélatrice des temps qui changent et des mœurs qui évoluent. Elle n'hésite pas à exploiter, à son tour, l'imaginaire qui entoure les effluves des pavots. Enfin, de manière plus récente, Yves Saint Laurent (1936-2008) crée aussi un parfum qui lui sera dédié, devenu classique depuis, simplement baptisé « Opium[100] ».

At the poppy seller's, 1920
Printed plate, painted on paper
using a metal stencil
Paris, taken from *Le Bonheur du jour, ou les Grâces à la mode*,[101] 1924,
by George Barbier
The Stapleton Collection

« Chez la marchande de pavots »,
1920
Planche peinte au pochoir
métallique sur papier
France, Paris, tirée de l'ouvrage
Le Bonheur du jour, ou les Grâces à la mode[101], 1924,
signée George Barbier
The Stapleton Collection

Pingfeng (屏風) four-panel screen
Dragons among clouds on one side, flowers and birds on the other
(see p. 193)
"Coromandel" painted lacquer inlaid with mother-of-pearl, ivory and various stones

China, Qing dynasty (1644–1911), probably Kangxi 康熙 era
(r. 1662–1722)
Baur Foundation, acquired in 1924 through Gustave Loup, FB.MD.1924.3

Paravent à quatre panneaux
pingfeng (屏風)
Motif de dragons parmi des nuages d'un côté, et de fleurs et oiseaux de l'autre (voir p. 193)
Laque peinte à façon «de Coromandel», incrustée de nacre, d'ivoire et de diverses pierres dures

Chine, dynastie Qing (1644-1911), époque Kangxi 康熙 (r. 1662-1722), probablement
Fondation Baur, acquis en 1924 auprès de Gustave Loup, FB.MD.1924.3

Several letters sent to Alfred Baur in 1924 by his antique dealer in China, Gustave Loup, tell the story of this screen. In the initial purchase proposal, it was described as "Four-panel lacquer screen. Inlays in mother-of-pearl, ivory and stones. Flowers birds. Kansi" [sic]. Then, following an apparently positive reply from Alfred Baur: "I have yet to send you the screen with inlays. I have had a strong zinc-coated chest made, which will leave as soon as I have a boat leaving for Marseilles. I have sent the lacquer screen no. 1428 in the last few days; it is very well packed in a strong wooden case, lined with tin." This piece in the Baur collections, with panels decorated in flowers and birds on one side and dragons on the other, is representative of European taste during the 1920s.

Plusieurs lettres datées de 1924 adressées à Alfred Baur par son antiquaire basé en Chine retracent l'histoire de ce paravent. On y trouve une proposition d'acquisition tout d'abord «Paravent laque quatre panneaux. Appliques nacre, ivoire et pierres. Fleurs oiseaux. Kansi. [*sic*]» Puis, suite à une réponse d'achat apparemment positive : «Il reste à vous expédier le paravent avec appliques. J'ai fait faire une forte caisse zinguée, et qui partira aussitôt que j'aurai un bateau pour Marseille. J'ai expédié le paravent en laque n° 1428, ces jours ; il est très bien emballé dans une forte caisse en bois, sous fer blanc.» Cette pièce, qui figure aujourd'hui dans nos collections, dotée de panneaux ornés de fleurs et d'oiseaux d'un côté et couverts de dragons de l'autre, est emblématique des goûts européens de cette période.

Jacket from an everyday costume worn by a Han woman
Blue silk woven with auspicious clouds, flowers and endless knots, on a blue ground, black braid edged with gold thread, gilded metal buttons in the form of a lotus, neck in the shape of a *ruyi* sceptre

Lined winter jacket, blue and orange lining with woven floral medallions and auspicious clouds
China, Qing dynasty (1644–1911), late 19th century
Baur Foundation, Maryse Bozonet donation, 2015, FB.DMB.2015.1

Veste d'un ensemble quotidien pour femme chinoise d'ethnie han
Soie bleue tissée de nuages de bon augure, de fleurs et de nœuds sans fin, sur fond bleu, galons noirs bordés de fils d'or, boutons de métal doré en forme de lotus, col en forme de sceptre *ruyi*

Veste doublée pour l'hiver, doublure bleu et orange avec médaillons floraux et nuages de bon augure tissés
Chine, dynastie Qing (1644-1911), fin du XIXe siècle
Fondation Baur, donation Maryse Bozonet, 2015, FB.DMB.2015.1

The occupation of Indochina by France contributed to the spread and assimilation of its local costume.[102] There the Chinese *qipao* tunic in particular was reinterpreted and worn over trousers: called *áo dài*, it is an everyday outfit composed of baggy trousers and a tunic buttoned at the side (*áo gấm*).[103] These clothes, inspired by those worn in China, were then usually referred to as clothes from "Annam".[104]

L'occupation de l'Indochine par la France participe à la diffusion et à l'assimilation du costume local[102]. Il existe une réinterprétation de la robe chinoise *qipao* notamment, qui se porte sur un pantalon : l'*áo dài*, ou une tenue quotidienne populaire composée d'un pantalon large et d'une tunique boutonnée sur le côté (*áo gấm*)[103]. Ces vêtements, inspirés par ceux portés dans le Céleste Empire, paraissent alors couramment représentés sous le terme d'habits d'« Annam[104] ».

Les laques des îles lointaines
Lacquer wares from distant isles

Two women are busy in front of a large folding screen adorned with cranes. The first is looking at a piece of Chinese jewellery, the second arranges a lotus plant in a bowl as though it were *ikebana* (生け花). The setting, accessories and clothes all denote the continent that transmitted to the West its love of lacquer wares. "You have introduced us to a marvel by ordering a lacquer [screen]. This material is so beautiful that, from the time when the first explorers brought back a few examples from the distant islands of Cipangū [*sic*] . . . Today we call it Japan. Ever since European artists were able to see the lacquer wares brought from there on Portuguese caravels, they have never ceased dreaming of imitating them . . . Their famous varnish was, therefore, along with certain faience wares from Delft, the first sign of the influence [on the West] of the civilisations of the Far East, an influence that, though of lesser importance than our own on those countries at a later time, was nonetheless very strong and has had, up until now, the advantage of not being lethal, as was the case for our influence on the Japanese, for example. – How so? The Japanese are not dead! – No, but their art is close to it. The Meiji era, or the 'period of new times', for them was morally the era of death. At the Exposition, they had a small gallery of knick-knacks that spoke eloquently of all this. And it must be said that, in order to maintain their freedom, the Japanese people lost their soul. From the moment they opened their ports to us, they were hopelessly struck down. The history of lacquer is just one of the many proofs of this. No artform more than this one requires the virtue that we lack: patience. In the past, the smallest lacquered object represented years of meticulous work. And, among the other evils that the Japanese have got from us, they have embraced the spirit of haste. More than fifty years ago, a ship with a cargo of lacquers of different periods sank.

Deux femmes sont affairées devant un grand paravent orné de grues. La première considère un bijou chinois, la seconde arrange des lotus dans une coupe, à la manière d'un *ikebana* (生け花). Le décor, les vêtements et les accessoires ramènent tous au continent qui nous a transmis son "goût des laques". «Vous nous avez mis sur la voie d'une merveille en demandant qu'il fût de laque [le paravent]. C'est une matière si belle que, depuis les temps où les premiers explorateurs en rapportèrent quelques modèles, des îles lointaines de Cipangū [*sic*]. . . [. . .] Nous disons aujourd'hui le Japon. Depuis que les artistes d'Europe purent voir les laques venus de là-bas, sur les caravelles portugaises, ils n'ont cessé de poursuivre le rêve de les imiter. [. . .] Leur vernis fameux était donc, avec certaines faïences de Delft, les premiers signes de l'influence des civilisations d'Extrême-Orient, influence qui, pour être moindre que celle qu'à notre tour nous avons exercée plus tard dans ces pays, n'en fut pas moins très forte et qui a eu, jusqu'ici, l'avantage de ne pas nous être mortelle, comme fut la nôtre pour les Japonais, par exemple. — Pourquoi ? les Japonais ne sont pas morts ! — Non, mais leur art est bien près de l'être. L'ère du Meiji ou des temps nouveaux est, moralement, pour eux l'ère de la mort. Ils avaient, à l'Exposition, une petite galerie de bibelots qui en dit long là-dessus. Et il faut constater que, pour sauver sa liberté, ce peuple a perdu son âme. Dès qu'il nous eut ouvert ses ports il fut frappé sans espoir. L'histoire du laque en est une des mille preuves. Nul art, plus que celui-ci, ne requiert cette vertu qui nous manque : la patience. Le moindre objet de laque représentait jadis des années de labeur minutieux. Et les Japonais nous ont pris, entre autres maux, l'esprit de hâte. Il y a plus de cinquante ans, un navire qui portait des laques de différentes époques sombra. Un an après on repêcha la cargaison. Tous les laques récents étaient complètement détruits, tous ceux qui dataient d'autrefois étaient restés intacts. La décadence n'a fait que s'accentuer[105].»

The fashion for lacquer, 1920
Printed plate, painted on paper
using a metal stencil
Paris, taken from the book
Le Bonheur du jour, ou les Grâces à la mode, 1924,
by George Barbier
The Stapleton Collection

«Le goût des laques», 1920
Planche peinte au pochoir
métallique sur papier
France, Paris, tirée de l'ouvrage
Le Bonheur du jour, ou les Grâces à la mode, 1924,
signée George Barbier
The Stapleton Collection

Pear-shaped monochrome vase
Porcelain with a deep blue glaze
China, Qing dynasty (1644–1911),
Xuande mark 宣德 (r. 1426–35),
c. 1720–40
Jiangxi Province,
Jingdezhen imperial kilns
Baur Foundation, acquired in 1944
through Tomita Kumasaku,
CB.CC.1944.327

Vase piriforme monochrome
Porcelaine à couverte bleu profond
Chine, dynastie Qing (1644-1911),
marque Xuande 宣德 (r. 1426-1435),
vers 1720-1740
Province du Jiangxi,
fours impériaux de Jingdezhen
Fondation Baur, acquis en 1944
auprès de Tomita Kumasaku,
CB.CC.1944.327

A year later the cargo was recovered. All the recent lacquer wares were completely destroyed, while all those that dated from the past had remained intact. [Since then] the decline has only become more marked."[105]

The clothing and millinery of the two women on the illustration of page 172 are composed of various materials, though they are clearly all richly embellished. Often, older fabrics were used as trimmings as much as they were for decorating the corsage, the waist, the edgings, the neck and other details.

"We have many times committed that sacrilege [the reuse of fabrics] for it seems that handbags, wallets, card-holders, etc., conspire to spoil the finest materials: cashmere shawls, Japanese silks, or mandarins' sleeve edgings, all have been used in the creation of all kinds of knick-knacks, just as the most precious Chinese ivories have been requisitioned to make elegant umbrella handles: it's almost a crime to consign these works of art to a such a deadly fate . . . ! They could have been used, if only for an hour, to adorn a woman and is that not the supreme ambition of art, to embellish beauty itself?"[106]

The reuse of materials is not exclusive to the West, of course. For example, in Japan kimonos were cut down or new ones were made from pieces of recycled material to clothe children.[107] It was thought that these materials, which had already been worn, had an aura that protected them. In the same way, the crane seen on the screen is a symbol of longevity that people also like to have about their person.

Divers textiles composent les tenues et la coiffure des deux jeunes femmes de l'estampe précédente. Il s'agit manifestement d'étoffes richement ornées. Souvent des coupons plus anciens étaient exploités aussi bien pour les garnitures que pour agrémenter le corsage, la taille, les bordures, l'encolure ou d'autres détails.

« On l'a commise bien des fois cette profanation [remploi de tissus], car il semble que sacs à main, portefeuilles, porte-cartes, etc., se liguent pour couper en tous sens les plus fins tissus : châles cachemires, soieries japonaises, ou bandes de manches de mandarins, tous sont mis à contribution pour fournir la matière de mille et mille bibelots, tout comme les ivoires chinois les plus précieux sont réquisitionnés pour servir de tête aux manches des encas élégants : c'est presque un meurtre d'exposer ces œuvres d'art à une chute… mortelle, mais bah ! elles auront servi, ne fût-ce qu'une heure, à parer une femme et n'est-ce point le but suprême de l'art : embellir la beauté elle-même[106] ? »

La récupération de textiles n'est pas une exception occidentale, bien sûr. Au Japon, par exemple, on retaillait les kimonos ou on en confectionnait de nouveaux à partir de coupons récupérés sur d'autres pièces pour vêtir les enfants[107]. On croyait que ces étoffes, qui avaient déjà été portées, possédaient une aura qui les protégerait. De même, la grue que l'on observe sur le paravent est un symbole de longévité que l'on aime aussi porter sur soi.

Wedding picture, the family
of the donor Sato Mariko
Black-and-white photograph
Japan, late Taishō era (1912–26)
Private collection

Photo de mariage, famille
de la donatrice Sato Mariko
Photographie noir et blanc
Japon, fin de l'ère Taishō (1912-1926)
Collection privée

One of the treasures offered to the Baur Foundation is a magnificent wedding kimono (ill. 19). Fortunately, the Foundation also received a photograph of the ceremony held in the Tōkyō Kaikan Imperial Hotel (帝国ホテル東京) in which we see the splendidly dressed bride beside her husband, surrounded by their families. The women all wear a *kuro-tomesode* (黒留袖) kimono in keeping with convention. The solemnity of this garment is indicated by the family crests on the shoulders and back, its dark colour, and the discretion of its decoration, which runs along the lower hem only. Most of the men, on the other hand, are wearing Western clothes – three-piece suits, a tie and patent leather shoes. Close examination of the photograph revealed, to our surprise, that the Baur Foundation museum also holds the kimono worn by the bride's mother (seated on the far right in the first row). It is simply decorated with cranes folded in origami fashion and embroidered with gold thread, and is the kimono shown here on the right.

Parmi les trésors offerts à la Fondation Baur, figure un magnifique kimono de mariage (ill. 19). Par chance, une photo de la cérémonie qui s'est déroulée au Tōkyō Kaikan Imperial Hotel (帝国ホテル東京), nous est également parvenue. On y voit la mariée, magnifiquement apprêtée, aux côtés de son époux avec leurs familles et proches sans doute. Les femmes portent toutes le *kuro-tomesode* (黒留袖), suivant le protocole. La solennité de ce vêtement est exprimée par les blasons familiaux, placés autour des épaules et dans le dos, sa couleur sombre, ainsi que la discrétion de son décor qui court sur sa partie inférieure. Les hommes, eux, ont en majorité cédé à la mode occidentale, arborant des costumes trois-pièces avec cravate et chaussures vernies. En observant ce cliché plus attentivement encore, nous avons découvert avec surprise que le musée possédait également le kimono de la mère de la mariée (assise au premier rang, tout à droite), simplement orné de grues pliées à la façon d'origami, brodées au fil d'or. Il s'agit justement de la pièce ci-contre.

Kuro-tomesode ceremonial kimono with a black ground
Bearing five *mon* family crests, dyed and painted, featuring two interlinked oak leaves surrounded by five *gokan kashiwa* metal handles
Ori-tsuru (折鶴) origami cranes, on a black ground
Chirimen silk crepe, dyed and embroidered with gold thread
Awase lined kimono for ceremonies, such as a wedding, worn by the bride's family, lining in white silk
To be worn with a lavish and reversible *maru obi* or a *fukuro obi* with a plain reverse
Japan, late Taishō era (1912–26)
Provenance Kyōto
Baur Foundation, Sato Mariko donation, FB.DS.2008.37

Kimono formel de cérémonie à fond noir *kuro-tomesode*
Avec cinq blasons familiaux *mon* teints et peints, représentant deux feuilles de chêne entrecroisées entourées de cinq poignées de métal *gokan kashiwa*
À motif de grues en origami *ori-tsuru* (折鶴), sur fond noir
Crêpe de soie *chirimen*, teint et brodé de fil d'or
Kimono doublé *awase* pour cérémonies, comme des mariages par exemple, pour les proches de la mariée, doublure de soie blanche à porter avec une ceinture de grand luxe *maru* ou à revers sans décor *fukuro*
Japon, fin de l'ère Taishō (1912-1926)
Provenance Kyōto
Fondation Baur, donation Sato Mariko, FB.DS.2008.37

Byōbu (屏風) six-panel screen
Scene of the Tatsuta River
in an autumn landscape
Signed Kanō Shōsen'in Tadanobu
狩野勝川院雅信 (1823–79),
Kanō School 狩野
Paint and gold leaf on silk over a
wooden frame with black lacquer
and brass appliques

Japan, Edo period (1600–1868),
19th century, probably made
for the Paris World Fair in 1867[108]
Baur Foundation, FB.PJ.1963.2

Paravent à six panneaux
byōbu (屏風)
Représentant la rivière Tatsuta
dans un paysage automnal
Signé Kanō Shōsen'in Tadanobu
狩野勝川院雅信 (1823-1879),
école Kanō 狩野
Peinture et feuilles d'or sur soie
tendue sur un châssis de bois, cadre
laqué noir et appliques de laiton

Japon, époque d'Edo (1600-1868),
XIXe siècle, probablement réalisé
pour l'Exposition universelle
de Paris en 1867[108]
Fondation Baur, FB.PJ.1963.2

Young girl's kimono worn during the *shichi-go-san* celebration held on her seventh birthday
Bearing five *mon* family crests, featuring a Japanese quince flower (*Chaenomeles japonica*) in a *maru mokka* (丸木瓜紋) circle
Cranes flying over the sea and auspicious boats, on a gradated black and orange ground
Chirimen silk crepe, dyed, painted and repainted in colours and gold, speckled with gold
Awase lined kimono, the lining is made of the same material as the outer layer, also dyed, painted and speckled with gold; with red *momi* colour for the sleeves
To be worn with a specific *obi* meant for children
Japan, Shōwa era (1926–89)
Provenance Tōkyō
Baur Foundation, Sugawara Keiko donation, FB.DSK.2015.42

Kimono de fillette pour les festivités du Shichi-go-san, pour une jeune fille qui célèbre ses sept ans
Avec cinq blasons familiaux *mon*, représentant une fleur de cognassier du Japon (*Chaenomeles japonica*), contenue dans un cercle *maru mokka* (丸木瓜紋)
À motif de grues en vol au-dessus de la mer et de bateaux porte-bonheur, sur fond dégradé noir et orange
Crêpe de soie *chirimen* teint, peint et repeint de couleurs et à l'or, avec pailletage d'or
Kimono doublé *awase*, doublure du même tissu qu'à l'extérieur et rouge *momi* dans les manches, à porter avec une ceinture spéciale destinée aux enfants
Japon, ère Shōwa (1926-1989)
Provenance Tōkyō
Fondation Baur, donation Sugawara Keiko, FB.DSK.2015.42

Lavish and reversible
maru obi
Cranes holding a pine branch in their beak, arranged in medallions, on an *akane* (茜) red ground
Silk woven with waves or *tate-waku* (立涌) stylised mesh, in matching tones, and gold thread
To be worn with a young girl's *furisode* and *awase* lined kimono, for the winter season
Japan, Shōwa era (1926–89), post-war
Provenance Tōkyō
Baur Foundation, Sugawara Keiko donation, FB.DSK.2015.41

Ceinture de grand luxe et réversible *maru*
Grues pinçant une branche de pin dans le bec, arrangées en médaillons, sur fond rouge *akane* (茜)
Soie tissée de vagues ou mailles de filet stylisées *tate-waku* (立涌), ton sur ton, et de fil d'or
Pour porter avec un kimono de jeune fille *furisode* et doublé *awase*, pour la saison hivernale
Japon, ère Shōwa (1926-1989), après-guerre
Provenance Tōkyō
Fondation Baur, donation Sugawara Keiko, FB.DSK.2015.41

La Chine de passage à Paris
China passing through Paris

When it came to fashion, the whole of Asia was invited to Paris. In the pages of the fashion magazines there were a slew of advertisements vaunting perfumes, handbags, sunshades, hats, wallpaper, textiles, furniture, jewellery and other accessories linked in some manner to the East. Similarly, authors naturally made themselves the relay for this omnipresent trend. "China is a delightful country situated for the moment at 0° longitude and 48°50 North latitude, in a small street in the [Parisian] Opéra district . . . To come back to China, the first trip I made there was when I was nine or ten years old, it was in an illustrated edition of *Aladdin and His Magic Lamp*. I got to know a Chinaman with huge, crescent-shaped moustaches, like the Turks, and friendly Chinese women in dresses with panniers. My memory, which has not altered since the impression I got on my first visit, represents China as an entertaining country certainly, but devilishly chimerical and as false as a token. When, the other day, I learned that China was passing through Paris, and that at Rodier's, at the address I gave just above, I can relive it in flesh and blood – I mean in wool and silk – I let out a cry of joy. Lovers, happy lovers, do you want to go to Peking?, I wondered. Whether in the pleats of one of those 'Panécla' coats from Tchian-Chan, or in Perllaine with Chinese inlays, or perhaps those cloquellas from Delhi and the Kioto [*sic*] crepes, which will oblige you to make a detour via India and Japan . . . Those clokys, those tchina crepes, I see them in advance drape themselves over the busts of our lady friends. And I thought I saw the enormous shadow of spectacle-wearing mandarins or bearded monks lengthen behind them. Among these fabrics woven with poetry I saw the soul being revived of Li-Tai-Pō, the distant brother of Verlaine. And, as for me, I felt myself become Tou-Fou [a famous poet

Avec la mode, c'est toute l'Asie qui s'invite à Paris. Dans les pages des magazines, on relève un très grand nombre de publicités vantant parfums, sacs à main, ombrelles, chapeaux, papiers peints, textiles, mobilier, bijoux ou autres accessoires en lien avec l'Orient. Aussi les auteurs se font-ils naturellement le relais de cette tendance, omniprésente. « La Chine est un pays charmant situé pour l'instant par 0° de longitude et 48°50 de latitude Nord, dans une petite rue du quartier de l'Opéra. [. . .] Pour en revenir à la Chine, le premier voyage que j'y fis, j'avais neuf ou dix ans, ce fut dans une édition illustrée d'*Aladin ou la Lampe merveilleuse*. J'y fis la connaissance d'un Chinois à grosses moustaches effilées en croissant, tout pareil à des Turcs, et d'aimables Chinoises en robes à paniers. Ma mémoire, demeurée sur l'impression de ce premier séjour, me représentait la Chine comme un pays amusant certes, mais chimérique en diable et faux comme un jeton. Lorsque l'autre jour j'appris que la Chine était de passage à Paris, et que, chez Rodier, à l'adresse que j'indiquais tout à l'heure, je la revis en chair et en os – je veux dire en laine et en soie – je ne pus retenir un cri d'admiration. Amants, heureux amants, voulez-vous aller à Pékin ? pensais-je. Que ce soit dans les plis d'un de ces manteaux panécla de Tchian-Chan, ou de Perllaine aux incrustations chinoises, ou bien encore de ces cloquellas de Dehli et de ces crêpes Kioto [*sic*] qui vous feront faire un crochet par l'Inde et par le Japon. . . Ces clockys, ces crêpes tchina, par avance je les voyais se draper sur le buste de nos amies. Et il me semblait voir s'allonger derrière elles l'ombre démesurée de mandarins à lunettes ou de bonzes barbicoles. Je voyais, d'entre ces étoffes tissées de poésie, ressusciter l'âme de Li-Tai-Pō, ce frère lointain de Verlaine. Et moi-même je me sentais devenir Tou-Fou ; ce qui peut-être ne me changeait guère[109]. . . »

Smoke, evening dress by Beer
Printed plate, painted on paper using a metal stencil
Paris, *Gazette du bon ton*, yearbook 1921, no. 1, pl. 8,
by George Barbier
Bibliothèque nationale de France, Paris

« Fumée, robe du soir de Beer »
Planche peinte au pochoir métallique sur papier
France, Paris, *Gazette du bon ton*, année 1921, n° 1, pl. 8,
signée George Barbier
Bibliothèque nationale de France, Paris

GEORGE BARBIER 1921

FUMÉE

ROBE DU SOIR, DE BEER

Furisode kimono for a young girl with short *ko* sleeves
Plum blossom (*Prunus mume*), pine needles and *prunus* flowers woven into the fabric, on a tobacco brown ground
Chirimen silk crepe, dyed, painted and worked in places with false *shibori*
Awase lined kimono for the winter season or early spring, light-brown lining and red *momi* colour for the sleeves, to be worn with a lavish and reversible *maru obi*, with a *fukuro obi* with a plain reverse, or an *obi* decorated with *tsuzure* tapestrywork
Japan, late Taishō era (1912–26) or early Shōwa era (1926–89)
Provenance Kyōto
Baur Foundation, Sato Mariko donation, FB.DS.2008.18

Kimono de jeune fille *furisode* à manches courtes *ko*
À décor de prunus (*Prunus mume*) en fleur, aiguilles de pins et fleurs de prunus prises dans le tissage sur fond de couleur havane
Crêpe de soie *chirimen* teint, peint et travaillé par endroits en faux *shibori*
Kimono doublé *awase* pour la saison hivernale ou le début du printemps, doublure brun pâle et rouge *momi*, à porter avec une ceinture de grand luxe *maru*, à revers sans décor *fukuro* ou un obi à décor en tapisserie *tsuzure*
Japon, fin de l'ère Taishō (1912-1926), ou début Shōwa (1926-1989)
Provenance Kyōto
Fondation Baur, donation Sato Mariko, FB.DS.2008.18

and a pun meaning 'crazy' in French], which perhaps brought no change to me at all . . ."[109]

Decorators also got in step with the trend. They of course adapted to the demands of a clientele looking for something new and designed interiors that included exotic furniture and hangings, as can be seen in the many photographs in the magazines. Besides Paul Poiret, there were many creators who busied themselves with "Oriental style", including a certain M. Hartmann, whose shop window was tantalising.

"Chinese art – Chinese lacquers and Eastern fabrics are so fashionable that many housewives wish to have a Chinese living room or boudoir. No-one better than M. Hartmann, the famous decorator, has understood how much there is to draw on in the arts of the Far East, and if you wish to be convinced of this, then visit his premises at 83, boulevard Haussmann."[110] We note, however, that the designs of this interior decorator once again amalgamated China and Japan, to which he added his own creations.

Les décorateurs également se mettent au diapason. Ils suivent bien évidemment la demande d'une clientèle en quête de renouveau et conçoivent des intérieurs au mobilier et tentures exotiques, dont de nombreuses photographies peuvent être consultées dans les magazines. Hormis Poiret, il existe d'autres créateurs qui se préoccupent de l'aménagement «façon orientale», dont un certain M. Hartmann à la devanture de boutique alléchante.

«L'art chinois – Les laques chinois et les étoffes orientales sont tellement à la mode que beaucoup de maîtresses de maison désirent avoir un salon ou un boudoir chinois. Personne mieux que M. Hartmann, le grand décorateur, n'a compris tout le parti qu'on pouvait tirer des arts d'Extrême-Orient et c'est s'en convaincre que de visiter ses installations du 83, boulevard Haussmann[110].» On constate alors que les propositions de l'architecte mélangent, une fois encore, la Chine et le Japon, indifféremment, auxquels s'ajoutent bien des inventions personnelles.

Fukuro obi with a plain reverse
Camellia flowers, on a white ground
White silk woven with raised flowers
using the *fukure-ori* (膨れ織り)
technique and silver thread
to create the shadows
To be worn all year round for
important outings
Japan, Shōwa era (1926–89)
Provenance Tōkyō
Baur Foundation, Sugawara Keiko
donation, FB.DSK.2015.15

Ceinture à revers sans décor *fukuro*
Motif de fleurs de camélias,
sur fond blanc
Soie blanche tissée de fleurs en relief
selon la technique *fukure-ori*
(膨れ織り) et de fil d'argent
pour rendre les ombres
Pour porter toute l'année lors
de sorties importantes
Japon, ère Shōwa (1926-1989)
Provenance Tōkyō
Fondation Baur, donation Sugawara
Keiko, FB.DSK.2015.15

It was this artificial world that George Barbier wished to expose in his illustration, in which the furniture and wallpaper reflect these chinoiseries precisely. The people of Paris seemed to prefer a totally imaginary Asia that gratified their wildest dreams. The evening dress by Beer is made from a springtime fabric covered with *prunus* blossom; the following quotation describes it and its wearer almost to perfection. "It is completely natural that elegant indoor dresses suggest remote times when women lived a cloistered life . . . This silk Japanese dress is not a 'yellow peril' but a 'black peril' and is no less dreadful for that, being irresistible . . . !"[111]

Due to the fact that they are difficult to maintain in good condition, in Japan white sashes are considered luxury items.

C'est tout ce monde artificiel que l'illustrateur se plaît à décrire ci-dessus où mobilier et papier peint reflètent parfaitement ces chinoiseries. Les Parisiens semblent préférer, de loin, une Asie imaginée de toutes pièces qui comble leurs rêves les plus fous. La robe du soir présentée par Beer est coupée dans une étoffe printanière couverte de fleurs de prunus et dont la description ci-après pourrait presque lui correspondre. « Il est tout à fait naturel que les robes d'intérieur élégantes évoquent les temps lointains où les femmes vivaient recluses [...]. Ce modèle japonais en soie n'est pas un "péril jaune", mais un "péril noir" et n'en est pas moins terrible pour cela, étant irrésistible[111] ! [...] »

Au Japon, les ceintures de couleur blanche, très délicates à l'entretien, sont considérées comme extrêmement luxueuses.

"Sauteuse" commode with lacquer panels, transition period Louis XV (r. 1715–74) or Louis XVI (r. 1774–92) and detail of the decoration on the drawers
Chinese landscapes painted in black, silver and gold on a red ground
Lacquered oak, with bronze mounts and a marble "Alep" top (actually Alette, near Marseilles)

Stamped "Dusautoy" beneath the marble, probably 18th century[112]
Baur Foundation, CB.M.1962.1

Commode dite « sauteuse » à panneaux de transition Louis XV (r. 1715-1774) ou Louis XVI (r. 1774-1792) et détail du décor des tiroirs
Paysages chinois peints en noir, argent et or sur fond rouge
Chêne laqué, enrichi de bronzes ciselés avec un plateau en marbre dit « d'Alep » (en fait Alette, près de Marseille)

Estampille « Dusautoy » sous le marbre, XVIIIe siècle probablement[112]
Fondation Baur, CB.M.1962.1

The principal scene on this commode is amusing. A man and a woman in front of a Chinese pavilion are being offered a piece of fabric by a young vendor oddly attired in a turban, a tunic with large Asiatic sleeves, puffed breeches and shoes with European buckles. On the left, a parrot observes the scene while, on the right, an extraordinary egg has leaves growing out of it. This commode is a fine example of chinoiserie, very much in the taste of Westerners of the 18th century. Today it is a permanent feature of the Baur Foundation's furnishings.

Le décor principal de ce meuble offre une scène assez amusante. Sis devant un pavillon chinois, un homme et une femme se font proposer une pièce d'étoffe par un jeune marchand. Ce dernier est étrangement accoutré, coiffé d'un turban, vêtu d'une tunique à larges manches de style asiatique, de culottes bouffantes, collants blancs et chaussures à boucles européens. Sur la gauche, un perroquet les observe, tandis que, sur la droite, on découvre un œuf fantastique d'où pousse du feuillage. Il s'agit d'un très bel exemple de chinoiserie, comme les Occidentaux les aimaient tant et qui appartient aussi au décor permanent des salles de la Fondation Baur.

LA PREMIERE IMPRUDENCE

ROBE DU SOIR, DE BEER

Une séduction tout orientale
A very Oriental attraction

The idea that the spirit of China was expressed through jade was abundantly put forward in European fashion magazines for women. This stone, which had until then been unjustly ignored in the West, became omnipresent in the colour of fabrics, in jewellery and in ornaments used to match clothing. "The Great Wall of China, the Tartars, mandarins with their differently coloured hat beads, a whole variety of picturesque and lacquered mongoleries, a pattern of pointed pagodas, fabrics embroidered with dragons, and an infinite variety of jades, there we have a splendid bazaar . . . spreading across the West . . . All these exports are highly attractive, but we would so much more love to actually visit these places where the colours and forms have their origin! So let's go to Shanghai . . . to the magnificent residences of rich Asians. Those lucky enough to enter will admire astonishing treasures, tapestries, furniture in the most refined style, statues, strange paintings and above all those marvellous jade trinkets that are one of the purest forms of Chinese art, as jade is one of the most precious materials on Earth. It makes possible the creation of fascinating jewels whose primary value may not equal that of expensive gems, diamonds, emeralds or rubies, but whose glints, inner life – in a word, its soul – are much more evocative, much more stirring. In Europe, jade was long thought of as a second-class stone. However, the more the Middle Empire is analysed, the more we have come to appreciate this stone in which the whole range of greens is seen and that gives the skin it adorns a strange elegance and renders it ever so slightly immaterial . . ."[113] Like an echo of these fine words, the women of fashion adorned themselves in jade, whether in the form of jewellery or in their accessories, as well as in the colour of their clothes, and, once again, it was George Barbier who illustrated this trend.

L'idée que l'âme chinoise s'exprime à travers le jade se trouve abondamment relayée dans les lectures des femmes européennes. On retrouve dès lors cette pierre, que l'on avait jusque-là injustement écartée, omniprésente dans la couleur des tissus, dans les bijoux ou les ornements qui accompagnent les toilettes. « La muraille de Chine, les Tartares, les mandarins à boutons de diverses couleurs et toute une Mongolerie pittoresque et laquée, un semis de pagodes pointues, d'étoffes brodées de dragons et encore une infinie variété de jades, voilà tout un bazar merveilleux [. . .] qui se répand sur l'Occident [. . .]. Que toutes ces exportations sont donc séduisantes, mais combien davantage il nous plairait d'aller vers les lieux mêmes où se développent naturellement ces couleurs et ces formes. Allons donc à Shanghai [. . .] [dans] les somptueuses demeures des riches Asiatiques. Ceux qui peuvent [y] pénétrer admirent d'étonnantes richesses, des tapisseries, des meubles du plus haut style, des statues, d'étranges peintures et surtout ces merveilleux bibelots de jade qui constituent une des plus pures créations de l'art chinois, car le jade est l'une des plus riches matières qui soient. Il permet de créer des bijoux fascinants dont la valeur première n'approche peut-être pas celle des gemmes de prix, diamants, émeraudes ou rubis, mais dont les reflets, la vie interne, l'âme en un mot sont combien plus évocateurs, combien plus émouvants. Le jade fut trop longtemps regardé en Europe comme une pierre de deuxième ordre. Au fur et à mesure que l'on analyse l'Empire du Milieu, on se prend à aimer davantage la pierre où se reflète toute la gamme des verts et qui donne à la chair qu'elle pare un aspect d'élégance étrange et tant soit peu immatérielle[113] [. . .]. » Comme en écho à ces belles paroles, les belles se parent alors de jade, dans leurs bijoux ou accessoires, jusqu'à la couleur même de leurs robes et, une fois encore, c'est George Barbier qui retranscrit ici cette tendance.

The first indiscretion, evening dress by Beer
Printed plate, painted on paper using a metal stencil
Paris, *Gazette du bon ton*, yearbook 1921, no. 2, pl. 15, by George Barbier
Bibliothèque nationale de France, Paris

« La première imprudence, robe du soir, de Beer »
Planche peinte au pochoir métallique sur papier
France, Paris, *Gazette du bon ton*, année 1921, n° 2, pl. 15, signée George Barbier
Bibliothèque nationale de France, Paris

Pingfeng four-panel folding screen
Flowers and birds on one side,
dragons among clouds on the other
(see the reverse on p. 170)
"Coromandel" painted lacquer inlaid
with mother-of-pearl, ivory
and various stones
China, Qing dynasty (1644–1911),
probably Kangxi era (r. 1662–1722)
Baur Foundation, acquired in 1924
through Gustave Loup, FB.MD.1924.3

Paravent à quatre panneaux
pingfeng
Motif de fleurs et oiseaux d'un côté,
et de dragons parmi des nuages,
de l'autre, voir revers (p. 170)
Laque peinte à façon « de
Coromandel », incrustée de nacre,
d'ivoire et de diverses pierres dures
Chine, dynastie Qing (1644-1911),
époque Kangxi (r. 1662-1722),
probablement
Fondation Baur, acquis en 1924
auprès de Gustave Loup,
FB.MD.1924.3

Sparrow
Jadeite
China, Qing dynasty (1644–1911), 19th century
Baur Foundation, probably acquired during the 1920s through Gustave Loup, CB.JC.1964.147

Passereau
Jadéite
Chine, dynastie Qing (1644-1911), XIXe siècle
Fondation Baur, probablement acquis dans les années 1920 auprès de Gustave Loup, CB.JC.1964.147

Wanxiu sleeve edgings, each taken from a pair
Butterflies fluttering among flowers, respectively on a yellow and ivory ground
Coloured silk thread embroidered on satin
China, Qing dynasty (1644–1911), 19th century
Baur Foundation, acquired during the 1920s through Gustave Loup, FB.TC.1964.86, 74 and 83

Bordures de manches *wanxiu*, issues de paires
Motifs de papillons voletant parmi des fleurs diverses, sur fond jaune et ivoire
Fils de soie multicolores brodés sur fond de satin
Chine, dynastie Qing (1644-1911), XIXe siècle
Fondation Baur, acquises dans les années 1920 auprès de Gustave Loup, FB.TC.1964.86, 74 et 83

Formal kimono with an *iro-tomesode* (色留袖) coloured ground
Bearing five painted *mon* family crests, featuring a *sagari-fuji* (下り籐) cluster of wisteria flowers
Decorated peonies and autumnal foliage, on an olive-green ground
Chirimen silk crepe, dyed and painted with colours, gold and silver, and embroidered with gold thread
Awase lined kimono for the winter season, lining made of the same fabric as the outer face, also dyed, painted and embroidered; and red *momi* colour for the sleeves, weighted so it hangs better, to be worn with a lavish and reversible *maru obi* or a *fukuro obi* with a plain reverse, perhaps with gold
Japan, late Taishō era (1912–26) or early Shōwa era (1926–89)
Provenance Tōkyō
Baur Foundation, Sugawara Keiko donation, FB.DSK.2015.32

This kimono belonged to Jorge Donn (1947–92), an Argentinian dancer who joined the ballet directed by Maurice Béjart (1927–2007) in 1963.

Kimono formel de couleur *iro-tomesode* (色留袖)
Avec cinq blasons familiaux *mon* peints, représentant une grappe de glycine suspendue *sagari-fuji* (下り籐)
Motif de pivoines et de feuillage automnal, sur fond vert olive
Crêpe de soie *chirimen* teint, peint de couleurs, d'or et d'argent, et brodé au fil d'or
Kimono doublé *awase* pour la saison hivernale, doublure du même tissu et rouge *momi*, lesté pour une meilleure tenue, à porter avec une ceinture de grand luxe *maru* ou à revers sans décor *fukuro*, peut-être même avec de l'or
Japon, fin de l'ère Taishō (1912-1926), ou début Shōwa (1926-1989)
Provenance Tōkyō
Fondation Baur, donation Sugawara Keiko, FB.DSK.2015.32

Ce vêtement fait partie des pièces rapportées de la donation, il avait appartenu à Jorge Donn (1947-1992), danseur argentin ayant rejoint le ballet de Maurice Béjart (1927-2007) en 1963.

Hōmongi visiting kimono
Bearing three dyed *mon* family crests, featuring two intertwined oak leaves surrounded by five *gokan kashiwa* metal handles
With a rare "patchwork" decoration of *kuri* (栗) chestnuts, on a black ground, with a few fine lines in gold and silver thread, as if woven into the fabric

Chirimen silk crepe, dyed, painted and embroidered with colours and gold thread
Awase lined kimono for the winter season, beige lining and red *momi* colour for the sleeves, to be worn with a lavish and reversible *maru obi* or a *fukuro obi* with a plain reverse
Japan, late Taishō era (1912–26)
Provenance Kyōto
Baur Foundation, Sato Mariko donation, FB.DS.2008.1

Kimono de visite *hōmongi*
Avec trois blasons familiaux *mon* teints, représentant deux feuilles de chêne entrecroisées entourées de cinq poignées de métal *gokan kashiwa*
À décor rare de châtaignes *kuri* (栗) façon « patchwork », sur fond noir, quelques lignes fines, réalisées aux fils d'or et d'argent, sont comme prises dans le tissage

Crêpe de soie *chirimen*, teint, peint, brodé de couleurs et de fil d'or
Kimono doublé *awase* pour la saison hivernale, doublure beige et rouge *momi* pour les manches, à porter avec une ceinture de grand luxe *maru* ou à revers sans décor *fukuro*
Japon, fin de l'ère Taishō (1912-1926)
Provenance Kyōto
Fondation Baur, donation Sato Mariko, FB.DS.2008.1

PENSE-T-IL A MOI ?

ROBE, DE PAUL POIRET

Vivre le kimono comme une expérience de métempsycose
The kimono as a vehicle for metempsychosis

In the Paris fashion world of the 1920s, the kimono created a place all of its own. Paul Poiret, who wished to liberate women's bodies from the strictures of a corset, admired its qualities. The lines and looseness of the kimono clearly offered particular benefits: comfort, elegance and, above all, a touch of much appreciated exoticism. "The women of Paris have recently shown great fondness for the straight robes of Asian and Egyptian origin, lavishly colourful and simple in cut. Tunics, kimonos and gandouras have never been so fashionable, not only in the street but also in the home and even at afternoon parties."[114] However, for Westerners this attire, worn for centuries by women on the other side of the world, had much greater significance. They allowed their wearers to slip into another character, and to imagine themselves in a different life. This need for escapism was equally apparent in the outfits designed for daytime wear, and perhaps more intensely displayed in ensembles worn at costume balls. "At masked balls, you can experience the charms of the great seductresses of the past. The costume ball is the opportunity to try out metempsychosis."[115] Thus, the wearing of a kimono, tunic or dress induced a flight of fancy in itself. "There is no-one of curiosity, no mortal avid for knowledge, who has not wished to know the thoughts or feelings of another".[116] "By leading multiple lives, you succeed in multiplying your own", added another author.[117]

It is clear that this dress by Poiret has much in common with the kimono – its flowing form to begin with and its overlapping opening at the front, edged in white. Although the tasselled cord around the waist is more Chinese than Japanese, its turquoise colour that contrasts with the predominantly dark fabric is suggestive of the combinations of colour that were much appreciated in Japan. The motif of small flowers that dot the dress is often found on Japanese textiles. Lastly, the very wide sleeves were referred to in Europe at that time as "pagoda sleeves" or "kimono sleeves".[118]

Dans l'univers de la mode parisienne des Années folles, le kimono se ménage une place à part. Paul Poiret, qui désirait libérer le corps de la femme de son corset, lui trouvait bien des qualités. Il va de soi que la ligne et l'amplitude de ce vêtement offraient de nombreux avantages : confort, élégance, mais surtout cette petite touche d'exotisme qu'on aimait tant. « La Parisienne a récemment montré beaucoup de goût pour la robe droite d'origine asiatique ou égyptienne, robe somptueuse de couleurs, mais de coupe simple. Les tuniques, les kimonos et les gandourahs n'ont jamais été plus à la mode que maintenant dans la rue aussi bien que dans la maison et même dans les fêtes de l'après-midi[114]. » Toutefois, ces atours, portés depuis des siècles par des femmes vivant à l'autre bout du monde, signifiaient bien plus encore. Ils permettaient de se glisser dans la peau d'une autre, de rêver et de s'imaginer une vie nouvelle. Cet impérieux désir de changement est aussi bien visible au quotidien, à travers les créations proposées par les couturiers, mais il est aussi intensément vécu lors de soirées costumées. « Dans les bals masqués, on peut incarner les séductions des grandes coquettes du passé. Le bal costumé est une occasion d'expérimenter la métempsycose[115]. » Ainsi, porter un kimono, une tunique ou une robe qui s'en inspire est un voyage en soi. « Il n'est pas un être curieux, pas une nature avide de savoir qui n'ait désiré connaître les pensées et les impressions d'une étrangère[116]. » « À mener des vies multiples on arrive à multiplier sa vie[117] », ajoute un autre auteur.

Il est évident que cette robe de Poiret présente de nombreux aspects empruntés au kimono. On reconnaît sa forme souple tout d'abord, ainsi qu'une ouverture croisée sur le devant, bordée de blanc. Même si la cordelette à pompons qui enserre la taille est plus chinoise que japonaise, sa couleur turquoise qui tranche avec le textile à fond sombre rappelle les associations de teintes très appréciées au Pays du Soleil levant. Le motif de petites fleurs qui constelle l'ensemble de la toilette se retrouve fréquemment sur les textiles nippons. Enfin, les manches, très larges, sont alors couramment désignées en Europe par les termes de « manches pagodes » ou « manches kimonos[118] ».

Is he thinking of me? Dress by Paul Poiret
Printed plate, painted on paper using a metal stencil
Paris, *Gazette du bon ton*, yearbook 1921, no. 5, pl. 58,
by André Édouard Marty (1882–1974)
Bibliothèque d'art et d'archéologie des Musées d'art et d'histoire, Ville de Genève

« Pense-t-il à moi ? Robe de Paul Poiret »
Planche peinte au pochoir métallique sur papier
France, Paris, *Gazette du bon ton*, année 1921, n° 5, pl. 58, signée André Édouard Marty (1882-1974)
Bibliothèque d'art et d'archéologie des Musées d'art et d'histoire, Ville de Genève

Informal *komon* kimono decorated with small repeated motifs
Leaves falling from a tree in autumn, on a green ground
Chirimen silk crepe, with a *rōketsuzome* (ろうけつ染め – technique similar to Indonesian batik) resist-dyed and painted decoration
Awase lined kimono for the winter season, beige lining and red *momi* colour, to be worn with a red, beige or rust-coloured, narrow-ended *Nagoya obi*
Japan, late Taishō era (1912–26) or early Shōwa era (1926–89)
Provenance Kyōto
Baur Foundation, Sato Mariko donation, FB.DS.2008.93

Kimono informel à petits motifs répétés *komon*
Arbre dont les feuilles tombent à l'automne, sur fond vert
Crêpe de soie *chirimen*, décor teint à réserve *rōketsuzome* (ろうけつ染め – technique avoisinant celle du batik indonésien) et peint
Kimono doublé *awase* pour la saison hivernale, doublure beige et rouge *momi*, à porter avec un obi à extrémité rétrécie Nagoya de couleur rouge, beige ou rouille
Japon, fin de l'ère Taishō (1912-1926), ou début Shōwa (1926-1989)
Provenance Kyōto
Fondation Baur, donation Sato Mariko, FB.DS.2008.93

Tsumugi everyday kimono
from the island of Ōshima
Stylised chrysanthemums woven directly into the fabric, on a pale ground
Tsumugi raw silk, woven with dark blue thread, dyed before weaving in keeping with the technique used on the island of Ōshima
Awase lined kimono for the winter season, chestnut-coloured lining, for lesser outings
To be worn with a soft and brightly coloured *obi*, perhaps with a flower motif
Japan, middle of the Shōwa era (1926–89)
Provenance Tōkyō
Baur Foundation, Sugawara Keiko donation, FB.DSK.2015.9

Kimono quotidien *tsumugi*
de l'île d'Ōshima
À motif de chrysanthèmes stylisés, pris dans le tissage, sur fond clair
Soie grège *tsumugi*, tissée de fils bleu foncé, teints avant le tissage selon la technique de l'île d'Ōshima
Kimono doublé *awase* pour la saison hivernale, doublure brun châtaigne, pour de petites sorties, à porter avec un obi souple, de couleur vive et motif de fleurs par exemple
Japon, milieu de l'ère Shōwa (1926-1989)
Provenance Tōkyō
Fondation Baur, donation Sugawara Keiko, FB.DSK.2015.9

Un monde de couleurs
A world of colours

"The sight of outdoor gatherings in Paris has changed entirely during the last few seasons. In the elegant assemblies at our recent summer events, the black contingent was represented by the male guests, while the women appeared like beautiful flowers in all the colours of the rainbow . . . If a woman seems to embody the *nec plus ultra* of chic, she will almost inevitably be dressed in black, with a long and graceful silhouette . . ."[119] This "beauty" proudly poses in front of a Chinese screen embroidered with a phoenix with spread wings.[120] Her dark, flowing dress, gathered in the corsage, is embellished with large blue flowers and assorted accessories.[121] Her short hair is tied with a headband adorned with a butterfly. Around her waist is a knotted sash. Her jewels are a cabochon ring and a jade "slave bracelet".[122] The various combinations of bright contrasting colours, mixing red with shades of blue, pink, orange and yellow, were also seen in kimonos of the period, as well as in new outfits. An interesting note is that George Barbier had begun his career as a costume designer for the Ballets russes.[123] This ballet company's productions were all the rage for the vivid colours of their costumes. The juxtaposition of pure and bold colours coming from Asia was undoubtedly a measure of modernity, even though black made regular returns to the scene.

« L'aspect des réunions de plein air, à Paris, a changé du tout au tout ces dernières saisons. Dans les assemblées élégantes de nos fêtes d'été de naguère, le noir était représenté par les invités masculins, tandis que les femmes semblaient parmi eux, de belles fleurs vivantes, de toutes les couleurs de l'arc-en-ciel. [...] mais aujourd'hui si une femme vous semble incarner le nec plus ultra du chic, elle sera presque à coup sûr tout de noir habillée, longue et svelte silhouette[119]. » Cette « belle dame » pose fièrement devant un écran chinois brodé d'un phénix aux ailes déployées[120]. Sa robe sombre et souple, froncée sur le corsage, est rehaussée de grosses fleurs bleues et d'accessoires assortis[121]. Sur ses cheveux portés courts, un bandeau est paré d'un papillon. Une ceinture ornée de nœuds marque sa taille. Ses bijoux consistent en une bague cabochon et un bracelet de jade de forme « esclave[122] ». Les associations de couleurs vives qui s'opposent, mêlant du rouge à différentes tonalités de bleu, au rose, orange et jaune, se retrouvent couramment dans la composition de kimonos contemporains, ainsi que des tenues inédites imaginées par les créateurs. Il est intéressant de relever que George Barbier avait commencé sa carrière comme dessinateur de costumes pour les Ballets russes[123]. Ces spectacles faisaient alors fureur à Paris pour la vision des couleurs flamboyantes qu'ils apportaient. Cette juxtaposition de teintes franches et osées en provenance d'Asie est, à n'en pas douter, gage de modernité, même si le noir fait des retours réguliers.

The pitiless beauty, evening dress by Worth
Printed plate, painted on paper using a metal stencil
Paris, *Gazette du bon ton*, yearbook 1921, no. 6, pl. 47,
by George Barbier
Bibliothèque d'art et d'archéologie des Musées d'art et d'histoire, Ville de Genève

« La belle dame sans merci, robe du soir de Worth »
Planche peinte au pochoir métallique sur papier
France, Paris, *Gazette du bon ton*, année 1921, n° 6, pl. 47,
signée George Barbier
Bibliothèque d'art et d'archéologie des Musées d'art et d'histoire, Ville de Genève

LA BELLE DAME *SANS* MERCI

ROBE DU SOIR, DE WORTH

Furisode kimono for a young girl
with mid-length *chū* sleeves
Yuri (百合) lily flowers,
on a light ground with pink spots
Silk crepe, dyed and painted with
colours, with gold highlights
For lesser outings
Hitoe simple *usumono* kimono
for summer wear, to be worn with
a *nagajuban* under-kimono
and *natsu* summer *obi*

Japan, early Shōwa era (1926–89)
Provenance Tōkyō
Baur Foundation, Sugawara Keiko
donation, FB.DSK.2015.5

Kimono de jeune fille *furisode* à
manches de longueur moyenne *chū*
À motif de fleurs de lys *yuri* (百合),
sur fond clair taché de rose
Crêpe de soie teint, peint en
couleurs avec rehauts d'or
Pour les petites sorties
Kimono simple *hitoe* et léger
pour l'été *usumono*, à porter
avec un sous-kimono *nagajuban*
et un obi d'été *natsu*

Japon, début de l'ère
Shōwa (1926-1989)
Provenance Tōkyō
Fondation Baur, donation
Sugawara Keiko, FB.DSK.2015.5

The silk was first dyed with the pink patches, with the exception of the placements of the flowers, which were protected by a resistant material. The yellow lilies were later painted in the areas that had been left undyed. The stems and leaves were painted with a small brush and required the same skills as those of a calligrapher: agile movements of the hand, precise control of the quantity of ink mixed in the water, and control of its absorption by the fabric. Gold was used to bring out details in the pistils and the ribbing in the leaves. In Japan it is popularly believed that lilies can banish the pains of an unhappy love affair, but their name can also be understood to mean "much harmony".[124] This motif is therefore perfectly suited to a young girl.

La soie a tout d'abord été teinte, ponctuée de taches roses, dont certaines parties, plus tard destinées à accueillir les fleurs, étaient protégées d'une matière résistante. Les lys ont été ajoutés ensuite, peints en jaune dans les espaces ainsi délimités. Le travail des tiges et des feuilles, réalisé au pinceau, en appelle à la maîtrise de la calligraphie. On y reconnaît un geste d'exécution preste, ainsi qu'un dosage extrêmement précis de la quantité d'encre délayée dans l'eau et du contrôle de sa diffusion. De l'or rehausse les derniers détails des pistils et de la nervure des feuilles. Au Japon, une croyance populaire imagine que les lys éloignent les chagrins d'amour, mais son nom peut aussi se comprendre comme « beaucoup d'harmonie[124] ». Ce motif est donc parfaitement approprié sur un vêtement destiné à une jeune fille.

SORTILÈGES

ROBE DU SOIR, DE BEER

Les fastes de l'Orient
The splendours of the East

"I was always told that in the East, on the terraces where you dream at the hottest time of the day, merchants come and place bags of gems at your feet that spill turquoises, garnets and star sapphires onto the ground as though they were nothing more than sand from the sea."[125] The legendary treasures of these lands were naturally transposed onto women's clothing of the period.[126] Evening dresses glittered with beads, paste and sequins. Printed images of clouds gleamed on silk. And to complete their appearance, fashionable women donned jewels studded with precious stones, even down to their elegant shoes.[127] "Now the lines of women in their finery have been transformed. Where we were accustomed to seeing them curved inwards, now they bulge outwards; where they protruded, now they flatten themselves; what they hid, now they show; what was disguised, now is flaunted; what used to be ignored is now emphasised. Very well, what is there left for us to do if not to allow our eyes and imagination the greatest pleasure possible!"[128] This perhaps explains the "magic spells" being prepared by the young woman in the illustration. Behind her a phoenix with plumes of gold seems to be scattering a shower of magical sequins in her trail.

« On m'a toujours conté qu'en Orient sur les terrasses où l'on rêve à l'heure du jour la plus chaude, des marchands viennent et font glisser à vos pieds des sacs de pierreries qui déversent sur le sol les turquoises, les grenats, les saphirs étoilés comme si ce n'était que sable de la mer[125]. » Ainsi les richesses mythiques de ces contrées sont-elles naturellement transposées sur les tenues féminines de cette époque[126]. Les robes du soir, lourdement emperlées, brodées de strass et de sequins, scintillent. La soie imprimée de célestes nuées projette des reflets chatoyants. Et pour parachever leur toilette, les belles prennent grand soin à se parer de bijoux constellés de gemmes qui ornent jusqu'à leurs élégantes chaussures[127]. « Voici donc transformée la ligne de la Femme habillée. Là où nous étions accoutumés à la voir se creuser, soudain elle se renfle ; là où elle se gonflait, maintenant elle s'aplatit. Ce que l'on dissimulait, on le montre ; ce que l'on déguisait, on l'étale ; ce sur quoi on glissait on l'accentue. Fort bien ; que nous reste-t-il à faire, sinon d'en tirer pour nos yeux et notre imagination le plus de joie possible[128] ! » Voilà peut-être ce qui explique les « sortilèges » que se prépare à lancer ce jeune mannequin. Derrière elle, un phénix aux plumes d'or semble répandre une pluie de paillettes magiques dans son sillage.

Magic spells, evening dress by Beer
Printed plate, painted on paper using a metal stencil
Paris, *Gazette du bon ton*, yearbook 1922, no. 9, pl. 66, by George Barbier
Rijksmuseum, Amsterdam

« Sortilèges, robe du soir de Beer »
Planche peinte au pochoir métallique sur papier
France, Paris, *Gazette du bon ton*, année 1922, n° 9, pl. 66, signée George Barbier
Rijksmuseum, Amsterdam

Hōmongi visiting kimono
Lespedezas *hagi* (萩), on a grey ground, birds woven directly into the fabric, on a greyish-blue ground
Light *sha* silk gauze, dyed and painted with colours, gold and silver, and embroidered with colours and silver thread
Hitoe simple *usunomo* kimono for summer wear, to be worn with a rust-coloured, white, silver or pale blue *natsu* summer *obi*

Japan, late Taishō era (1912–26) or early Shōwa era (1926–89)
Provenance Kyōto
Baur Foundation, Sato Mariko donation, FB.DS.2008.89

Kimono de visite *hōmongi*
À motif de lespédèzes *hagi* (萩), sur fond gris,
décor d'oiseaux pris dans le tissage, sur fond bleu-gris
Gaze de soie légère *sha*, teinte, peinte de couleurs, d'or et d'argent, brodée de couleurs et de fil d'argent
Kimono simple *hitoe* et léger pour l'été *usumono*, à porter avec un obi d'été *natsu* de couleur rouille, blanc, argent ou bleu pâle

Japon, fin de l'ère Taishō (1912-1926), ou début Shōwa (1926-1989)
Provenance Kyōto
Fondation Baur, donation Sato Mariko, FB.DS.2008.89

Furisode kimono for a young girl
with long *ō* sleeves
Phoenixes holding ribbons
in their beak, set against clouds
in geometric patterns,
on an eggshell-coloured ground
Silk painted with colours and gold,
waves and gold thread woven
into the fabric
Awase lined kimono for the winter
season, but also for the *musō* (無双)
mid-season, white lining
with waves woven into the fabric
and in gradated red, to be worn
with a lavish and reversible *maru obi*
or a *fukuro obi* with a plain reverse
Japan, Shōwa era (1926–89)
Provenance Tōkyō
Baur Foundation, Sugawara Keiko
donation, FB.DSK.2015.28

Kimono de jeune fille *furisode*
à longues manches *ō*
Avec des phénix pinçant des rubans
dans leur bec sur fond de nuages
ornés de dessins géométriques,
sur fond de couleur coquille d'œuf
Soie peinte aux couleurs et à l'or,
vagues et fils d'or pris dans le tissage
Kimono doublé *awase* pour la saison
hivernale, mais également pour
l'entre-saison *musō* (無双),
doublure blanche avec vagues
prises dans le tissage et dégradé
rouge, à porter avec une ceinture
de grand luxe *maru* ou à revers
sans décor *fukuro*
Japon, ère Shōwa (1926-1989)
Provenance Tōkyō
Fondation Baur, donation
Sugawara Keiko, FB.DSK.2015.28

Uchishiki Buddhist altar cloth
Phoenixes and paulownias
Nishiki silk brocade and small strips of gold paper on a dark blue ground
Japan, end of the Edo period (1603–1868)
Provenance Kyōto
Baur Foundation, acquired in 1927 through Tomita Kumasaku,
CB.TJ.1927.2

Tissu d'autel bouddique *uchishiki*
Pénix et paulownias
Brocart de soie *nishiki* et lamelles de papier doré sur fond bleu foncé
Japon, fin époque d'Edo (1603-1868)
Provenance Kyōto
Fondation Baur, acquis en 1927 auprès de Tomita Kumasaku
CB.TJ.1927.2

Wall hanging featuring an aviary and zoological gardens
Detail of page 140

Tenture à la volière et au parc zoologique
Détail de la page 140

These cloths were made from older pieces of material that were presented to temples as offerings by the faithful, and which might have also been used to make monks' clothing or liturgical accessories. A collection of 121 altar cloths was initially built up by the art dealer Tomita Kumasaku in Japan during the first decades of the 20th century, and was finally sold to Alfred Baur. These cloths represent a wide range of techniques and patterns that may be used to study the art of weavers of the past.[129]

Ces nappes étaient réalisées à partir d'étoffes plus anciennes, présentées en offrandes par les fidèles aux temples, qui pouvaient être employées pour confectionner ensuite des vêtements monastiques ou des accessoires liturgiques. Il s'agit d'un ensemble de cent vingt et un coupons réunis par le marchand d'art Tomita Kumasaku, au Japon, dans les premières décennies du XXe siècle et qui a finalement su séduire Alfred Baur. Aujourd'hui, ces textiles présentent un éventail de techniques et de décors pouvant servir à l'étude du travail des tisserands[129].

La Chine à l'opéra
China at the opera

Based on a story written for the theatre in 1762, *Turandot* by Italian composer Giacomo Puccini (1858–1924) was first performed at the Teatro alla Scala in Milan in 1926. A play by the same name had already been performed nine years earlier. This story of a cruel Chinese princess met with tremendous success, going hand-in-hand with the fashion for all things Oriental that was sweeping Europe. The merciless princess put all her suitors to the test, but, if they failed, they were immediately condemned to death. The subject of the opera and the imaginative costumes inspired a great number of designers and costumes for masked balls. In addition, the original poster for the production, designed in the offices of the Milanese publishing company Ricordi (see p. 214), helped cultivate an extravagant image of China. The young princess is shown wearing a golden crown studded with pearls and jade, from which hang pendants and small bells. Dragons watch over her: two emerge from her crown and one swarms across the tapestry behind. Naturally, this "Daughter of Heaven" wears an outfit decorated with clouds. The interpretation offered by George Barbier shows a forlorn young woman with only a fierce dragon wrapped around a giant jewel for company. Her world is bathed in a celestial blue, as though illuminated by the moon. A geometric lattice fence in red lacquered wood delimits a splendid garden. The dragons, nature and flowers were elements commonly used in European textiles of the Roaring Twenties. "Ivory-white and dark-red, apocalyptic beasts writhe. This tiger, which is perhaps a cat, has brows in the form of snakes. The spine of this dragon is armed with teeth like a sharp saw. What wicked spirit has turned the head of this fabulous dog? . . . There are compromises with the art of the Sons of Heaven".[130]

Basé sur une fable écrite pour le théâtre en 1762, *Turandot* du compositeur Giacomo Puccini (1858-1924) est joué pour la première fois à la Scala de Milan en 1926. Une comédie du même nom avait cependant déjà vu le jour, neuf ans plus tôt. L'histoire de cette cruelle princesse chinoise connaît alors un grand succès, qui va de pair avec la vague orientaliste qui ravage l'Europe. Impitoyable, la future souveraine impose des épreuves à chacun de ses prétendants qui, s'ils échouent, sont immédiatement condamnés à mort. Il va de soi que le sujet de cet opéra et la fantaisie des costumes qu'il autorise vont, à leur tour, inspirer un grand nombre de couturiers et de bals masqués. En outre, l'affiche originale de la création, réalisée par les ateliers de l'éditeur Ricordi de Milan (voir page suivante), entretient une vision fantasque de la Chine. La jeune femme apparaît coiffée d'une couronne d'or, constellée de perles et de jade, de laquelle pendent encore des clochettes et des pampilles. Les dragons sont omniprésents. Ils surgissent de sa tiare et déambulent sur la tapisserie. On remarque encore que cette « Fille du Ciel » porte une tenue naturellement bordée de nuages. L'interprétation de George Barbier qui l'accompagne dépeint une jeune femme esseulée ayant pour seul compagnon un féroce dragon enroulé autour d'un joyau géant. Son univers est baigné de bleu céleste, comme éclairé par la lune. Une barrière de bois laquée rouge au profil géométrique borde un jardin merveilleux. Les dragons, la nature et les fleurs font partie des décors abondamment repris sur les textiles européens contemporains. « Là se tordent des bêtes apocalyptiques, d'un blanc d'ivoire ou d'un rouge sombre. Ce tigre, qui est peut-être un chat, a des sourcils en forme de serpents. Le dos de ce dragon est armé d'une scie aiguë. Quel génie malfaisant a tourné à l'envers la tête de ce chien fabuleux ? [. . .] Il y a des accommodements avec l'art des Fils du Ciel[130] [. . .]. »

Turandot – Princess of China
Woodblock engraving, plate printed on Velin Cuve paper
France, Paris, plate taken from the publication *Personnages de comédie*,[131] 1922,
illustration by George Barbier
The Stapleton Collection

« Turandot – Princesse de Chine »
Gravure sur bois, planche imprimée sur vélin de cuve
France, Paris, planche tirée de la publication *Personnages de comédie*[131], 1922,
signée George Barbier
The Stapleton Collection

Poster for the original production of Puccini's *Turandot* at the Teatro alla Scala in Milan, Italy
Edizioni Ricordi, 1926

Affiche originale pour la création du spectacle *Turandot* par Puccini à la Scala de Milan, Italie
Edizioni Ricordi, 1926

Theatrical robe with dragons flying among clouds
Woven silk satin embroidered with coloured and gold thread, on a blue ground
Raw linen lining
China, Shanghai, 20th century, pre-1960

This tunic has different inscriptions in its lining that mention its previous owner – *Jingju* Opera in Shanghai[132] – and the year 195? (the last number is undecipherable)
Baur Foundation, Natural donation, 2017, FB.DN.2017.2

Robe de théâtre à motif de dragons évoluant parmi des vagues
Satin de soie tissé et brodé de fils de soie multicolores et d'or, sur fond bleu
Doublure de lin écru
Chine, Shanghai, xxe siècle, années 1950 au plus tard

Cette pièce porte différentes inscriptions dans sa doublure intérieure qui mentionnent son ancienne appartenance : opéra Jingju à Shanghai[132] et l'année 195 ? (le dernier chiffre demeure malheureusement illisible)
Fondation Baur, donation Natural, 2017, FB.DN.2017.2

Sharegi informal kimono
for everyday wear
Vertical motifs of crosses and *yagasuri* (矢羽) arrow feathers, and alternating blue and white stripes
White and blue light *sha* silk gauze, woven with yarn dyed red and black before weaving – in accordance with the *akashi* (明石) resist-dyeing technique from the family of *ikat* variants – on a white ground and embroidered with silver thread
Hitoe simple *usumono* kimono for summer wear, to be worn over a *nagajuban* under-kimono and with a *natsu* summer *obi*[133]
Japan, late Taishō era (1912–26) or early Shōwa era (1926–89)
Provenance Tōkyō
Baur Foundation, Sugawara Keiko donation, FB.DSK.2015.3

Kimono informel pour le quotidien *sharegi*
Avec un motif en frise de croix et de têtes de flèches *yagasuri* (矢羽), alternance de rayures bleues et blanches
Gaze de soie légère *sha* blanche et bleue, tissée de fils teints avant le tissage (selon la technique par réserve *akashi* – 明石 – de la famille des *ikat*), en rouge et noir sur fond blanc et brodée de fil d'argent
Kimono simple *hitoe* et léger pour l'été *usumono*, à porter sur un sous-kimono *nagajuban* et avec un obi d'été *natsu*[133]
Japon, fin de l'ère Taishō (1912-1926), ou début Shōwa (1926-1989)
Provenance Tōkyō
Fondation Baur, donation Sugawara Keiko, FB.DSK.2015.3

Robe for a Chinese woman, birds flying among lotus plants above a pond
Blue quilted silk
Straight collar and asymmetrical opening, with red lining for winter woven with dragons

China, Qing dynasty (1644–1911), late 19th or early 20th century
Baur Foundation, Colette and Jean-Pierre Ghysels donation, 2017, FB.DCJG.2017.1

Robe à motif d'oiseau volant parmi les lotus au-dessus d'un étang
Soie matelassée bleue
Tenue à col droit et ouverture asymétrique pour femme chinoise, doublée pour l'hiver, doublure rouge tissée de dragons

Chine, dynastie Qing (1644-1911), fin du XIXe ou début du XXe siècle
Fondation Baur, donation Colette et Jean-Pierre Ghysels, 2017, FB.DCJG.2017.1

Madame Chrysanthème
Madame Chrysanthème

A woman reads a letter, casually resting her hand on a Cantonese lacquer cabinet. She wears an indoor dress cut very much in the shape of a kimono. Visible on the shelves are two Chinese curios, those exotic objects that were collectors' pieces: a small blue porcelain bowl on an openwork wooden stand and a snuff bottle, probably made from sardonyx. The title of the print suggests that this piece of furniture contains private items very dear to the young woman.
The art and culture of Asia fascinated and were a favourite topic of conversation for fashionable women. "Oriental art is abstruse to Westerners. We only penetrate the soul of Asia with enormous difficulty. What steadfast silence on their yellow faces! Their mouths speak but without their nostrils quivering, their cheeks trembling. This people, for whom the things that give the greatest joy are immobile and for whom terrestrial paradises are artificial, nonetheless has a tradition of aesthetic beauty that is more remote than ours. China, Japan and Persia withdraw behind their thousands of years that have produced astonishing artistic forms . . . There is not just one art. Aesthetic truth was expressed in the same fashion two thousand years ago around Peking and Athens . . . Let us not claim superiority in terms of things or people in the West . . . While we Europeans sometimes express the most foolish ideas, in the East in contrast they have never uttered anything but the most discriminating and wisest of words . . ."[134]
Piercing the mysteries of Asia was therefore no slight affair and exposure to fictional accounts like *Madame Chrysanthème* maintained the myth. Its women were beautiful, docile and inscrutable. "Their fragile bodies, outlandishly graceful in posture, are lost in stiff materials and redundant sashes, of which the ends droop like tired wings. They make me think, I know not why, of great rare insects; the extraordinary patterns on their garments have something of the dark motley of night-moths."[135]

Une femme lit une lettre, négligemment appuyée contre un cabinet de laque cantonais. Elle est vêtue d'une robe d'intérieur dont la coupe ressemble beaucoup à celle d'un kimono. Sur les étagères de son secrétaire, on distingue également deux curios chinois – ces pièces exotiques et curieuses que l'on aimait collectionner. Un petit bol de porcelaine bleue sur son socle de bois ajouré ainsi qu'un flacon à tabac, probablement de sardonyx. Le titre de cette estampe suggère que ce meuble contient des objets intimes de la jeune femme.
L'art et la culture asiatiques fascinent et font partie des sujets sur lesquels les élégantes aimaient à se plonger. « L'art oriental est hermétique aux Occidentaux. Nous ne pénétrons l'âme asiatique qu'avec une infinie difficulté. Quel silence obstiné sur les visages jaunes ! Voilà des bouches qui articulent sans que les narines frémissent, sans que les joues tremblent. Ce peuple dont les plus grandes joies sont immobiles et pour qui les paradis terrestres sont artificiels possède cependant une tradition de beauté esthétique plus lointaine que l'occidentale. Chine, Japon et Perse se réfugient derrière des millénaires où surgissent d'étonnantes visions artistiques. [...] Il n'y a qu'un art. La vérité esthétique se formulait de même façon il y a deux mille ans autour de Pékin et d'Athènes. [...] Ne revendiquons pas de supériorité en faveur des choses ou des gens de chez nous. [...] Alors que nous, les Européens, nous tenions parfois des propos de jeunes fous, il ne sortait au contraire des lèvres orientales que les discours les plus raffinés et des paroles de sagesse[134]. »
Percer les mystères de l'Asie n'est donc pas une mince affaire et la lecture de récits romanesques comme ceux de *Madame Chrysanthème* notamment entretiennent encore le mythe. Les femmes y sont belles, dociles et impénétrables. « Leurs corps frêles, posés avec une grâce exotique, sont noyés dans des étoffes rigides et des ceintures bouffantes dont les bouts retombent comme des ailes fatiguées. Elles me font penser, je ne sais pourquoi, à de grands insectes rares ; sur leurs vêtements, des dessins extraordinaires ont quelque chose de la bigarrure sombre des papillons nocturnes[135]. »

The tomb of secrets,
indoor dress by Worth
Printed plate, painted on paper using a metal stencil
Paris, *Gazette du bon ton*, yearbook 1922, no. 1, pl. 7, by George Barbier
Bibliothèque d'art et d'archéologie des Musées d'art et d'histoire, Ville de Genève

« Le tombeau des secrets, robe d'intérieur de Worth »
Planche peinte au pochoir métallique sur papier
France, Paris, *Gazette du bon ton*, année 1922, nº 1, pl. 7, signée George Barbier
Bibliothèque d'art et d'archéologie des Musées d'art et d'histoire, Ville de Genève

LE TOMBEAU DES SECRETS

ROBE D'INTÉRIEUR, DE WORTH

Snuff bottle
Bats among clouds
Orange overlay on translucent glass,
Jadeite stopper
China, Qing dynasty (1644-1911),
c. 1800-1850
Baur Foundation, CB.TA.1964.98

Flacon à tabac
Chauves-souris et nuages
Verre orange sur flocon de neige,
bouchon de jadéite
Chine, dynastie Qing (1644-1911),
vers 1800-1850
Fondation Baur, CB.TA.1964.98

Informal *komon,* kimono with small repeated motifs covered with *kiku* (菊) chrysanthemum flowers on a red ground
Chirimen silk crepe, resist-dyed using a *katagami* (型紙) stencil
Awase lined kimono for the winter season, beige lining with flower motif and red *momi* colour for the sleeves, to be worn with a narrow-ended *Nagoya obi,* black with silver highlights, yellow or resist-dyed with *shibori* knots
Japan, late Taishō era (1912–26) or early Shōwa era (1926–89)
Provenance Kyōto
Baur Foundation, Sato Mariko donation, FB.DS.2008.17

Kimono informel à petits motifs répétés *komon* couvert de fleurs de chrysanthèmes *kiku* (菊), sur fond rouge
Crêpe de soie *chirimen*, teinture à réserve par pochoir *katagami* (型紙)
Kimono doublé *awase* pour la saison hivernale, doublure beige à motif de fleurs et rouge *momi* dans les manches, à porter avec une ceinture à extrémité rétrécie Nagoya, noire rehaussée d'argent, jaune ou à décor de réserve par points noués *shibori*
Japon, fin de l'ère Taishō (1912-1926), ou début Shōwa (1926-1989)
Provenance Kyōto
Fondation Baur, donation Sato Mariko, FB.DS.2008.17

HERMINE ET VELOURS IMPRIMÉ ET LAMÉ DE MÉTAL

TISSU DE BIANCHINI

N° 9 de La Gazette

Année 1922. — Croquis N° I

Ce que femme veut…
What women want . . .

It is not only patterns, associations of colours, beaded embroideries or the reuse of materials that appeal to women. There are also innovations in the world of textiles and the names given to fabrics: "Sassanid shrub", "bamboo in flower" and "Hyderabad palms" can be found in the pages of their magazines. "We do everything we can for women to be happy. In a spirit of rivalry, we each strive to anticipate their desires . . . Rodier prepares fabrics about which I will not say a word!"[136] In the November 1922 French edition of *Vogue*, there are editorial comments on the new range of fabrics designed by Bianchini, who displayed his creations in the *Gazette du bon ton* (left). "Only by having no notion of what fashion is, and by never having heard talk of fine fabrics, would it be possible for the name Bianchini not to immediately suggest a vision of marvellous undulating brocades, of crepes sheerer than muslin, transparent fabrics covered with arabesques or ancient Chinese patterns, fabulous materials whose masterfully selected colours are often heightened with precious metals."[137] For example, there are "brocades that are 'lacquered' or 'from Smyrna', and 'embossed' pekins . . ."[138] "Is it not surprising to discover so many completely new ideas at the start of each season? When, looking through the collection of our major manufacturers, we saw so many magnificent fabrics of astonishing variety, so many surprising designs borrowed from the arts of countries from around the world, it hardly seemed possible that the imagination could invent anything else in this field."[139]

Il n'y a pas que les motifs, les associations de couleurs, les broderies emperlées ou les remplois de matières qui séduisent les femmes. Les innovations du monde des textiles, les noms donnés aux étoffes participent à construire leur histoire : « arbuste sassanide », « bambou fleuri », « palmes d'Hyderabad » s'exposent dans les pages des magazines… « On fait tout ce qu'on peut pour les femmes, pour qu'elles soient heureuses. Avec émulation chacun s'ingénie à prévenir leurs désirs. […] Rodier, lui, leur prépare des étoffes dont je ne vous dis que ça[136] ! » Dans l'édition de *Vogue* du mois de novembre 1922, on découvre les commentaires de la rédaction sur la nouvelle gamme de tissus élaborée par le même Bianchini qui expose ses créations dans la *Gazette du bon ton* (ici à gauche). « Il faut n'avoir aucune notion de ce qu'est la mode, il faut n'avoir jamais entendu parler de belles étoffes, pour que le nom de Bianchini ne vous suggère pas immédiatement la vision de brocarts merveilleux aux plis ondoyants, de crêpes plus souples que des mousselines, de voiles couverts d'arabesques ou d'antiques dessins chinois, tissus de rêve dont les tons choisis avec art sont souvent rehaussés de métaux précieux[137]. » On y découvre des « brocarts "laqués" ou "de Smyrne" » des « pékins "bosselés[138]" », notamment… « Ne semble-t-il pas surprenant de découvrir au début de chaque saison, un si grand nombre de fantaisies inédites ? Lorsqu'on a vu, en parcourant la collection de nos grands fabricants, se déployer tant de merveilleux tissus d'une étonnante variété, tant de décorations imprévues empruntées à l'art de tous les pays, il ne paraît guère possible que l'imagination puisse encore inventer quelque chose dans ce domaine[139]. »

Ermine and velvet printed and metal lamé, fabric by Bianchini
Printed plate, painted on paper using a metal stencil
Paris, *Gazette du bon ton*, yearbook 1922, no. 9, sketch no. I
(attributed either to the David sisters or to Posterazzi)[140]
Rijksmuseum, Amsterdam

« Hermine et velours imprimé et lamé de métal, tissu de Bianchini »
Planche peinte au pochoir métallique sur papier
France, Paris, *Gazette du bon ton*, année 1922, nº 9, croquis nº I
(attribué aux sœurs David ? Posterazzi[140] ?)
Rijksmuseum, Amsterdam

Tsumugi everyday kimono
from the island of Ōshima
Stylised flowers on a black ground
Tsumugi raw silk, woven with pre-dyed yarn in accordance with the technique used on Ōshima
Awase lined kimono for the winter season, black and white lining, to be worn with a narrow-ended *Nagoya obi* in *shioze* silk with a visible weft, made of *tsumugi* raw silk or *chirimen* silk crepe, pearl-grey or white with motifs
Japan, Shōwa era (1926–89)
Provenance Tōkyō
Baur Foundation, Sugawara Keiko donation, FB.DSK.2015.26

Kimono quotidien *tsumugi*
de l'île d'Ôshima
À motif de fleurs stylisées, sur fond noir
Soie grège *tsumugi*, tissée de fils teints avant le tissage selon la technique de l'île d'Ôshima
Kimono doublé *awase* pour la saison hivernale, doublure noire et blanche, à porter avec une ceinture à extrémité rétrécie Nagoya de soie à trame visible *shioze*, de soie grège *tsumugi* ou de crêpe de soie *chirimen,* gris perle ou blanche avec des motifs
Japon, ère Shōwa (1926-1989)
Provenance Tōkyō
Fondation Baur, donation Sugawara Keiko, FB.DSK.2015.26

Informal *komon* kimono
with small repeated motifs
Coloured motifs of good omen
in the form of *takara-zukushi*
(宝尽) "treasures"
Probable blend of *chirimen* silk crepe
and *tsumugi* raw silk, dyed and
painted with colours
Awase lined kimono for the winter
season, white and beige lining
To be worn with a *fukuro obi* with
a plain reverse, with a narrow-ended
Nagoya obi, in beige, rust-coloured
or matt silver *tsumugi* raw silk
Japan, Shōwa era (1926–89)
Provenance Tōkyō
Baur Foundation, Sugawara Keiko
donation, FB.DSK.2015.29

Kimono informel à petits motifs
répétés *komon*
Motifs porte-bonheur multicolores
qui prennent la forme de « trésors »
takara-zukushi (宝尽)
Mélange probable de crêpe de soie
chirimen et de soie grège *tsumugi*,
teints et peints de couleurs
Kimono doublé *awase* pour la saison
hivernale, doublure blanche
et beige, à porter avec une ceinture
à revers sans décor *fukuro*,
à extrémité rétrécie Nagoya,
de soie grège *tsumugi* beige,
rouille ou d'argent mat
Japon, ère Shōwa (1926-1989)
Provenance Tōkyō
Fondation Baur, donation
Sugawara Keiko, FB.DSK.2015.29

Les collectionneuses
Women collectors

"It is abundantly clear that if we can call the 1885 period, with its 'atelier' style of skirted pianos and draped easels, the Age of Plush, and 1913 the Age of gold Lamé, today we are living in the Age of Lacquer . . . Ladies that were previously quite harmless lacklustre have today become collectors. They have no fear of the auction room, where the mild smell of a poorly kept cowshed reigns, nor the suffocating shops of the worst secondhand goods dealers, nor the flea market which has the advantage of being in the open air and where upstanding individuals can be seen eating mussels and fried potatoes washed down with a little plonk for purposes of 'refuelling'. O China! What would we not do in your name!"[141] During the 1920s, this new image of women who enjoyed hunting for antiques upturned established notions, and it seems that Rosalinde, in the illustration, is such a woman, one who expresses herself through her emancipation. She stands elegantly in front of her lacquer commode decorated with roses. On the marble top we see what might be the result of her antique hunting: a bronze statuette and a porcelain *clair-de-lune* brush-washer that holds a lotus flower. Her dress also displays characteristics that could be interpreted as being Asian in origin. A wide sash emphasises her hips rather like an *obi*, while the fringes resemble the pompoms so loved by the Chinese, as are her jade earrings.

« Il est de toute évidence que si l'on peut appeler l'époque 1885, avec son style "atelier" aux pianos juponnés et aux chevalets drapés, l'âge de la Peluche et 1913, l'âge du lamé or, nous vivons aujourd'hui l'âge du laque. [. . .] Des dames inoffensives jusqu'alors sont devenues collectionneuses. Elles ne craignent ni l'hôtel des ventes où règne cependant une douce odeur d'étable mal tenue, ni les boutiques suffocantes des pires brocanteurs, ni la Foire aux puces qui a l'avantage de se tenir en plein air et où l'on voit des gens très bien déguster des moules marinières et des pommes de terre frites arrosées du petit reginglard dit du "ravitaillement". Ô Chine ! que ne commet-on pas en ton nom[141] ! » Dans les années 1920, cette nouvelle image de la femme qui se plaît à chiner bouleverse les usages et, apparemment, Rosalinde s'affirme clairement dans son émancipation. Elle se tient, très élégante, devant une commode en laque, ornée de roses. Sur le plateau de marbre, on découvre ce qui pourrait être le fruit de ses trouvailles : une statuette en bronze et un rince-pinceau de porcelaine « clair-de-lune » dans lequel s'épanouit une fleur de lotus. La robe reprend, de même, quelques éléments que l'on peut identifier comme provenant du répertoire asiatique. Un large ruban marque ses hanches un peu à la manière d'une ceinture obi, les franges rappellent les pompons dont les Chinois raffolent, tout comme les boucles d'oreilles en jade.

Rosalind, evening dress by Worth
Printed plate, painted on paper
using a metal stencil
Paris, *Gazette du bon ton*,
yearbook 1922, no. 10, pl. 75,
by George Barbier
Rijksmuseum, Amsterdam

« Rosalinde, robe du soir de Worth »
Planche peinte au pochoir
métallique sur papier
France, Paris, *Gazette du bon ton*,
année 1922, nº 10, pl. 75,
signée George Barbier
Rijksmuseum, Amsterdam

ROSALINDE

ROBE DU SOIR, DE WORTH

Hōmongi visiting kimono
Red and white lilies
on a black ground
Chirimen silk crepe, dyed
and painted with coloured, gold
and silver thread on a black ground
Hitoe simple *usumono* kimono for
summer wear, to be worn over a
nagajuban under-kimono and with a
natsu summer *obi*

Japan, late Taishō era (1912–26)
or early Shōwa era (1926–89)
Provenance Kyōto
Baur Foundation, Sato Mariko
donation, FB.DS.2008.95

Kimono de visite *hōmongi*
À motif de lys rouge et blanc,
sur fond noir
Crêpe de soie *chirimen*, teint
et brodé de fils de couleurs,
d'or et d'argent, sur fond noir
Kimono simple *hitoe* et léger
pour la fin de l'été *usumono*, à porter
sur un sous-kimono *nagajuban*
et avec un obi d'été *natsu*

Japon, fin de l'ère Taishō (1912-1926),
ou début Shōwa (1926-1989)
Provenance Kyōto
Fondation Baur, donation
Sato Mariko, FB.DS.2008.95

Narrow-ended *Nagoya obi*
Peony flowers on a yellow ground
Silk woven with touches of green
and embroidered with silver thread
It may be worn with the kimono
in the same donation (p. 65)
Japan, Shōwa era (1926–89)
Provenance Tōkyō
Baur Foundation, Sugawara Keiko
donation, FB.DSK.2015.14

Ceinture à extrémité rétrécie Nagoya
À motif de fleurs de pivoines,
sur fond jaune
Soie tissée avec des nuances
de vert et brodée de fil d'argent
Pourrait être portée avec le kimono
de la même donation (p. 65),
par exemple
Japon, ère Shōwa (1926-1989)
Provenance Tōkyō
Fondation Baur, donation
Sugawara Keiko, FB.DSK.2015.14

Où l'on prend le temps de se reposer et de rêver
A place to idle, relax and dream

"Trinkets from the Far East are placed alongside our cabinetwork... and bronzes... Chinese lacquers gleam with their golds among the black cushions found on the sofa in almost all the smoking rooms of our contemporaries. However, few periods have existed where there was less time to relax and let your thoughts wander..."[142]
As if to contradict this claim, George Barbier has drawn a moment of peaceful indolence. Two short-haired women in pyjamas, wearing slippers and babouches, recline on cushions covered with Oriental fabrics. One watches the curls of the smoke slowly rising from her cigarette, while the other has dozed off while reading. A cat is curled up in a corner ignoring the phoenixes flying in all directions on the wall as though they had just escaped from the cages hanging from the ceiling. Once again, the scene harbours a number of references to contemporary life. The ochre, gold, orangey and red colours, and the fabrics patterned with flowers or geometric and abstract designs, were all to be found in the textiles imported from Asia at the time.

« Les bibelots d'Extrême-Orient y voisinent avec nos ébénisteries [...] et nos bronzes [...]. Les laques chinois jettent la note brillante de leurs ors parmi les coussins noirs du divan qui se retrouvent dans presque tous les fumoirs de nos contemporains. Il est cependant peu d'époques où l'on ait moins de temps pour se reposer et rêver[142]... »
Comme pour contredire cette citation, George Barbier imagine ce doux moment de paresse. Deux femmes aux cheveux coupés court, en pyjama, mules et babouches, sont alanguies sur des coussins recouverts d'étoffes orientales. L'une d'elles contemple les volutes de fumée qui s'échappent lentement de sa cigarette, tandis que l'autre s'est assoupie en pleine lecture. Un chat est lové dans un coin, ignorant que, sur les murs, des phénix volent en tous sens comme s'ils s'étaient échappés des deux cages suspendues au plafond. Une fois encore, on reconnaît là de nombreuses spécificités contemporaines, mises en scène. Les couleurs ocre, or, orangées ou rouges, les tissus fleuris, à taches, à motifs géométriques ou abstraits, se retrouvent abondamment dans l'univers des textiles asiatiques.

Languor, 1924
Printed plate, painted on paper using a metal stencil
Paris, taken from *Falbalas et fanfreluches, Almanach des modes présentes, passées et futures pour 1925*[143] (no. 7),
portfolio assembled and published by Jules Meynial, 1924,
by George Barbier
The Stapleton Collection

« La Paresse », 1924
Planche peinte au pochoir métallique sur papier
France, Paris, tirée de l'ouvrage *Falbalas et fanfreluches, Almanach des modes présentes, passées et futures pour 1925*[143] (n° 7),
portfolio assemblé et publié par Jules Meynial, 1924,
signée George Barbier
The Stapleton Collection

FRANCE XXe SIECLE

La Paresse

An everyday kimono
Common Japanese *hiragana* characters scattered across the garment on a yellow ground
Omeshi silk crepe, dyed and embroidered with colours, with patterns of orthogonal lines in matt and shiny yellow woven into the fabric
Awase lined kimono for the winter season, beige lining and red *momi* colour for the sleeves, to be worn with a narrow-ended *Nagoya obi*, in *tsumugi* raw silk, black or with motifs, but a limited amount of gold
Japan, late Taishō era (1912–26) or early Shōwa era (1926–89)
Provenance Kyōto
Baur Foundation, Sato Mariko donation, FB.DS.2008.87

Kimono quotidien
Caractères japonais courants *hiragana* comme semés sur le vêtement sur fond jaune
Crêpe de soie *omeshi* teint et brodé de couleurs, lignes en carreaux pris dans le tissage alternant le jaune mat et brillant
Kimono doublé *awase* pour la saison hivernale, doublure beige et rouge *momi* pour les manches, pour porter avec une ceinture à extrémité rétrécie Nagoya, de soie grège *tsumugi*, noire ou avec des motifs, mais pas trop dorée
Japon, fin de l'ère Taishō (1912-1926), ou début Shōwa (1926-1989)
Provenance Kyōto
Fondation Baur, donation Sato Mariko, FB.DS.2008.87

Tsumugi everyday kimono
Woven in squares of yellow, brown and black thread
Tsumugi raw silk, yarn dyed and woven using the *kihachijō* (黄八丈) technique used on the island of Hachijō
Awase lined kimono for the winter season, black lining, to be worn with a narrow-ended *Nagoya obi*, made of *shioze* silk with a black or white visible weft, or with a pattern of resist-dyed *shibori* knots, either turquoise or red
Japan, late Taishō era (1912–26) or early Shōwa era (1926–89)
Provenance Tōkyō, made by a highly reputed weaver before World War II[144]
Baur Foundation, Sugawara Keiko donation, FB.DSK.2015.11

Kimono quotidien *tsumugi*
Tissage en carreaux de fils jaunes, bruns et noirs
Soie grège *tsumugi*, fils teints et tissés selon la technique *kihachijō* (黄八丈) de l'île de Hachijō
Kimono doublé *awase* pour la saison hivernale, doublure noire, à porter avec une ceinture à extrémité rétrécie Nagoya, de soie à trame visible *shioze* noire ou blanche, ou à décor de réserve par points noués *shibori*, turquoise ou rouge
Japon, fin de l'ère Taishō (1912-1926), ou début Shōwa (1926-1989)
Provenance Tōkyō, pièce réalisée par une tisserande renommée d'avant-guerre[144]
Fondation Baur, donation Sugawara Keiko, FB.DSK.2015.11

Lavish and reversible
maru obi (detail)
Cranes on a tortoiseshell ground (*kikkomon*)
Silk woven with coloured and gold thread
To be worn by an elderly lady over a formal kimono for an official ceremony, such as a wedding
Japan, Shōwa era (1926–89)
Provenance Kyōto
Baur Foundation, Sato Mariko donation, FB.DS.2008.42

Ceinture de grand luxe et réversible *maru* (détail)
Motif de grues sur fond d'écailles de tortue (*kikkomon*)
Soie tissée de fils multicolores et d'or
Cette ceinture est destinée à être portée par une femme âgée sur un kimono formel pour une cérémonie officielle (un mariage, par exemple)
Japon, ère Shōwa (1926-1989)
Provenance Kyōto
Fondation Baur, donation Sato Mariko, FB.DS.2008.42

Hanging with bird motifs
Linen weave with embroidery in cotton in matching tones
China, Qing dynasty (1644–1911), 19th century
Baur Foundation, Susan and Jean-Marc Muller donation, FB.DMSJ.2017.1

Tenture aux oiseaux
Nappe tissée en lin et broderie ajoutée en coton, ton sur ton
Chine, dynastie Qing (1644-1911), XIXe siècle
Fondation Baur, donation Susan et Jean-Marc Muller, FB.DMSJ.2017.1

The subject and composition of this piece are very close to those of the previous imperial hanging (p. 140). However, the embroidery shows significant differences in that this is a piece of linen cloth made in Western fashion that was imported and then embroidered in China, before being returned to the West by a family of American missionaries.[145] This piece, of which the Baur Foundation is fortunate to be the depository, is therefore from that category of objects that illustrate the cultural exchange that took place between East and West during the 19th century.

Le sujet et la composition de cette pièce sont très proches de la tenture impériale aux oiseaux précédente (p. 140). Cette broderie présente pourtant des différences importantes puisqu'il s'agit d'une nappe de lin de façon occidentale, importée et brodée en Chine, qui, par la suite, a été ramenée en Occident par une famille de missionnaires américains[145]. Cette pièce fait donc partie de cette catégorie d'objets témoins des échanges culturels qui s'opèrent au XIXe siècle et dont la Fondation Baur a la chance d'être dépositaire.

Portrait of Eugénie and Alfred Baur
Black-and-white photograph
Switzerland, 1920s–30s
Baur Foundation

Portrait d'Eugénie et Alfred Baur
Photographie en noir et blanc
Suisse, années 1920-1930
Fondation Baur

Two pendants engraved
with a vase motif
Amber and knotted cord
made of silk satin
China, Qing dynasty (1644–1911),
late 19th century
Baur Foundation, acquired in 1924
through Gustave Loup,
CB.MD.1924.69 and CB.MD.1924.70

Deux pendentifs gravés
avec motif de vases
Ambre et cordon noué
en satin de soie
Chine, dynastie Qing (1644-1911),
fin du XIXe siècle
Fondation Baur, acquis en 1924
auprès de Gustave Loup,
CB.MD.1924.69 et CB.MD.1924.70

Chinese pendants that arrived in Europe were used in different ways: perhaps worn simply as jewels, transformed into a clasp on a handbag or the handle of an umbrella or parasol, or as ornaments for a vanity case, cigarette case or other precious accessory. We know that Eugénie Baur owned many as, in almost every delivery sent to her husband, the dealers used to include surprises for her inside larger items. Unfortunately, very few of these pieces have come down to us as the generous couple used to give them away as presents to their family circle. There are, however, several photographs that show Eugénie Baur proudly wearing one of these magnificent Chinese necklaces. It is also interesting to note that in the photograph Madame Baur is wearing a jacket in kimono fashion, cut from a pleated textile, a style that was then very much in vogue. The loose fit, wide sleeves and very particular fabric together make it resemble a *haori* open jacket.

Les pendentifs chinois qui parvenaient en Europe étaient diversement employés. Simplement portés en bijou, transformés en fermoirs de sacs à main, en manches de parapluie ou d'ombrelle, en ornements de *vanity case*, de boîtes à cigarettes ou d'autres accessoires précieux. On sait qu'Eugénie Baur en possédait un grand nombre, car l'un des marchands de son époux prenait la peine de glisser, à chaque envoi ou presque, quelques petites surprises qui lui étaient destinées dans des pièces plus volumineuses. Malheureusement, très peu de ces talismans nous sont parvenus, car le couple, généreux, aimait les offrir en présent à son entourage. Plusieurs photographies demeurent cependant, qui représentent Eugénie Baur portant fièrement l'un de ces magnifiques colliers chinois. Il est également intéressant de relever que, sur la photographie ci-dessus, Madame Baur porte une veste façon kimono, coupée dans un textile plissé, alors très en vogue. La coupe large, les manches et l'étoffe si particulière pourraient même laisser penser qu'il s'agit d'un véritable *haori*.

La voix des fleurs
The language of flowers

Two women hold up a bouquet of peonies. They pose before a large painting of a dragon showing his claws. The women wear low-waisted evening dresses made from flowing material, one of which is embroidered with flowers; the other bears a design of what resembles the feathers of a phoenix and a run of buttons on the shoulder. The peony, which is shown here with the dresses by Worth, is a flower from China that symbolises prestige and prosperity.[146] The designer Paul Poiret preferred the – more European – rose, which had inspired his daughter's name, the pattern on many of his designs, and also of his perfumes: Rosine.
Certain flowers – peonies, lotuses, chrysanthemums, cherry blossom – which were often considered as being from the Far East, were frequently used as accessories by women; placed in the hair, slipped into corsages or belts, pinned here and there. They were chosen for their colour as well as for their symbolism, scent and mood. "An offering to elegance, here are some hortensias to which China confided a pink-coloured secret . . . I now willingly believe that all flowers were meant to be pinned to all dresses. Lying on a piece of furniture, the garment you are about to don is already alive because it is garnished with a flower . . ."[147] In Japan *ikebana* or *kadō* (華道/花道), "way of flowers", is still practised but also *hanakotoba* (花言葉), the "language of flowers", and *hana kanzashi* (花藤簪), "floral hairdos", which harmonise in accordance with the seasons or month. Such usages suggest that no flower, whether in Asia or Europe, is completely inarticulate and that all are able to communicate various secret messages.

Deux modèles se partagent un bouquet de pivoines. Elles posent devant une vaste fresque où se déhanche un dragon, toutes griffes dehors. Les deux femmes sont vêtues de robes du soir, taille basse, réalisées dans des matières fluides, brodée de fleurs, pour l'une, et de ce qui ressemble aux plumes d'un phénix pour l'autre, mais avec un rappel de boutons sur l'épaule. La pivoine, mise en parallèle ici avec des tenues de Worth, est une fleur d'origine chinoise qui incarne prestige et prospérité[146]. Le couturier Paul Poiret lui préférait la rose – plus européenne – qui avait inspiré le prénom de sa fille, le dessin d'étoffes de nombreuses tenues, puis de ses parfums : Rosine.
Certaines essences précises –, pivoines, lotus, chrysanthèmes, fleurs de cerisiers – souvent assimilées à l'Extrême-Orient, se retrouvent fréquemment dans les toilettes de l'époque ; piquées dans les cheveux, glissées dans les corsages ou les ceintures, épinglées çà et là. On choisit leur couleur, bien sûr, mais aussi « sa fleur », pour sa signification, son parfum ou ses états d'âme. « Offrande à l'élégance, voici des hortensias à qui la Chine confia un secret de couleur rose [...] je croirais volontiers maintenant que toutes les fleurs sont vouées à toutes les robes. Posée sur un meuble, la toilette que vous allez mettre est déjà vivante parce qu'elle est fleurie[147]. » Au Japon, on pratique encore la « voie des fleurs » *ikebana* ou *kadō* (華道/花道), mais aussi le « langage des fleurs » *hanakotoba* (花言葉) ou « les coiffures de fleurs » *hana kanzashi* (花藤簪), qui s'accordent selon les différentes saisons et les mois de l'année. Tout cela laisse penser qu'aucune fleur, aussi bien en Europe qu'en Asie, ne demeure jamais véritablement muette et transmet de multiples messages secrets.

Peonies, evening dresses by Worth
Printed plate, painted on paper using a metal stencil
Paris, *Gazette du bon ton*, yearbook 1924, no. 10, pl. 57, attributed to George Barbier
Bibliothèque d'art et d'archéologie des Musées d'art et d'histoire, Ville de Genève

« Pivoines, robes du soir de Worth »
Planche peinte au pochoir métallique sur papier
France, Paris, *Gazette du bon ton*, année 1924, nº 10, pl. 57, attribuée à George Barbier
Bibliothèque d'art et d'archéologie des Musées d'art et d'histoire, Ville de Genève

PIVOINES

ROBES DU SOIR, DE WORTH

Long *kōto* or *michi-yuki* coat, with overlapping *dojūni* (道中着衿) collar
Sakura (桜) cherry blossom, on a black ground
Orange woven silk, with stylised flowers woven in matching tones into the fabric

Awase lined coat for the winter season, orange lining with a woven motif of chrysanthemums
Japan, Shōwa era (1926–89)
Provenance Kyōto, Takashimaya[148]
Baur Foundation, Sato Mariko donation, FB.DS.2008.60

Manteau long *kōto* ou *michi-yuki*, à col croisé de forme *dojūni* (道中着衿)
À motif de fleurs de cerisiers *sakura* (桜), sur fond noir
Soie tissée de couleur orange, fleurs stylisées, ton sur ton, prises dans le tissage

Manteau doublé *awase* pour la saison hivernale, doublure orange à motif de chrysanthèmes tissés
Japon, ère Shōwa (1926-1989)
Provenance Kyōto, Takashimaya[148]
Fondation Baur, donation Sato Mariko, FB.DS.2008.60

In engravings of Western fashion during the 1920s, one often comes across decorative braid sewn onto clothes that reproduce the themes, colours and techniques of Chinese sleeve edgings, for example, on the black dress on the previous page. "Chéruit takes inspiration from the East . . . Some details of embroideries and sleeves are borrowed from the long gowns worn by Chinese mandarins"[149] (see p. 242).

The Japanese were passionate about the "way of flowers", which is why it is not surprising to find bouquets, usually tied with a ribbon, included in the decoration of clothes. Such arrangements of flowers sometimes resembled *kusudama* (薬玉), literally "medicine ball", the Japanese equivalent of small Chinese medicinal bags, in which combinations of herbs would be placed depending on the ailment suffered, which were supposed to protect and heal their wearers. And it would certainly have been believed that a decoration on one's clothing of crowns of cherry blossom or a bouquet of scented peonies would have the same effect as these charms.

Dans les gravures de mode occidentale des années 1920, on retrouve souvent des galons décoratifs cousus sur les vêtements qui s'apparentent aux thèmes, aux associations de couleurs et à la réalisation des bordures chinoises, comme c'est le cas notamment de la robe noire ci-avant. « Chéruit s'inspire de l'Orient [...]. Certains détails de broderies et de manches sont empruntés aux longues robes des mandarins chinois[149] » (voir p. 242).

Les Japonais nourrissent une véritable passion pour la « voie des fleurs », c'est pourquoi il n'est pas étonnant de trouver des bouquets divers retranscrits dans les décors des vêtements, le plus souvent enrubannés. Ces arrangements peuvent parfois aussi rappeler les pochettes officinales de tradition chinoise *kusudama* 薬玉, de leur nom japonais (ou « boule médicinale »), dans lesquelles on plaçait des essences précises, selon les faiblesses, supposées protéger et guérir les êtres chers. Ainsi, un décor de couronnes de fleurs de cerisiers ou un bouquet de pivoines parfumées que l'on porte sur soi, agissent-ils certainement de manière similaire à ces talismans.

Pair of *wanxiu* sleeve edgings
Butterflies among peonies, on a grey ground
Silk embroidered with pale grey thread with silvery highlights
China, Qing dynasty (1644–1911), 19th century
Baur Foundation, acquired during the 1920s through Gustave Loup, FB.TC.1964.126

Paire de bordures de manches *wanxiu*
Motif de papillons parmi des pivoines, sur fond gris
Soie brodée de fils gris clair aux reflets argentés
Chine, dynastie Qing (1644-1911), XIXe siècle
Fondation Baur, acquises dans les années 1920 auprès de Gustave Loup, FB.TC.1964.126

Tree peonies (*Paeonia suffruticosa*) and rhododendrons (*Rhododendron sp.*)
Pith painting "from Canton", gouache on "rice paper"
China, Qing dynasty (1644–1911), first half of the 19th century
Provenance southern China, probably Canton
Private collection

Pivoines arbustives (*Paeonia suffruticosa*) et rhododendrons (*Rhododendron sp.*)
Peinture dite « de Canton », à la gouache sur « papier de riz »
Chine, dynastie Qing (1644-1911), première moitié du XIXe siècle
Provenance du sud de la Chine, Canton probablement
Collection privée

In the 19th century, the Westerners confined against their wishes to the region of Canton prompted local forms of artisanal production created for them. The famous "pith paintings", executed in the Canton region, were very often souvenirs that Westerners took back to Europe with them. They were not expensive to buy, were easy to transport and showed different aspects of China; they had a similar function to that of postcards. Most of the time, these illustrations were collected in albums with a silk brocade binding. The subjects of the paintings included people, landscapes, objects, street scenes, professions, deities, animals, fruits and flowers. In Europe they were widely distributed and inspired creators in all fields, who discovered in them a new world. This particular painting is taken from the collection brought back by Auguste Jeanneret-Oehl, the Swiss watchmaker who went to China to sell his products during the first decades of the 19th century (p. 137).

Au XIXe siècle, les Occidentaux confinés, bien malgré eux, dans la région de Canton, génèrent une production artisanale locale qui leur est destinée. Les fameuses « peintures de Canton » font partie de ces souvenirs que l'on ramenait volontiers. Elles n'étaient en effet pas trop onéreuses, faciles à transporter et représentaient divers aspects de la Chine que l'on fréquentait un peu à la manière de cartes postales. Ces illustrations étaient, la plupart du temps, réunies dans des albums avec une reliure de soie brochée. Les sujets représentés sont variés, on trouve des personnages, des paysages, des objets, des scènes de rue, des métiers, des déités, des animaux, des fruits ou des fleurs. Leur large diffusion en Europe a, en retour, beaucoup inspiré les créateurs de toutes sortes qui découvraient un nouveau monde, émerveillés. Cette peinture est tirée du recueil ramené par cet horloger suisse parti vendre des montres en Chine dans les premières décennies du XIXe siècle précédemment cité (p. 137).

Une robe de Coromandel…
A Coromandel dress . . .

From chinoiseries to "turqueries" there was but a short step that creators took with ease. "The Coromandel dress – as it will appear among most of our master stylists and as we have already said – is the East, which this year dominates fashion. We have become accustomed to seeing it in the magnificent festivities at the Opéra and in Biarritz, and we are much less alarmed than I would have supposed by the famous shiny fabric called 'Coromandel', which is a very exact and amusing copy of the Coromandel lacquers we have seen until now on folding screens. Today, straight dresses and coats are made that are very opulent in appearance and which, trimmed with fur, are worthy of the most venerated of mandarins. Burmese embroideries, composed of small pieces of mirror circled with embroidered silk, have also been very well received and the couturiers at Worth, whose classical style is well known, are in no way surprised at this invasion from the East that only brings new life to the vogue of turqueries."[150]
An amusing detail in the accompanying illustration is to be found in the scene on the screen. Although the composition is Japanese in style, the bounding creature on the left resembles more an antelope than a deer. Three years earlier in the same magazine, the artist who produced this image had written a few lines that seems to match it perfectly: "Would you prefer to be a Chinese lady? You have spent so much time gazing at lacquer panels and dreaming of wandering by flower-lined streams in the company of a gazelle . . . "[151] Further insight is given into the fascination exercised by these fabrics adorned with landscapes and flowers. For the women of Europe, they created a delightful and imaginary world where anything goes.

Entre chinoiseries et turqueries, on constate qu'il n'y a qu'un pas que les créateurs franchissent aisément. « La robe Coromandel – comme on le verra chez la plupart de nos maîtres couturiers et comme nous l'avons déjà dit, c'est l'Orient qui, cette année, domine absolument la mode ; nos yeux y ont été habitués par les fêtes fastueuses de l'Opéra et de Biarritz, et nous sommes beaucoup moins effarés que je ne l'aurais supposé, devant le fameux tissu brillant appelé "Coromandel" et qui est une très exacte et très amusante copie des laques de Coromandel que nous n'avions vues jusqu'ici qu'en paravents. On en confectionne aujourd'hui des robes droites et des manteaux dont l'aspect est fort riche et qui, bordées de fourrure, sont dignes des plus vénérés mandarins ; les broderies birmanes, qui consistent en applications de petits morceaux de miroir entourés de broderie de soie ont aussi beaucoup de succès et la maison Worth, dont le bon goût classique est bien connu, ne s'étonne nullement de cette invasion de l'Orient qui ne fait que renouveler le goût des turqueries[150]. »
Ce qui est amusant à relever dans la présentation du modèle ci-contre, c'est un détail du décor du paravent. Même si la composition suggère une pièce japonaise, le quadrupède qui l'anime ressemble plus à une antilope qu'à un daim. Or, trois ans plus tôt et dans la même revue, l'artiste à l'origine de cette illustration avait rédigé quelques mots qui pourraient parfaitement lui correspondre : « Aimez-vous mieux être une dame chinoise ? Vous avez si longuement regardé les panneaux de laque et rêvé de vous y promener accompagnée d'une gazelle, au bord des eaux fleuries[151] . . . » On comprend mieux encore la fascination exercée par ces textiles ornés de paysages ou de fleurs créant pour les Européennes un monde imaginaire et charmant où tout est permis.

Impéria, evening dress and coat by Worth
Printed plate, painted on paper using a metal stencil
Paris, *Gazette du bon ton*, yearbook 1924–25, no. 5, pl. 35,
by George Barbier
Bibliothèque d'art et d'archéologie des Musées d'art et d'histoire, Ville de Genève

« Impéria, robe et manteau du soir de Worth »
Planche peinte au pochoir métallique sur papier
France, Paris, *Gazette du bon ton*, année 1924-1925, n° 5, pl. 35,
signée George Barbier
Bibliothèque d'art et d'archéologie des Musées d'art et d'histoire, Ville de Genève

IMPÉRIA

ROBE ET MANTEAU DU SOIR, DE WORTH

Hōmongi visiting kimono
Bearing one woven *mon* family crest, featuring a Japanese bellflower in a *maru kikyo* circle
Tsubaki (椿) camellia flowers (*Camellia japonica*) and *nanten* (南天) heavenly or sacred bamboo (*Nandina domestica*)[152] covered in snow, this bamboo is also woven into the fabric, on a (*murasaki* 紫) violet ground
Chirimen silk crepe, dyed, painted and embroidered with coloured and gold thread
Awase lined kimono for the end of winter, mauve lining and red *momi* colour for the sleeves, made for a married woman, to be worn with a lavish and reversible *maru obi*, with a black, beige or brown ground
Japan, late Taishō era (1912–26) or early Shōwa era (1926–89)
Provenance Kyōto
Baur Foundation, Sato Mariko donation, FB.DS.2008.2

Kimono de visite *hōmongi*
Avec un blason familial tissé *mon*, représentant une campanule japonaise prise dans un cercle *maru kikyo*
À décor de camélias en fleur *tsubaki* (椿 – *Camellia japonica*) et bambous célestes[152], sacrés ou nandins *nanten* (南天 – *Nandina domestica*) couverts de neige, cette même sorte de bambou est également reprise dans le tissage, sur fond violet (*murasaki* 紫)
Crêpe de soie *chirimen*, teint, peint, brodé de couleurs et de fil d'or
Kimono doublé *awase* pour la fin de la saison hivernale, doublure mauve et rouge *momi*, pour femme mariée, à porter avec une ceinture de grand luxe et réversible *maru*, à fond noir, beige ou brun
Japon, fin de l'ère Taishō (1912-1926), ou début Shōwa (1926-1989)
Provenance Kyōto
Fondation Baur, donation Sato Mariko, FB.DS.2008.2

Hōmongi visiting kimono
Bearing three woven *mon* family crests, featuring a Japanese bellflower in a *maru kikyo* circle
A garden and wooden bridge, on a grey ground
Chirimen silk crepe, dyed, painted and embroidered with coloured, gold and silver thread, then sprinkled with gold
Awase lined kimono for the winter season, red *momi* lining
To be worn with a lavish and reversible *maru obi* or a *fukuro obi* with a plain reverse, perhaps decorated with a classic motif like models inspired by the Shōsō-in
Japan, late Taishō era (1912–26) or early Shōwa era (1926–89)
Provenance Kyōto
Baur Foundation, Sato Mariko donation, FB.DS.2008.20

Kimono de visite *hōmongi*
Avec trois blasons familiaux tissés *mon*, représentant une campanule japonaise prise dans un cercle *maru kikyo*
Avec un décor de jardin qui se déploie autour d'un pont de bois sur fond gris
Crêpe de soie *chirimen*, teint, peint, brodé de fils de couleurs, d'or et d'argent, puis saupoudré d'or
Kimono doublé *awase* pour la saison hivernale, doublure rouge *momi*, à porter avec une ceinture de grand luxe et réversible *maru* ou à revers sans décor *fukuro*, peut-être dorée ou avec un motif classique comme ceux des modèles inspirés du Shōsō-in
Japon, fin de l'ère Taishō (1912-1926), ou début Shōwa (1926-1989)
Provenance Kyōto
Fondation Baur, donation Sato Mariko, FB.DS.2008.20

Detail of a lacquer screen, pp. 170 and 193

Détail du paravent de laque, p. 170 et 193

Uchishiki Buddhist altar cloth, the different shades of brown on the brownish-black ground resemble the colours used in lacquerwares
Karakusa (唐草) floral scroll
Nishiki (錦) silk brocade
Japan, late Edo period (1600–1868)
Provenance Kyōto
Baur Foundation, acquired in 1927 through Tomita Kumasaku, CB.TJ.1927.113

Tissu d'autel bouddhique *uchishiki*, les différentes tonalités de brun sur fond brun-noir rappellent les couleurs de la palette des laques
Rinceau floral *karakusa* (唐草)
Brocart de soie *nishiki* (錦)
Japon, fin époque d'Edo (1600-1868)
Provenance Kyōto,
Fondation Baur, acquis en 1927 auprès de Tomita Kumasaku, CB.TJ.1927.113

La vie rêvée des éventails
The endless rebirth of fans

"The wish to have an interior decorated in an original and personal style has encouraged a passion for collections among today's women. Up-and-coming young women and great ladies ardently battle it out when it comes to procuring a rare print glimpsed by chance in a bric-à-brac store, or a precious curio in a sales room. What artist or woman does not own a collection of Far Eastern embroideries, or a display cabinet in which Chinese porcelain rubs shoulders with Renaissance carved ivories . . . Collections of this type have such an influence that is amusing to note, as, not content with admiring their precious collections in their display cabinet, these women of fashion also adorn themselves with them. This is why fans have once again found favour, which our modern decorators, following the tradition of their illustrious predecessors, embellish with appealing motifs . . . Illuminated like precious pages of missals, coloured like rare Japanese prints, decorated with lace or sequins, they harmonise pleasantly with the refined elegance of the modern woman and emphasise her lissom grace, whose captivating charm transcends the most highly praised attractions of bygone centuries."[153] In this plate, the influence of Asia on the modern woman is clearly discriminated. The embroidered scrolls on the pleated dress and the contrasting colours are all directly inspired by China. The celadon vase on the lacquered stand that contains a branch of plum *prunus* is an example of the Asian curios mentioned, as is the pedestal table with the leg carved in the form of a young Moor. The fan on which we can just make out figures resting against the balustrade of a pavilion in a colourful garden has probably been imported.

« Le désir de posséder un intérieur décoré de façon originale et personnelle a développé chez les femmes de nos jours un goût passionné des collections. Vedettes et grandes dames rivalisent de zèle quand il s'agit de se procurer l'estampe rare, introuvable, entrevue par hasard chez un marchand de bric-à-brac, ou le bibelot précieux aperçu dans une salle de vente. Quelle est de nos jours l'artiste ou la femme qui ne possède sa collection de broderies de l'Extrême-Orient, sa vitrine où les faïences chinoises voisinent avec les ivoires sculptés de la Renaissance. [...] Ces collections ont sur la mode, une influence qu'il est amusant de constater, car, non contentes d'admirer leurs précieuses collections d'éventails dans leur vitrine, telles élégantes en parent leurs personnes. C'est ce qui explique la faveur renouvelée de l'éventail que nos décorateurs modernes, suivant la tradition de leurs illustres prédécesseurs, parent de motifs charmants. [...] Enluminés comme de précieuses pages de missels, colorés comme de rarissimes estampes japonaises, endentellés ou pailletés, ils s'harmonisent agréablement avec l'élégance raffinée de la femme moderne et soulignent sa grâce souple dont le charme captivant dépasse les attraits les plus vantés des siècles passés[153]. » Sur cette planche, on décèle facilement l'empreinte de l'Asie sur la femme moderne. Les ornements brodés en rinceaux de cette robe plissée et le contraste des tonalités sont directement inspirés par la Chine. Le vase céladon, posé sur un socle laqué et contenant une branche de prunus, fait partie de ces curios chinés, de même que le guéridon à piétement sculpté en forme de jeune Maure. L'éventail sur lequel on devine des personnages appuyés contre la balustrade d'un pavillon, sis dans un jardin coloré, est probablement importé.

Beautiful lady, evening dress by Worth
Printed plate, painted on paper
using a metal stencil
Paris, *Gazette du bon ton*, yearbook
1924–25, no. 7, pl. 56,
by George Barbier
Bibliothèque nationale de France,
Paris

« La belle personne, robe du soir
de Worth »
Planche peinte au pochoir
métallique sur papier
France, Paris, *Gazette du bon ton*,
année 1924-1925, n° 7, pl. 56,
signée George Barbier
Bibliothèque nationale de France,
Paris

LA BELLE PERSONNE

ROBE DU SOIR, DE WORTH

The various items of jewellery, often made from materials traditionally used in the East and till then considered semiprecious, were de rigueur. "Bracelets . . . should be plentiful. For the wrist, they should be platinum and adorned with brilliants, or in ivory with swivelling arms in onyx with Chinese coral balls on the end. On the arm, flexible enamel and diamond bracelets attached with a pompom and a buttonhole . . . With regard to ancient jewellery, remarkable and exquisitely fashioned 17th-century Indo-Persian bracelets: rings in enamel and diamonds with at either end the heads of dragons or elephants entwining their trunks; large Tibetan rings made from clusters of coral beads; Far Eastern bracelets lined with tortoiseshell and decorated with coloured stones . . ."[154]

On constate que l'amoncellement de bijoux encore, souvent façonnés de matières traditionnellement employées en Orient et jusqu'ici considérées comme semi-précieuses, est de mise. « Les bracelets [...], il les faut nombreux. Ils doivent être de platine, ornés de brillants ; en ivoire, bras pivotants en onyx terminés par des boules chinoises en corail rose – pour le poignet. Au bras, des bracelets en émail et diamants – souples – s'attachant par un pompon et une boutonnière. [...] Pour les anciens, d'étonnants bracelets indo-persans du XVIIe siècle, d'un travail exquis : anneaux en émail et diamants terminés aux deux extrémités par des têtes de dragons, ou d'éléphants entrelaçant leurs trompes ; de gros anneaux thibétains en perles de corail agglomérées ; des bracelets extrême-orientaux doublés d'écaille et décorés de pierres de couleur[154] [...]. »

Two Han women in an interior,
a *dizi* (笛子) flute lies on the table
One of the women wears a green
pleated skirt similar to the one below
Pith painting "from Canton",
gouache on "rice paper"
China, Qing dynasty (1644–1911),
first half of the 19th century
Provenance southern China,
probably Canton
Private collection

Deux femmes chinoises d'ethnie
han dans un intérieur, une flûte *dizi*
(笛子) est posée sur la table
L'une d'elles porte une jupe plissée
verte similaire à celle présentée
ci-dessous
Peinture dite « de Canton »,
à la gouache sur « papier de riz »
Chine, dynastie Qing (1644-1911),
première moitié du XIXe siècle
Provenance du sud de la Chine,
Canton probablement
Collection privée

Mamian (馬面) pleated
and panelled skirt
Butterflies fluttering among peonies,
on an artemisia-green ground
Silk satin embroidered
with coloured thread
Women's everyday wear, inspired
by Manchu clothing, red lining
China, Qing dynasty (1644–1911),
late 19th century
Baur Foundation, acquired in 1928
through Gustave Loup,
FB.TC.1928.17

Jupe plissée à panneaux
mamian (馬面)
Décor de papillons voletant parmi
des pivoines, sur fond vert armoise
Satin de soie brodé de fils
multicolores
Tenue quotidienne de femme,
inspirée du costume mandchou,
doublure rouge
Chine, dynastie Qing (1644-1911),
fin du XIXe siècle
Fondation Baur, acquise en 1928
auprès de Gustave Loup,
FB.TC.1928.17

This pleated silk skirt embroidered with bright colours was one of the commonest items of clothing among Manchu women during the Qing dynasty. Worth's dress in the previous plate shows the influence of its form, embroideries and, above all, the mix of colours. Orange, green and pink, which were frequently found in Chinese textiles, were also represented in Western fashion of the 1920s.

La jupe plissée en soie brodée de couleurs vives est une des pièces les plus communes de la tenue de la femme mandchoue sous les Qing. On découvre sur la robe de Worth, et ce de manière évidente, l'emprunt de la forme, des broderies et surtout du mélange des teintes. Les nuances orange, vert et rose, couramment associées dans les textiles chinois, se retrouvent ainsi dans la mode occidentale de cette période.

Folding fan
Motif of mandarins framed by auspicious creatures and objects, a similar scene on the other side
Painted paper, ivory and silk
Ivory sticks and gorge carved with figures in gardens
Painted lacquer box, inscribed *Ayun*
China, Qing dynasty (1644–1911), 19th century
Provenance southern China, probably Canton
Baur Foundation, donation Patricia Ghorokoff, FB.DG.2011.40

Éventail pliant
Motif de mandarins, encadrés d'une bordure animée de créatures et d'objets de bon augure, revers avec une scène similaire
Papier peint et encollé d'ivoire et de soie
Gorge et panaches d'ivoire sculptés de personnages dans des jardins
Boîte en laque peint d'origine portant la mention « *Ayun* »
Chine, dynastie Qing (1644-1911), XIXe siècle
Provenance du sud de la Chine, Canton probablement
Fondation Baur, donation Patricia Ghorokoff, FB.DG.2011.40

This type of Chinese fan is commonly referred to as "mandarin" owing to the court scenes they are decorated with. Their distinctive characteristic is the figures in the scenes. Each face is painted on an individualised ivory disk, and the clothes are cut out of fine silk and glued on the sheet of painted paper. Made in the Canton region for export during the first half of the 19th century, these fans were essential accessories that fashionable European women loved to collect. Their abundance certainly contributed to spreading ideas of the Chinese world.[155]

Ces éventails chinois sont couramment appelés « mandarins » à cause des scènes de cour qu'ils présentent. Leur particularité réside dans la réalisation des personnages qui les agrémentent. En effet, chaque visage est peint sur une pastille d'ivoire individualisée et les vêtements, découpés de soie fine, fixés, encollés sur le feuillet de papier peint. Fabriqués dans la région de Canton pour l'exportation dès la première moitié du XIXe siècle, ces objets font partie des accessoires incontournables que les élégantes européennes aimaient collectionner. Leur circulation a certainement participé à diffuser une image d'Épinal de la Chine[155].

Monochrome vase
Porcelain with a celadon green glaze
China, Qing dynasty (1644–1911),
mark and reign of Qianlong
(r. 1736–95)
Jiangxi Province, imperial
kilns at Jingdezhen
Baur Foundation, acquired in 1934
through Tomita Kumasaku,
FB.CC.1934.380

Vase monochrome
Porcelaine à couverte céladon
Chine, dynastie Qing (1644-1911),
marque et règne de Qianlong
(r. 1736-1795)
Province du Jiangxi, fours impériaux
de Jingdezhen
Fondation Baur, acquis en 1934
auprès de Tomita Kumasaku,
FB.CC.1934.380

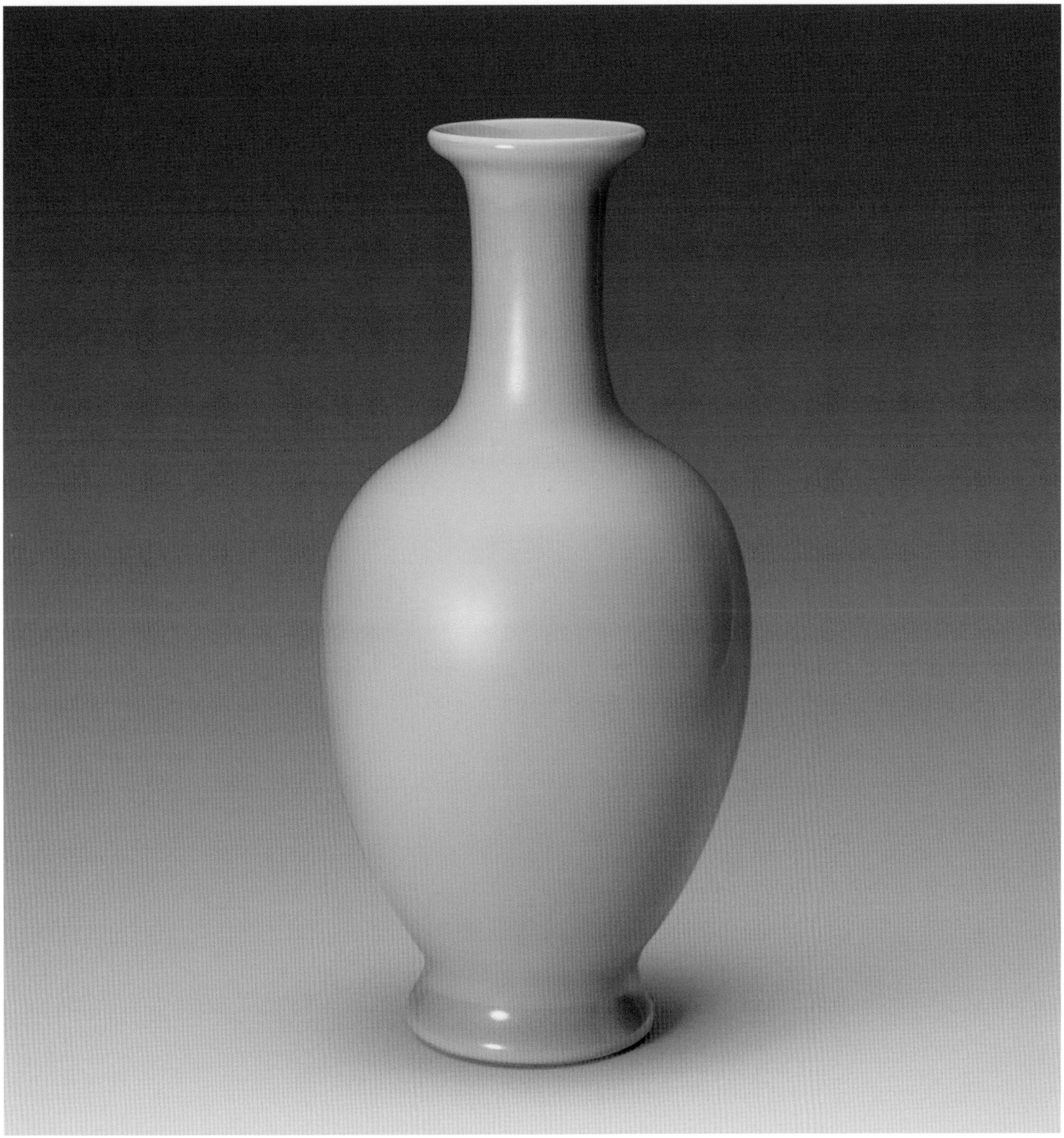

Notes

Asia Chic. The Influence of Japanese and Chinese Textiles on the Fashions of the Roaring Twenties

1. China was long known in the West as "Cathay", a name made popular by Marco Polo, in his *Book of Marvels of the World* or *Description of the World*. Similarly, "Cipango" or "Cipangu" were the names used by the Venetian to refer to Japan.
2. "For dealers in chinoiserie at the end of the 17th century, see the almanacs of Abraham du Pradel, *Les Adresses de la ville de Paris* (1691) and *Le Livre commode, contenant les adresses de la ville de Paris*, (1692)". Belevitch-Stankevitch 1910, p. 151. With regard to textiles, which are of particular interest in this book, "Chinese fabrics were sold by the *marchands tapissiers* [upholsterers] at the Porte de Paris, among whom M. Chauvin, at the 'Roi de la Chine', was always 'well stocked'. The *Livre commode* names, among the *marchands merciers* [haberdashers] who sold 'painted hangings and other fabrics from China'... at the Porte de Paris ... also sold taffeta from the Indies, caffart-damasks, satin from Bruges and other fabrics . . . ", pp. 152–53. There still exists a book published in 1673 by Spon, *Recherches des antiquités et curiosités de la ville de Lyon*, which gives the name of several admirers of Chinese curios.
3. "Conversation in society revolved around China and the Chinese. The voyages of the *Amphitrite* (1698–1703) [the first French ship known to have visited China. *Author's note*] were news in which everyone took an interest." Belevitch-Stankevitch 1910, p. 174.
4. Indian-style cotton prints were part of European culture, French-speaking Switzerland in particular. See Luthi, Laurenti 2011, or Luthi, Laurenti 2018, for example.
5. In the middle of the 19th century, American gunboats in Edo Bay forced Japan to open its doors to the world. The Treaty of Kanagawa, signed in 1854, allowed US ships to enter Japanese ports for the purpose of "trade".
6. In fact, Japanese objects had already found their way to Europe before, but in small numbers. Following the closure of Japan to the world, which chose to isolate itself in the 17th century as a result of Portuguese meddling, the only outsiders the country would deal with were Dutch merchants, allowed to anchor on the island of Deshima off Nagasaki, once a year, for trade purposes only. This explains the rarity of Japanese goods arriving in Europe before the country's opening in the 19th century.
7. See Ageorges 2006, for example.
8. See Bing 1888–91, for example.
9. See Dorival 1977, for example.
10. See Brunhammer 1980 and *Art Deco, Paris* 2017, for example.
11. Art Deco got its name from an important exhibition held in Paris in 1925: the "Exposition internationale des arts décoratifs et industriels modernes". Nonetheless, it is commonly recognised that this movement, which was at its height during the 1920s, began to take form shortly before World War I.
12. This topic has been discussed by the author in a previous article. See Niklès van Osselt 2015b.
13. Right at the start of the 20th century, a new fashion stemmed from the second French translation of *One Thousand and One Nights* by Joseph-Charles Mardrus (1868–1949), following the first translation between 1704 and 1717 by Antoine Galland, antiques dealer to Louis XIV. After the publication of Mardrus's translation, Parisian society during the Belle Époque enjoyed a fad for Orientalism that affected the arts, the theatre and social events. Clothing styles were also influenced, delighting both designers and the fashionable women of the period. Veils, slippers, turbans and pyjamas increasingly found a place in people's wardrobes (see Vitali 2015). A fashion magazine in 1913 made it clear that Asia was soon to become the dominant force in sartorial styles: "Algeria and Tunis no longer seem their only goal; other lands and periods will now occupy their fantasies. Will it be China, Japan or Persia?". See Nada, "Fashion and taste, What is no longer done ..., What will be done ...", *Gazette du bon ton*, t. 2 (August 1913), pp. 309–10.
14. See Colette D'Avrily, "Fashion and techniques", *Les Modes* 233 (October 1923), p. 6.
15. In general, we are more aware of the influences in fashion referred to as "Persian" and "Oriental" than those of Asia. However, China and Japan both largely contributed to creativity during the first decades of the 20th century.
16. For the most part, these magazines were new versions of titles that had appeared just before the war. The *Gazette du bon ton* stated its goal in its first issue of 1912–13: "[it] wishes to modernise the charming and illustrious tradition of the past". A brief history of the fashion magazines follows, p. 2.
17. See *Journal des dames et des modes*, vol. I (1912–13) and vol. II (1913–14), 1979 and 1980. Weill 2010.
18. "The eighth issue of the second year of the *Gazette du bon ton* was going to press when the Great War broke out. Suddenly, all activity came to a complete halt. We, like everybody else, suffered the common fate. In just a few hours, most of our workers had reported to their [military service] posts. From that time, we didn't think about restarting publication of our *Gazette*. For a few months, nobody thought about anything else than the front . . . But it happened that France, having avoided the greatest of dangers, was heading towards certain victory, at which time some of the subjects with which we were most familiar raised their heads once more. The elegance of women and their concern with their appearance sketched its delicious smile . . ." Editorial, "The Gazette du bon ton and war", *Gazette du bon ton* (June 1915), pp. 1–3. In January 1920, publication of the *Gazette* restarted. The foreword contains the following quotation: "Interrupted by the war, the *Gazette du bon ton* is back in print. It will continue to be, as it was before, the tableau of fashion for artists, the place where designers and painters work together to create the silhouette of their time . . . A woman's whole life is reflected in the clothes she wears; and she dresses in accordance with what she must do. So much so that one's dress and lifestyle are one and the same thing, and that a fashion magazine provides, hour by hour, a history of life . . . Whereas here we write the history of clothes, clothes will write the history of time . . ." See Bidou Henry, "Foreword", *Gazette du bon ton* (January 1920), pp. 2–4.
19. When the magazine was founded, the following text appeared in the frontispiece of the very first issue in 1912–13: "The 7 Maisons listed below in alphabetical order – Chéruit, Dœuillet, Doucet, Paquin, Poiret, Redfern, Worth – work with the *Gazette du bon ton*, offering advice and each month reserving one of their creations, which will be drawn by the magazine's partner artists". When the *Gazette* resumed publication after the war in 1920, the same declaration was restated: "The designers listed below in alphabetical order contributed to the foundation of this Gazette, and, through partnership, offered their advice: Beer, Chéruit, Dœuillet, Doucet, Lanvin, Paquin, Paul Poiret, Redfern, Worth. . ." It is also important to point out that the distribution of these new magazines helped place Paris and its fashion in the forefront of public attention throughout the world, a position of dominance that it still holds.
20. ". . . a review has been founded which, through the art of its images and its elegant perfection, offers a perfect interpretation of the six or seven leading couturiers, masters of taste and fabric. While this review offers the most refined series of

Notes

Asia Chic. L'influence des textiles japonais et chinois sur la mode des Années folles

1. La Chine fut longtemps connue en Occident sous le nom de «Cathay», une appellation popularisée par l'ouvrage de Marco Polo, *Le Livre des merveilles* ou *Le Devisement du monde*. De même, «Cipango» ou «Cipangu» sont les termes employés par le Vénitien pour désigner le Japon.

2. «Pour les marchands de chinoiseries, à la fin du XVIIe siècle, il faut consulter les almanachs d'Abraham du Pradel, *Les Adresses de la ville de Paris* (1691) et *Le Livre commode, contenant les adresses de la ville de Paris* (1692).» Cf. Belevitch-Stankevitch 1910, p. 151. Puis, en ce qui concerne les textiles qui nous intéressent particulièrement dans cet ouvrage, «Les étoffes de la Chine se vendaient chez les marchands tapissiers de la Porte de Paris, entre lesquels M. Chauvin, à l'enseigne du roi de la Chine, était toujours "bien assorti". Le *Livre commode* nomme parmi les marchands merciers, qui vendaient à la Porte de Paris "des toiles peintes et autres étoffes de la Chine" [...] se vendaient également des taffetas des Indes, des damas de caffart, le satin de Bruges et diverses autres étoffes [...]», p. 152-153. Il existe encore un ouvrage publié en 1673 par Spon, *Recherches des antiquités et curiosités de la ville de Lyon*, où l'on trouve le nom de quelques amateurs de «Lachine».

3. «Les conversations mondaines roulaient sur la Chine et les Chinois. Les voyages de l'*Amphitrite* (1698-1703) [premier navire français dont on sait de façon certaine qu'il ait atteint la Chine, *N.d.A.*] étaient une actualité à laquelle tout le monde s'intéressait.» Cf. Belevitch-Stankevitch 1910, p. 174.

4. Les indiennes font partie de la culture européenne et suisse romande en particulier. Cf. Luthi, Laurenti 2011, ou Luthi, Laurenti 2018, par exemple.

5. Au milieu du XIXe siècle, ce sont les Américains qui forcent l'ouverture du Japon avec leurs canonnières en baie d'Edo. Le traité de Kanagawa, signé en 1854, devait permettre l'entrée de leurs navires dans les ports japonais, sous couvert de commerce.

6. Dans les faits, les objets japonais s'étaient déjà frayé un chemin vers l'Europe auparavant, mais au compte-gouttes. Suite à la fermeture de l'Empire du Soleil levant, qui s'était volontairement isolé du reste du monde au XVIIe siècle, refroidi par l'ingérence portugaise, le pays n'avait plus de contact qu'avec les marchands néerlandais. Ces derniers n'étaient autorisés à jeter l'ancre qu'au large de Nagasaki, sur l'île de Deshima, une seule fois par année et pour commerce uniquement. On comprend donc mieux la rareté des pièces japonaises qui circulaient en Europe, avant la réouverture de l'archipel au XIXe siècle.

7. Cf. Ageorges 2006, par exemple.

8. Cf. Bing 1888-1891, par exemple.

9. Cf. Dorival 1977, par exemple.

10. Cf. Brunhammer 1980 et *Art Deco* 2017, par exemple.

11. Les Arts déco doivent leur appellation à une importante manifestation qui s'est tenue à Paris en 1925 et qui s'intitulait Exposition internationale des arts décoratifs et industriels modernes. Pourtant, il est communément admis que ce mouvement, qui connaît son véritable essor dans les années 1920, aurait commencé à poindre avant la Première Guerre mondiale déjà.

12. Ce thème avait déjà été abordé par l'auteur dans un article précédent. Cf. Niklès van Osselt 2015b.

13. Au tout début du XXe siècle, une mode nouvelle découle de la seconde traduction en français des *Mille et Une Nuits* par Joseph-Charles Mardrus (1868-1949). La première avait été effectuée par l'antiquaire de Louis XIV, Antoine Galland (1704-1717), en 1704. Suite à cette publication, la société du Paris de la Belle Époque va connaître un engouement pour l'orientalisme qui se traduit par des influences dans le monde des arts, des pièces de théâtre et des soirées mondaines. Les vêtements vont subir une évolution similaire qui va séduire les couturiers comme les élégantes. Ainsi, voiles, babouches, turbans et pyjamas vont-ils progressivement trouver leur place dans les garde-robes. Cf. Vitali 2015. Puis, dans une revue de mode de 1913, on se rend compte que c'est l'Asie qui aura bientôt le vent en poupe : «L'Algérie et Tunis ne semblent plus leur seul objectif; d'autres contrées et d'autres époques occuperont leur idéal. Sera-ce la Chine, le Japon ou la Perse?» Cf. Nada, «La mode et le bon ton, Ce qui ne se fait plus... Ce qui se fera...», *Gazette du bon ton*, t. 2, août 1913, p. 309-310.

14. Cf. D'Avrily Colette, «La mode et les modes», *Les Modes*, octobre 1923, n° 233, p. 6.

15. On connaît mieux, en général, les influences dites «persanes» ou «orientales», que les effets de mode asiatiques. La Chine et le Japon ont pourtant aussi largement contribué à la créativité des premières décennies du XXe siècle.

16. Pour la plupart, il s'agit de la reprise de titres anciens ou qui étaient juste parus avant la guerre. La *Gazette du bon ton*, elle-même, annonce son ambition dans son premier numéro de 1912-1913 : «[elle] veut renouveler la tradition charmante et illustre des modes d'antan». S'ensuit une brève histoire des journaux de modes, p. 2.

17. Cf. *Journal des dames et des modes*, vol. I (1912-1913) et vol. II (1913-1914), 1979 et 1980; Weill 2010.

18. «La huitième livraison de la deuxième année de la "Gazette du bon ton" était sous presse quand éclata la Grande Guerre. Ce fut un vide soudain, un arrêt complet de toutes les activités. Nous dûmes subir le sort commun. En quelques heures, la plupart de nos collaborateurs avaient rejoint leurs postes. Depuis cette époque, nous ne songeâmes point à reprendre la publication de notre Gazette. Pendant quelques mois, personne n'eut d'autre souci que celui du front. [...] Mais lorsqu'il fut avéré que la France, échappant au plus grand des périls, marchait vers la victoire certaine, alors renaquirent quelques-unes des préoccupations qui nous étaient les plus familières. La coquetterie des femmes ébaucha son délicieux sourire.» Cf. La rédaction, «La *Gazette du bon ton* et la guerre», *Gazette du bon ton*, juin 1915, p. 1-3. En janvier 1920, la publication de la gazette reprend. On peut y lire dans l'avant-propos : «Interrompue par la guerre, la "Gazette du bon ton" reparaît. Elle continuera d'être, comme elle l'a été, le tableau de la mode par les artistes, le lieu où les couturiers et les peintres collaborent pour composer la silhouette de leur temps. [...] Toute la vie d'une femme se reflète dans les toilettes qu'elle porte; et l'on s'habille selon ce qu'on doit faire. Si bien que le costume et le genre d'existence ne font qu'un, et qu'une revue des modes est heure par heure une histoire de la vie. [...] Si l'on écrit ici l'histoire des robes, les robes écriront à leur tour l'histoire du temps.» Cf. Bidou Henry, «Avant-propos», *Gazette du bon ton*, janvier 1920, p. 2-4.

19. À la fondation du journal, en frontispice du tout premier numéro de 1912-1913 de la gazette figure ce texte : «Les 7 Maisons citées ci-dessous, par ordre alphabétique : Cheruit, Dœuillet, Doucet, Paquin, Poiret, Redfern, Worth, collaborent à la *Gazette du bon ton* par leurs Conseils et lui réservent chaque mois une de leurs Créations, qui sera dessinée par les artistes collaborateurs du journal.» Lors de la reprise de sa publication après la Première Guerre mondiale, le même désir est réaffirmé : «Les couturiers cités ci-dessous par ordre alphabétique ont contribué à fonder cette Gazette, ou lui apportent, en outre, avec leur collaboration, l'aide de leurs conseils : Beer, Cheruit, Dœuillet, Doucet, Lanvin, Paquin, Paul Poiret, Redfern, Worth.» (1920) Il est aussi important de relever que la diffusion de ces nouveaux magazines participe à mettre Paris et sa mode au premier plan dans le monde entier, place prépondérante que la capitale revendique toujours d'ailleurs.

20. «[...] une revue a été fondée qui, par l'art de ses images et sa perfection élégante, est l'exacte interprète de ces six ou sept couturiers qui tiennent

watercolours you could hope to peruse, each month it also presents the collection and history of innovations in clothing . . . It is no trifling thing to portray one's century." See Henry Bidou, "The Gazette du bon ton's dinner", *Gazette du bon ton*, t. 2 (1914), pp. 235–38.

21. The 15 January 1922 issue of *Vogue* included an article titled "The couturiers confect, the Parisiennes select – The great collections offer different themes. It's only when the women of Paris have chosen that 'fashions' become 'the fashion'", p. 7.

22. These pieces have already been the subject of a publication. See *Sous la griffe du dragon* (2004). On Alfred Baur, consult *Alfred Baur, Pioneer and Collector* (2015).

23. Several letters written by the antiquarian to Alfred Baur solicit the attention of Mrs Baur. "About a month ago I sent 25 kilos of embroideries to Rue Céard [the location of his shop in Geneva, *author's note*]: Madame Baur will perhaps find some pieces in this batch that please her!", 24 June 1929. On Gustave Loup, whose Chinese name was 陆才幹, see Niklès van Osselt 2017.

24. These altar cloths are the subject of a publication. See Loveday 2014. On Tomita Kumasaku, see Loveday 2013, for example.

25. In autumn 2017, the Museum of Far Eastern Arts in Geneva opened a new room dedicated to donations. Whereas the Foundation set up by Alfred Baur (1865–1951) meant above all to hold and maintain his own precious pieces, it had also to ensure the integrity of the objects he spent his life collecting, and to guarantee that none would ever be removed or added. However, this stipulation excluded any possibility of enriching the museum scientifically. It was in 1995 that, in addition to the authorisation to enlarge its building, the Baur Foundation obtained the right to receive donations and present them to the public. Since this development, the institution has had the privilege of welcoming refined donations, many of which have been exhibited and published.

26. These donations include: a Chinese imperial silk rug from Mrs Isaline Cherbuliez (1999); a Chinese imperial jacket, yellow, and its trousers, donated by Mrs Aimée Masset (2010); a complete set of Chinese clothes, among which a jacket, trousers, leggings, a belt and a pair of socks, donated by Mrs Maryse Bozonet (2011); a Japanese *haori* open jacket decorated with a scene of the tea ceremony, from Mrs Lucienne Caillat (2012); various Chinese embroidered cases, including a watch case, from M. Hans Ehrbar (2012); a red Chinese Daoist robe, embroidered with gold thread, from Mr and Mrs Paillard (2013); a Chinese furniture ornament with an embroidery of children, from Mr Bruno Vitale (2016); a large Chinese imperial wall hanging embroidered with birds, from Mrs Maud Mottier (2016); another Chinese hanging embroidered with birds, from Mr and Mrs Jean-Marc and Susan Muller (2017); a mandarin's summer dragon robe embroidered with dragons in gold thread, from Mr Hans Hürlimann-Huber (2017); a Manchu pleated skirt and peony embroidery, from Mr Ferdinand Dufour (2017); a young girl's *furisode* kimono with a chrysanthemum decoration, from Mrs Sylviane de Cerjat-Hagger (2017); a set of Chinese clothes with a black ground (matching jacket and trousers), from Mrs Monique Crick (2017); a set of Chinese clothes with a blue ground (matching jacket and trousers, from Mrs Isabelle Ritschard (2017); lastly, a Chinese blue padded tunic, from Mr Jean-Pierre and Mrs Colette Ghysels (2017) and a woman's dress from the late 19th century, from Dr André Philippe (2018). Just before the editing of this catalogue was completed, the Baur Foundation received a set of theatre costumes of the first half of the 20th century, from Mr and Mrs Gartlgruber, which includes a complete women's court outfit, a mandarin's costume and the costume of a Daoist priest, all complete with their respective accessories.

27. Mrs Sato Mariko was born on 11 September 1937 and died on 17 May 2008. The Sato family is one of the branches of the northern Fujiwara 籐原氏 clan from which a number of regents were chosen for the emperors of Japan during the Nara (710–94) and Heian (794–810) periods. On some of the kimonos that Mrs Sato Mariko donated, there are two *mon* family crests that distinguish two generations of women. The first is composed of two intertwining oak leaves among five *gokan kashiwa* (五鐶柏葉) metal handles, and the second is a Japanese bellflower in a *maru kikyo* (丸桔葉) circle. The donation also includes pieces entrusted to Mrs Sugawara Keiko by others, including a kimono marked with *tsuta* (蔦) ivy leaf.

28. Mrs Sugawara Keiko was born in 1948, and her name as a young girl was Furukawa Keiko 古川惠子.

29. A first previous article briefly presented these two donations. See Niklès van Osselt 2018.

30. On the meanings of Chinese motifs, see Niklès van Osselt 2011, for example.

31. The *Shichi-go-san* ceremony, literally "seven-five-three", celebrates the third and seventh birthdays of girls, and the fifth birthdays of boys.

32. "It's all finished with the myth of dolls' brains; there's just as much grey matter in a woman's encephalon as a man's: the strength of a female golf or tennis champion is the equal of that of a male fencer and of many boxers . . ." It was important to say it! "The paradoxes of the new and old feminine virtues", *Vogue* (1 August 1923), p. 31.

33. This new hairstyle caused rivers of ink to run in magazines. See, for example, the Comtesse de Noailles, "Women's whim and will", *Vogue* (March 1926), p. 33.

34. Magazines also carried the beacon for all the new possibilities that arose for women. See J.G., "Outdoor games, games and their players"", *Gazette du bon ton*, t. 2 (June 1913), pp. 269, 272, and Roger Boutet de Monvel, "Sportswear", *Gazette du bon ton*, t. 2 (June 1913), pp. 279, 284. And *Vogue* (15 October 1920), "Fashion and sportswear – For golf, tennis and horseriding, a proper and well-cut outfit is essential", p. 24.

35. The arrival of the tango in France, and in Paris in particular, during the years that preceded the Great War was a shock to society. This daring dance offended the morality of conservatives but tallied with the deep longing for change, not to mention the social revolutions that were then underway. The *Gazette du bon ton* offered this comment: "It is very chic, moreover, to have one's dress too open or too light, so as to offer, with exquisite unconcern, a glimpse of everything that God gave us that is attractive or tempting . . . With the advent of the Tango, impropriety outstrips moderation, something that makes women with thick ankles start with horror, while, in contrast, the others, flashing their feet, their legs and delighted at the vexation that they provoke, parade themselves, each one more so than the next. As for me, I amuse myself and am charmed, and with good reason. Without this love for the dance, we would never have seen so much teasing lightness of foot and manner, so many flashing revelations . . ." See Nada, "Fashion and taste", *Gazette du bon ton*, t. 2 (1913), pp. 221, 222. The foxtrot and one-step followed, after the war especially. See Le Danseur inconnu, "Feet and hands", *Gazette du bon ton* (March 1920), pp. 45–8.

36. See André Picard, "Driving is beautiful, beautiful, beautiful! . . .", *Gazette du bon ton*, t. 2 (June 1913), pp. 265, 268. Other instructive thoughts on the appropriate dress to drive a car are found in the 1 August 1920 issue of *Vogue*: "A car outing – To go out and about in a car, warm, practical and comfortable gloves are a must, in a nonslip material . . .", or "A Parisienne does not neglect elegance when out and about in a car", pp. 7–9, 12. See also "The car industry and women" and "The fashions and cars of the Parisian woman", *Vogue* (1 February 1921), pp. 14, 23.

37. See Jean Silvere, "Sea-bathing, bathing costumes", *Gazette du bon ton*, t. 2 (1913), pp. 241, 244. Amusingly, there is also a return to "bathing dresses" in 1922. " . . . in order to take a dip at the beach in summer, you have to be dressed. The clinging bathing costume has had its time." See Nicolas Bonnechose, "Bathing costumes", *Gazette du bon ton* (May 1922), pp. 149–52. Never fear, bathing costumes won't be going away . . .

38. The article goes on to explain that "Elegant 'tea gowns' are a little neglected as modern women are not indoors types, they are happier to dress to go out than to stay at home and read or receive . . ." Colette D'Avrily, "Pyjamas and indoor dresses", *Les Modes* 237 (February 1924), p. 22, and "Long may pyjamas reign at negligée time", *Vogue* (February 1925), p. 18.

39. *Sanjaku* literally means "three feet long". These are a category of more flexible and lighter sashes made for children and young girls. They may also sometimes be referred to by the term *heko obi*.

40. Among the essays presented, we find: "The presence and utility of the presence of children in marriage" (1913); "The little manual of childish and honest correspondence" (1913); "The art of designing livery" (1913); "'*Le bon ton des merlettes*', advice on recognising a real gentleman" (1913); "Women and dogs" (1914); "Choosing a wallpaper" (1914); "Marriage considered as a sport" (1921); "Display and the new mother" (1922). The subtitles of the illustrated plates are also surprising: "The Annamite maid, Evening dress by Dœuillet garnished with ribbons" (1920); "The porcelain hat, Fashions and manners of Torquate" (1920); and "Hindustan, Coat-dress by Paul Poiret" (1920) for example.

41. See Georges-Armand Masson, "For those who regret . . .", *Gazette du bon ton* (July 1920), p. 225.

42. In the same review, it seems that not everyone was of the same opinion: " . . . leaving the neck bare is back in fashion! May the gods be praised, as well as the designers to whom we at last owe the pleasure of being able to caress with our eyes

entre les autres le premier rang, maîtres du goût et de l'étoffe. Cette revue en même temps qu'elle forme la plus précieuse suite d'aquarelles qui se puisse feuilleter, représente chaque mois la collection et l'histoire des nouveautés du costume. […] Ce n'est pas une petite chose que de donner figure à son siècle. […]» Cf. Bidou Henry, «Le dîner de la *Gazette du bon ton*», *Gazette du bon ton*, t. 2, 1914, p. 235-238.

21. Dans le numéro de *Vogue* du 15 janvier 1922, on peut lire un article qui s'intitule «Les couturiers proposent, la Parisienne dispose – Les grandes collections lancent des thèmes divers. C'est seulement quand la Parisienne a opté que "les modes" deviennent "la mode"», p. 7.

22. Ces textiles ont déjà fait l'objet d'une publication. Cf. *Sous la griffe du dragon* 2004. Pour Alfred Baur, consulter *Alfred Baur, Pionnier et collectionneur* 2015.

23. Dans la correspondance d'Alfred Baur, on peut lire plusieurs lettres écrites par l'antiquaire qui sollicitent l'attention de Madame. «J'ai expédié il y a un mois environ vingt-cinq kilos de broderies à la rue Céard [emplacement de sa boutique genevoise, *N.d.A.*] : Madame Baur trouverait peut-être dans ce lot des pièces qui lui conviendraient!», 24 juin 1929. Pour Gustave Loup, de son nom chinois 陆才幹, voir Niklès van Osselt 2017.

24. Ces textiles ont déjà fait l'objet d'une publication. Cf. Loveday 2014. Pour Tomita Kumasaku, voir Loveday 2013, par exemple.

25. Le musée des Arts d'Extrême-Orient de Genève vient d'ouvrir au public une nouvelle salle consacrée aux donations (automne 2017). Si la Fondation établie par Alfred Baur (1865-1951) était avant tout destinée à recueillir et entretenir ses précieuses collections, elle devait également garantir l'intégrité de cet ensemble constitué avec passion tout au long de sa vie, assurant qu'aucun objet ne serait jamais ni retranché ni ajouté. Cependant, ce souhait figeait dans le temps toute possibilité d'enrichissement scientifique pour le musée ainsi constitué. C'est en 1995 que la Fondation Baur obtient, parallèlement à une autorisation pour agrandissement de son édifice, le droit de recevoir des dons et de les exposer au public. Depuis, l'institution a le privilège d'accueillir de très belles donations qui animent publications et expositions.

26. Parmi ces donations, on trouve : un tapis impérial chinois en soie de Mme Isaline Cherbuliez (1999); une veste chinoise impériale, jaune, et son pantalon donnés par Mme Aimée Masset (2010); un ensemble complet de vêtements chinois – comprenant une veste, un pantalon, des jambières, une ceinture et une paire de chaussures – de la part de Mme Maryse Bozonet (2011); une veste japonaise ouverte *haori* avec un décor de cérémonie du thé, de Mme Lucienne Caillat (2012); diverses pochettes chinoises brodées, dont un étui à montre, de M. Hans Ehrbar (2012); une robe taoïste chinoise rouge brodée d'or, de M. et Mme Paillard (2013); un ornement de mobilier chinois avec des enfants brodés, de M. Bruno Vitale (2016); une grande tenture impériale chinoise brodée d'oiseaux, de Mme Maud Mottier (2016); une autre tenture chinoise brodée d'oiseaux, de M. et Mme Jean-Marc et Susan Muller (2017); une robe de mandarin pour l'été, brodée de dragons au fil d'or, de M. Hans Hürlimann-Huber (2017); une jupe plissée mandchoue et une broderie de pivoines, de M. Ferdinand Dufour (2017); un kimono de jeune fille *furisode* à motif de chrysanthèmes, de Mme Sylviane de Cerjat-Hagger (2017); un ensemble de vêtements chinois à fond noir (veste et pantalon assortis), de Mme Monique Crick (2017); un ensemble de vêtements chinois à fond bleu (veste et pantalon assortis), de Mme Isabelle Ritschard (2017); enfin, une tunique chinoise matelassée bleue de M. et Mme Jean-Pierre et Colette Ghysels (2017) et une robe féminine de la fin du XIXe siècle, du Dr André Philippe (2018). Juste avant la fin de la rédaction de ce catalogue, la Fondation Baur reçoit encore un ensemble de costumes de théâtre de la première moitié du XXe siècle de la part de M. et Mme Gartlgruber et qui comprend : une tenue complète de femme de cour, un costume de mandarin et un dernier de prêtre taoïste, accompagnés de tous leurs accessoires respectifs.

27. Mme Sato Mariko est née le 11 septembre 1937 et décédée le 17 mai 2008. La famille Sato est l'une des branches descendantes des Fujiwara 籐原氏 du nord, qui a donné de nombreux régents aux empereurs japonais (périodes de Nara 710-794 et Heian 794-1185). Parmi les kimonos qu'elle nous a légués, on remarque deux blasons familiaux *mon* qui reviennent et marquent en tout cas deux générations de femmes. Le premier est constitué de deux feuilles de chêne entrecroisées et prises au milieu de cinq poignées de métal *gokan kashiwa* (五鐶柏葉) et le second représente une campanule japonaise dans un cercle *maru kikyo* (丸桔葉). Une seule pièce, apparemment rapportée, comporte un blason qui reproduit une feuille de lierre *tsuta* (蔦).

28. Mme Sugawara Keiko est née en 1948, son nom de jeune fille est Furukawa Keiko 古川惠子.

29. Un premier article a déjà permis de présenter, brièvement, ces deux donations faites à la Fondation Baur. Cf. Niklès van Osselt 2018.

30. Pour la signification des décors chinois, cf. Niklès van Osselt 2011, par exemple.

31. La cérémonie des *Shichi-go-san*, littéralement «sept-cinq-trois», célèbre les fillettes lors de leur anniversaire des trois et sept ans et les garçonnets pour leurs cinq ans.

32. «C'en est fini de la légende des cerveaux de poupées; il est autant de matière grise dans un encéphale féminin que dans un masculin : le muscle d'une championne de golf ou de tennis vaut celui de bien des épéistes, de pas mal de boxeurs…» Il était important de le préciser! Cf. «Paradoxes sur les nouvelles et anciennes vertus féminines», *Vogue*, 1er août 1923, p. 31.

33. Cette nouvelle coiffure fait décidément couler beaucoup d'encre dans les magazines. Cf. La comtesse de Noailles, «Fantaisie et volonté des femmes», *Vogue*, mars 1926, p. 33, par exemple.

34. Les revues se font donc aussi le reflet de ces nouvelles possibilités à explorer. Cf. J. G., «Les jeux de plein air, les jeux et les joueurs», *Gazette du bon ton*, t. 2, juin 1913, p. 269 et 272 ou Boutet de Monvel Roger, «Costumes de sport», *Gazette du bon ton*, t. 2, juin 1913, p. 279 et 284. Dans *Vogue* aussi, le 15 octobre 1920, «La mode et les costumes de sport – Pour le golf, le tennis ou le cheval une tenue correcte et bien coupée est indispensable», p. 24.

35. L'arrivée du tango en France, et à Paris en particulier, dans les années qui précèdent la Première Guerre mondiale, bouleverse la société. Cette danse osée heurte la morale des conservateurs, mais correspond à un profond désir de changement, ainsi qu'aux révolutions en cours. Dans la *Gazette du bon ton*, on trouve ce commentaire : «Il est très chic du reste, d'avoir sa robe ou trop ouverte, ou trop légère, de façon à laisser voir avec une inconscience exquise, tout ce que Dieu nous donna de joli ou de tentant… À l'heure du Tango, l'inconvenance dépasse la mesure, ce qui fait bondir d'horreur les femmes aux attaches lourdes, alors qu'au contraire, jouant des pieds et… des jambes, les autres, ravies du dépit qu'elles provoquent s'exhibent à qui mieux mieux. Moi, je m'amuse et demeure ravie, il y a de quoi. Sans cet amour de la danse, nous n'aurions pas vu revivre tant de jolies légèretés, tant de transparences révélatrices.» Cf. Nada, «La mode et le bon ton», *Gazette du bon ton*, t. 2, 1913, p. 221 et 222. Le fox-trot et le one-step suivront, surtout après-guerre, cf. Le Danseur inconnu, «Des pieds et des mains», *Gazette du bon ton*, mars 1920, p. 45-48.

36. Cf. Picard André, «La route est belle, belle, belle!…», *Gazette du bon ton*, t. 2, juin 1913, p. 265 et 268. On trouve d'autres réflexions instructives sur la tenue appropriée pour conduire une voiture dans le numéro de *Vogue* du 1er août 1920 : «La Randonnée en automobile – Pour aller en automobile il faut avoir des manteaux pratiques, chauds et confortables, dans un tissu qui ne se chiffonne pas […]» ou «La Parisienne en automobile n'oublie pas l'élégance», p. 7-9 et p. 12. On trouve encore «L'industrie automobile et la femme» ou «Modes et voitures de la Parisienne», *Vogue*, 1er février 1921, p. 14 et 23.

37. Cf. Silvere Jean, «Les bains de mer, Le costume de bain», *Gazette du bon ton*, t. 2, 1913, p. 241 et 244. De manière assez amusante, on trouve un retour aux «robes de bain» en 1922. «[…] afin de se tremper dans l'eau l'été, sur le bord des plages, il va falloir être habillée. Le maillot collant a vécu.» Cf. Bonnechose Nicolas, «Robes de bain», *Gazette du bon ton*, mai 1922, p. 149-152. Rassurons-nous, le costume de bain va tout de même perdurer…

38. La suite de l'article explique encore «Les "tea gowns" élégants sont un peu délaissés, car la femme moderne n'est pas une femme d'intérieur, et elle se pare plus volontiers pour sortir de chez elle que pour y rester à lire ou à recevoir […]» Cf. D'Avrily Colette, «Les pyjamas et les robes d'intérieur», *Les Modes*, février 1924, n° 237, p. 22 ou encore «Vive le pyjama à l'heure du négligé», *Vogue*, février 1925, p. 18.

39. *Sanjaku* signifie littéralement «trois pieds de long». Il s'agit d'une catégorie de ceintures plus souples et plus légères destinées aux enfants et aux jeunes filles. Ces pièces portent aussi parfois le terme de *heko obi*.

40. Parmi les articles proposés, on trouve : «Présence et utilité de la présence des enfants dans les mariages» (1913); «Petit manuel de la correspondance puérile et honnête» (1913); «L'art de faire les livrées» (1913); «Le bon ton des merlettes, conseils sur l'art de reconnaître un vrai gentilhomme» (1914); «La femme et le chien» (1914); «Du choix d'un papier peint» (1914); «Le mariage considéré comme un sport» (1921); «La parade de l'accouchée» (1922). Les sous-titres des planches illustrées sont tout aussi étonnants : «La soubrette annamite, Robe du soir de Dœuillet garnie de rubans» (1920); «Le chapeau de porcelaine, Modes et manières de

the curves of the neck among the golden or dusky penumbra of fine hair, the arousing line of the naissance of the shoulders . . ." See Gabriel Mourey, "The caprices of the line", *Gazette du bon ton*, t. 2 (1913), pp. 209–13.

43. See Roger Boutet de Monvel, "The boy-girls", *Gazette du bon ton* (May 1922), pp. 101–04.

44. "In French art, illustrators are gaining more and more importance; the number of magazines grows daily and the public's fondness of images is becoming more marked. It is therefore entirely natural, in such circumstances, that in France the number of artists representing different manners of expression suited to books and magazines should grow. A group . . . has recently had an exhibition in New York that experienced great success . . . Although very different, these artists share one point in common, their marvellous liking for female elegance." See "A word on some illustrators", *Vogue* (15 May 1921), p. 33.

45. See Weill 2010, cover summary.

46. Each plate was divided up into a number of stencils, each of which correspondeds to a particular colour and would be painted by hand using gouache or watercolour. The technique was carried out by a skilled specialist able to add different tones or delicate graduations of one colour into another. The illustrations produced were thus all unique. See Frouke van Dijke, "Mannequins like Modiglianis – Paul Poiret and Modern Art", in *Art Deco Paris*, 2017, p. 251.

47. See Henri Duvernois, "The lacquer age", *Gazette du bon ton* (July 1920), p. 165.

48. See Lucie Delarue-Mardrus, the wife of Charles, author of the translation of *One Thousand and One Nights* published at the start of the 20th century, "If fashion is an art?", *Journal* 11 (10 September 1912).

49. The assimilation of women to birds, whose feathers they wore on their clothing, was the subject of "Plumages", written by Nicolas Bonnechose, *Gazette du bon ton* (August 1920), pp. 263–68. The outfits of women of fashion were also compared to different species of birds in "The white birds", by Vaudreuil, *Gazette du bon ton*, t. 2 (1922), pp. 301–05. "White pheasant, flamingo, white hen, swan, albatross, turtledove . . ."

50. See *Pagodes et dragons*, 2007, for example.

51. See Juillerat, Niklès van Osselt, Piguet 2018, for example.

52. "Opium den. I softly half-opened the door, she was there among the faded silk and dull golds. The yellowed ivory and lifeless flowers. The lacquer of the panels, the jade and the smoke. She was sleeping with one arm tucked under her neck. A knee was visible through her half-open gown. And the thrust of her long leg out of the shadow. Like the white elder tree with its dark fruit. She waited docilely, offering herself as she slept. Then, the low lamp abruptly sputtered. Like a silver flower throwing out soot. The black pollen fell on us like rain. Then, on the doorstep, I remembered: colourless cushions beneath an almost naked body. The hour consumed and the soulless chamber. I remembered . . . I closed the door."

53. However, it seems that Chinese ladies fell for the temptation of the corset for a while! "A newspaper in Shanghai tells us that women all across the Far East are armour-plating themselves in the rigid and barbaric corsets that the fashions of Europe have done away with. It must be that there are still some stocks to be got rid of, of which the pretty little Chinese women are the victims. While we drape ourselves in their beautiful loose robes with soft belts, they are torturing their busts and squeezing their waists in ghastly ribbed breastplates that we, here in the West, will not see back in a hurry. Never, in fact, has the female body been so free and undefined in its lines; its curves have been absolutely prohibited and the absurd fashion is that the female silhouette should be as androgynous as possible. Straight jackets, tight skirts and short hair make it possible for young modern women to make not just their lives more masculine but also their appearance, and to create a very interesting post-war generation . . ." May Maury, "The walls of China", *Les Modes* 220 (September 1922), p. 24.

54. This subject is dealt with in various publications, which observe how the start of the 20th century made possible the emergence of a generation of modern women, whose experience of the liberation of the body led also to the liberation of the spirit: on this, see Elisseeff 2006, for example. It seems the first girls' school in Shanghai was founded in 1898 by a certain Liang Qichao. It was only in 1907, at the end of her reign, that the Dowager Empress Cixi (1835–1908) adopted measures for the education of girls: see Guillerez 2013, p. 55, note 105. The May Fourth Movement named after 4 May (1919) was also to initiate a debate on women. Films featuring the famous actress Ruan Lingyu 阮玲玉 (1910–35) reflect this period. In them she plays women forced into marriage or prostitution to survive or educated, independent and respected city women. What is disturbing in her case is that the roles she played in her films have affinities with certain tragic aspects of her private life. Manipulated by men and the media, she was finally pushed to commit suicide. Her story is evidence that women in China still had some way to go to find their place in society.

55. The writer Lu Xun 魯迅 (1881–1936) was one of the founders of modern Chinese literature and a fervent defender of women's rights. His writings largely contributed to the spread of modern ideas about the condition of women. On cinema, see for example "Style and film heroines – Sometimes there are too many differences between the real life of cinema heroines and as it appears on the screen", *Vogue* (1 August 1920), p. 27.

56. See Georges-Armand Masson, "The House of happiness", *Gazette du bon ton* (January 1921), pp. 1–4.

57. The *qipao* was derived from a Manchu costume worn as early as the 16th century. Also known by its Cantonese name of *cheongsam* (長衫), the long and attractive tunic returned to fashion early in the Republican period (1911–49) and was used to represent the modern Chinese woman in films, advertisements and calendars in particular. See Jackson 2005, for example.

58. On page 64 of the November 1924 issue of *Vogue*, an article describes the social life in Shanghai. "You see magnificent cars in Shanghai, filled with the most cosmopolitan sort of women, yet who maintain their individual character . . . There is a lot of dressing up to the nines in Shanghai; they like to display, first amongst themselves, then to others, as there is no less reason to be well dressed under the Chinese sky than under that of the West. As soon as a fashion magazine arrives, it is immediately passed from hand to hand and the slightest nuance is copied."

59. See *Waves of Renewal* 2016.

60. See Colette D'Avrily, "Fashion and techniques", *Les Modes* 241 (December 1924), p. 6.

61. See Colette D'Avrily, "Fashion and techniques", *Les Modes* 234 (November 1923), pp. 24–6.

62. The language used at that time is today often considered unacceptable. Words like "Yellows" to refer to Asian peoples, the title of the *Revue nègre*, and similar other terms have deliberately been maintained in this publication. They are an aspect of a very real period that is part of our shared history, one to which we should not shut our eyes. [*Author's note*]

63. It seems important to point out that for each outfit selected, it is the most interesting aspect that has been chosen, the one that best shows off its form, colours and decorative nature.

64. "Finally, the mysteries of chic have to be admired without attempting to understanding them, while looking at the curve of a feather, the hang of a veil, the line of a shoe, the perfectly shaped heel, the way a fur is worn, a veil is arranged, a small bag is held, or that one shapes one's silhouette, holds out one's hand, smiles . . . And it is here that we touch on the ultimate in the art of chic, the chic in the way we love and are loved, the chic in marriage and in a liaison, the chic in breaking off . . . at the end of a love affair". See "The duel between chic and beauty", *Vogue* (October 1920), p. 25.

65. In Japan during the Edo period (1600–1868), the term *iki* (粋) was created to mean all that is "chic" to contrast with *yabo* (野暮), all that is "old-fashioned".

Catalogue

1. See May Maury, "A day in the life of a Parisienne", *Les Modes* 216 (May 1922), p. 24.

2. See "Auctions and how they operate – Art-lovers rush to auction rooms to participate in one of the world's most exciting events", *Vogue* (February 1925), p. 38.

3. The *Journal des dames et des modes* was a French review published between 1797 and 1839. The title was later adopted by a different publisher between 1912 and 1914. Conceived for a wealthy public, it had a small readership (only 1,280 copies printed) and employed illustrators who would be closely associated with the artistic style that would become Art Deco. It was however representative of the taste that was beginning to develop for Eastern styles.

4. The *Classic of the Qin* or *Qin Cao* (琴操) is attributed to the scholar Cai Yong 蔡邕 (133–192), who lived during the Han dynasty (206 BC–220 AD). It is this book that contains the earliest known version of the melody *Solitary Orchid*, *Yi lan cao* (猗幽蘭) or *You lan* (幽蘭).

5. See *Le Bleu des mers* 2017, for example.

Torquate» (1920); «Hindoustan, Robe-manteau de Paul Poiret» (1920), entre autres…

41. Cf. «Pour celles qui regrettent…» par Georges-Armand Masson, *Gazette du bon ton*, juillet 1920, p. 225.

42. Dans la même revue encore, tout le monde n'est pas du même avis d'ailleurs «[…] il revient à la mode de laisser voir la nuque! Que les dieux soient loués et les modistes à qui nous devons enfin de caresser du regard les rondeurs des cous dégagés parmi la pénombre dorée ou ténébreuse des fins cheveux, la ligne troublante de la naissance des épaules…» Cf. Gabriel Mourey, «Les caprices de la ligne», *Gazette du bon ton*, t. 2, 1913, p. 209-213.

43. Cf. Boutet de Monvel Roger, «Les masculines», *Gazette du bon ton*, mai 1922, p. 101-104.

44. «Dans l'art français, les illustrateurs prennent de plus en plus d'importance; le nombre des magazines augmente journellement, et le goût du public pour l'image s'accentue; il est donc tout naturel, en telles occurrences, qu'il ait surgi en France des artistes représentatifs des diverses manières d'expressions adaptées au livre et au journal. Un groupe […] a fait, dernièrement, une exposition à New-York qui a obtenu un grand succès. […] Ces artistes, bien que très différents, ont, cependant, un point commun de rencontre, qui est leur goût merveilleux de l'élégance féminine.» Cf. «Sur quelques illustrateurs», *Vogue*, 15 mai 1921, p. 33.

45. Cf. Weill 2010, résumé de couverture.

46. Chaque planche est divisée en un certain nombre de pochoirs, correspondant à une couleur déterminée, qui sera peinte à la main avec de la gouache ou de l'aquarelle. Cette technique doit être réalisée par un artisan spécialisé qui saura y ajouter diverses tonalités ainsi que de subtils dégradés. Les illustrations ainsi produites seront toutes uniques. Cf. Van Dijke Frouke, «Mannequins like Modiglianis – Paul Poiret and Modern Art», in *Art Deco* 2017, p. 251.

47. Cf. Duvernois Henri, «L'âge du laque», *Gazette du bon ton*, juillet 1920, p. 165.

48. Cf. Delarue-Mardrus Lucie, épouse de Charles, auteur de la nouvelle traduction des *Mille et Une Nuits* au début du XXe siècle, «Si la mode est un art?», *Journal*, n° 11, 10 septembre 1912.

49. L'assimilation des femmes aux oiseaux, dont elles portent les plumes sur leurs tenues, fait l'objet de «Plumages», rédigé par Bonnechose Nicolas, *Gazette du bon ton*, août 1920, p. 263-268. Les toilettes des élégantes sont aussi comparées à diverses espèces d'oiseaux dans «Les oiseaux blancs», de Vaudreuil, *Gazette du bon ton*, t. 2, 1922, p. 301-305. «Faisan blanc, flamant, poule blanche, cygne, albatros, tourterelle…»

50. Cf. *Pagodes et dragons* 2007, par exemple.

51. Cf. Juillerat, Niklès van Osselt, Piguet 2018, par exemple.

52. «Fumerie. J'entrouvris doucement la porte, elle était là parmi la soie éteinte et les ors sans éclat. Les ivoires jaunis, les fleurs inanimées. La laque des panneaux, le jade et la fumée. Elle dormait un bras replié sous son cou. Par la robe écartée on voyait son genou. Et l'élan de la jambe longue hors de l'ombre. Pareille au sureau blanc qui supporte un fruit sombre. Elle attendait docile et s'offrait en dormant. La lampe basse, alors, charbonna brusquement. Comme une fleur d'argent qui jette de la suie. Les pollens noirs sur nous retombèrent en pluie. Alors moi, sur le seuil je me suis souvenu. Des coussins sans couleur sous un corps presque nu. D'une heure évanouie et d'une chambre morte. Je me suis souvenu… J'ai refermé la porte.»

53. Il semblerait toutefois que, pendant un temps, les Chinoises aient succombé à la tentation du corset… «Un journal de Shanghai nous apprend que tout l'Extrême-Orient féminin se cuirasse actuellement dans les corsets rigides et barbares que la Mode européenne a bannis. Il doit y avoir là-dessous quelques stocks à écouler, dont les jolies petites Chinoises vont être les victimes. Tandis que nous nous drapons dans leurs belles robes vagues aux molles ceintures, elles martyrisent leurs bustes et compriment leurs tailles dans d'affreuses armatures baleinées que nous ne reverrons plus de sitôt en Occident. Jamais, en effet, le corps féminin n'a été aussi libre et indécis dans sa ligne; la cambrure en est absolument bannie et la mode absurde veut que la silhouette féminine soit aussi androgyne que possible. Des vestons droits, des jupes étroites et des cheveux courts permettent aux jeunes femmes modernes de masculiniser leur allure en même temps que leur existence et de constituer une génération d'après-guerre fort intéressante» Cf. Maury May, «Les murailles de Chine», *Les Modes*, septembre 1922, n° 220, p. 24.

54. On trouve ce sujet traité dans diverses publications qui observent comment le début du XXe siècle permet l'émergence d'une génération de nouvelles femmes, dont la libération du corps entraîne celle de leur esprit. Cf. Elisseeff 2006, par exemple. Une toute première école pour filles fut apparemment fondée à Shanghai, en 1898, par un dénommé Liang Qichao. Ce n'est qu'à la fin de son règne, en 1907, que l'impératrice douairière Cixi (1835-1908) adopte des mesures pour la scolarisation des filles. Cf. Guillerez 2013, p. 55, note 105. Le mouvement du 4 mai 1919 va également déclencher un débat sur la question féminine. Les films de la célèbre actrice Ruan Lingyu 阮玲玉 (1910-1935), par exemple, se font le reflet de cette période. Elle y incarne tour à tour des rôles de femmes soumises, forcées au mariage ou à la prostitution pour survivre, ou encore ceux de femmes urbaines, éduquées, autonomes et valorisées. Ce qui est troublant dans son cas, c'est que ses expériences cinématographiques rejoignent certains aspects tragiques de sa propre vie privée. Manipulée par les hommes, comme par les médias, elle sera finalement poussée au suicide. Preuve que la femme avait encore du chemin à faire pour trouver sa place dans la société d'alors…

55. L'écrivain chinois Lu Xun 魯迅 (1881-1936), l'un des fondateurs de la littérature moderne, fut un fervent défenseur de la cause des femmes. Son œuvre a largement participé à la diffusion des idées modernes concernant la condition féminine. En ce qui concerne le cinéma, lire par exemple «Du goût et des héroïnes du cinéma – Il y a quelquefois trop de différences entre la vie des héroïnes du cinéma telle qu'elle est en réalité et telle qu'elle paraît sur l'écran», *Vogue*, 1er août 1920, p. 27.

56. Cf. Masson Georges-Armand, «La maison du bonheur», *Gazette du bon ton*, janvier 1921, p. 1-4.

57. Le *qipao* est né d'une tenue mandchoue portée au XVIe siècle déjà. Également connue sous l'appellation cantonaise de *cheongsam* (長衫), cette tunique longue et seyante sera remise au goût du jour au début de l'époque républicaine (1911-1949) et incarnera la Chinoise moderne et dynamique, relayée par le cinéma, dans les images publicitaires et les calendriers notamment. Cf. Jackson 2005, par exemple.

58. Dans le numéro de *Vogue* du mois de novembre 1924, p. 64, on trouve un article qui décrit «La vie sociale à Shanghai». «On croise de splendides autos à Shanghaï, pleines de types féminins des plus cosmopolites et qui cependant gardent leur caractère individuel […]. On fait beaucoup de toilette à Shanghaï; on aime à se témoigner à soi-même d'abord et aux autres ensuite qu'il n'y a pas de raison pour être moins habillé sous le ciel chinois que sous l'occidental. Dès qu'un journal de mode arrive, on se le passe immédiatement de main en main et on copie les moindres nuances.»

59. Cf. *Waves of Renewal* 2016.

60. Cf. D'Avrily Colette, «La mode et les modes», *Les Modes*, décembre 1924, n° 241, p. 6.

61. Cf. D'Avrily Colette, «La mode et les modes», *Les Modes*, novembre 1923, n° 234, p. 24-26.

62. Le langage employé alors est aujourd'hui souvent considéré comme inacceptable. Les termes de «Jaunes» pour désigner les populations asiatiques, l'intitulé de la *Revue nègre* ou d'autres appellations malheureuses de ce genre, par exemple, ont été délibérément conservés. Ils subsistent comme le reflet d'une période vécue et bien réelle faisant partie de notre histoire commune et sur laquelle il nous semblait important de ne pas fermer les yeux. [*N.d.A.*]

63. Il nous semble important de préciser encore que pour chaque tenue vestimentaire, c'est le côté le plus intéressant qui a été choisi, celui qui semblait le mieux mettre sa forme, sa couleur ou son décor en valeur.

64. «Enfin les mystères du chic, il faut les admirer sans essayer de les comprendre, en regardant la courbe d'une plume, le drapé d'un voile, la ligne d'un soulier, des talons d'une coupe parfaite, la façon de porter une fourrure, de mettre une voilette, de tenir un petit sac, de faire sa figure, de tendre la main, de sourire… Et nous touchons alors au fin du fin dans l'art du chic, le chic dans la façon d'aimer et d'être aimé, le chic dans le mariage ou dans une liaison, le chic dans une rupture…. dans la mort d'un amour…» Cf. «Le duel du chic et de la beauté», *Vogue*, octobre 1920, p. 25.

65. Dans le Japon de l'époque d'Edo (1600-1868), on désigne du terme *iki* (粋), ce qui est «chic», par opposition à *yabo* (野暮), ce qui est «dépassé».

Catalogue

1. Cf. Maury May, «La journée d'une Parisienne», *Les Modes*, mai 1922, n° 216, p. 24.

2. Cf. «Le jeu des enchères et comment il se pratique – Les amateurs d'art accourent aux ventes aux enchères pour participer à un des jeux les plus palpitants qu'il y ait au monde», *Vogue*, février 1925, p. 38.

3. Le *Journal des dames et des modes* est une ancienne revue française, publiée de 1797 à 1839. Ce même titre a ensuite été repris par un nouvel éditeur de 1912 à 1914. Ce magazine à faible tirage (1280 exemplaires), réunissant des illustrateurs intrinsèquement liés à ce qui deviendra l'Art déco,

6. "Burgauté" lacquer is so named because it is embellished with the interior of shells of various molluscs that produce mother-of-pearl or "burgaudine". The term refers to the technique of cutting fine plaques of mother-of-pearl that are then tinted to bring out its iridescent colours, and which are then used as inlays in the fashion of a mosaic on dark lacquer panels. Objects decorated in this way were both produced in China and Japan.
7. "Coromandel" screens are incorrectly termed as they are of Chinese origin. Coromandel is in fact a region of the southeast coast of India along the Bay of Bengal through which the screens transited on their journey to Europe. These pieces were manufactured from the 17th century using a technique in which canvas was stretched over a wooden chassis and covered with numerous coats of lacquer. A decorative scene was then either inlaid or incised and painted. These screens were resoundingly popular in Europe during the 18th century and exported in great numbers by the various East India companies. They were either used as such or the lacquered panels were removed and fixed on new furniture made in Europe. During the early decades of the 20th century, Western artists took up and employed the same technique as part of the Art Deco movement.
8. See "The soul of folding screens, in the past and today", Vogue (December 1924), p. 35.
9. "Coloured pearls and sequins glitter under the lights like frost in the sunlight", *Vogue* (October 1922), p. 22.
10. The unusual feature of this piece is its length, as well as that of its sleeves. This was purely a question of style and several *haori* open jackets and kimonos in the Sato Mariko donation have the same characteristic.
11. Noh (能) is a style of Japanese theatre created in the late 13th century; mostly lyrical dramas and versified tales told by wandering monks, performed in sumptuous costumes. The actors also wear masks from a set that defines their different roles.
12. The *tarashikomi* technique consists in mixing different colours that diffuse into one another, creating very special wash effects. It was one of the specialities of the Rinpa school and of its initiators Hon'ami Kôetsu 本阿弥光悦 (1558–1637) and Tawaraya Sôtatsu 俵屋宗達 (c. 1570–1643), who created a decorative style of painting.
13. Today this motif is used to represent something completely different in that it has been adopted as the icon for Wifi communications.
14. "The [textile] collections are many and varied and we cannot but rejoice at the creative genius and imagination not only of the designers but also of the fabric manufacturers who have surpassed themselves once again in terms of richness and glamour. We find ourselves in the midst of the *Thousand and One Nights*, as it is the East and China that have inspired many of the most sensational styles. It is not easy to find two hundred new names each season to christen the new creations . . ." See Colette D'Avrily, "Fashion and Techniques", *Les Modes* 233 (October 1923), p. 6.
15. The painter Raoul Dufy (1877–1953) was one of the artists who took pleasure in creating designs for textiles. Many of his patterns were reproduced in the *Gazette du bon ton*.
16. These two companies were each named after one of the couturier's daughters. "Paul Poiret, who, as a decorator, conceals himself behind the pseudonym 'Martine', shows us fabrics furiously inspired by modernist and futurist extravagance. Their colouring is marvellous and design fascinating . . . Printed velvets are made with designs reminiscent of French canvas made in Jouy and the painted and printed cloths of the past: the dark grounds are favourites not only with futurists but also with conservatives . . ." "Autumn gardens bloom on the walls", *Vogue* (15 September 1920), p. 40.
17. See Claude Roger-Marx, "On Choosing Wallpaper", *Gazette du bon ton* 2 (1914), pp. 217–20.
18. See Émile Sedyn, "Belts", *Gazette du bon ton* 2 (1913), pp. 233, 236.
19. *Modes et manières d'aujourd'hui* was first published in 1912 in the form of a dossier containing texts by Pierre Corrard (1877–1914) and colour plates drawn by Georges Lepape. Only 300 copies of the first issue were printed. The following year the pair were replaced by Charles Martin (1884–1934) and Nozières (Fernand Nozière, 1874–1931). In 1914, they were replaced by George Barbier and Henri Régnier (1864–1936). Interrupted by the war, the publication started again in 1919. The seventh and final volume appeared in 1922.
20. Older rules governing composition also exist but their usage is rare today. They go by the names of *dônuki* (胴抜き) or *dan gawari* (段替わり) – literally "different levels" – and relate to the design of kimonos originally composed of portions of different fabrics sewn together that were later imitated in weaving by a checked pattern; *kata suso* (肩裾) – literally [which is decorated on] "shoulder and below waist", and *katami gawari* (片身変わり) "two different sides" – when strips of different textiles were used to make up the kimono.
21. See Georges-Armand Masson, "Sartorial Geography", *Gazette du bon ton* (August 1920), pp. 269–72.
22. See *Vogue* (June 1922), p. 38.
23. *Ikat* (from the Indonesian word meaning "to fasten, bind") is the name of a dyeing technique in which the weft and warp threads are dyed before use at defined intervals, with the result that the patterns or decorative effects are only seen once the threads have been woven.
24. See, for example, *Les Modes* 193 (1920), first page, where we find a "bedspread in silk 'batikkée' by Mme Pangon".
25. In Chinese, literally "The story of the carp that swims upstream to the dragon's gate", or *Liyu tiao longmen* (鯉魚跳龍門).
26. Many legends exist relating to the Buddhist bodhisattva Kannon, known as Avalokiteshvara in India and Guanyin in China. Among these are the ones of Hashi Nonaka-tomo and Jisshudô 爾朱洞.
27. The women's fashion magazine *Harper's Bazaar* was founded in the United States in 1867. It became widely distributed, in Europe in particular, where it was translated into several languages. In the 20th century and in France, it was a direct competitor to *Vogue*. During the 1920s and 1930s, its illustrations were produced for the most part in France and Germany. Romain de Tirtoff, called Erté, was one of the magazine's most famous contributors (even though he also worked for a rival publication). Even today, his illustrations remain emblematic of the magazine.
28. Generally speaking, the nine ranks of the mandarin hierarchy were identified by buttons of different materials or "colours". The highest and most important rank was symbolised by the "ruby" button (in transparent red glass); the second was represented by coral or opaque red glass; the third by a sapphire button (or transparent blue glass); the fourth by "lapis lazuli" (generally opaque blue glass); the fifth by a crystal button (transparent white quartz); the sixth by "jade" (an opaque white shell); the seventh by "gold" (polished brass); and the eighth and ninth respectively by "engraved gold" and "silver" (engraved and repoussé brass).
29. This Chinese accessory appears in a tale called the "Mandarin Button", commonly attributed to Jean-Jacques Rousseau (1712–78), the subject of which is the moral behaviour of the individual. What would be the reader's decision if he or she were offered a reward in return for killing a mandarin in China simply by an act of will, without leaving Europe and without punishment of any kind?
30. The first specimens arrived around 1755. It is an amusing coincidence that the real name of the Marquise de Pompadour, the favourite of Louis XV (r. 1715–74), was Jeanne-Antoinette Poisson (*poisson* is the French word for fish). This titbit certainly fuelled the gibes aimed at her.
31. The French word for "fish" also appears in both the Mandarin word *jinyu* and the Japanese word *kyngyo* (金魚). On Europe's discovery and then study of Chinese goldfish, see the transcription of the first text on this subject in a Western language by Louis Edme Billardon de Sauvigny (1738–1812), *Histoire naturelle des dorades de la Chine*, written in Paris in 1780, and its *Notice*. See Hervey 1950.
32. See Colette D'Avrily, "Fashion and Techniques", *Les Modes* 236 (January 1924), p. 16.
33. See *Vogue* (July 1920), p. 40.
34. See *Vogue* (February 1921), p. 36.
35. See Sybil De Lancey, "Fashion and Techniques", *Les Modes* (1920), p. 24.
36. On this, see Niklès van Osselt 2011, for example.
37. Jehol, today Chengde 承德, is a prefecture 225 km northeast of Beijing. In 1703, Emperor Kangxi 康熙 (r. 1662–1722) chose this place for the construction of a summer palace, which was chiefly visited by his successors Yongzheng 雍正 (r. 1722–35) and Qianlong 乾隆 (r. 1736–95).
38. "Modern embroidery", *Les Modes* 193 (1920), pp. 2–4.
39. To celebrate the start of a new social season each year, the *bal du Grand prix* was held at the Opéra Garnier bring together Parisian society in a large masked ball. The occasion followed on from the famous *bals de l'Opéra* organised in the past by the Carnaval de Paris (initiated by royal command in 1715) of which the *Promenade of the Masks* was one of the major events. This particular and very popular tradition lasted until the end of the 1920s.
40. This was of course the couturier Paul Poiret. *Vogue* (1 August 1923), pp. 12–15.
41. See E.-F. Velletaz, "Around the World", *Les Modes* 239 (April 1924), p. 4.
42. These extravagant balls existed as early as the reign of Louis XIV (r. 1643–1715). "Like their

était alors destiné à un public aisé. Il est toutefois représentatif de la passion qui commence à se développer à cette époque pour l'orientalisme.

4. Le *Classique du qin* ou *Qin Cao* (琴操) aurait été compilé par le lettré Cai Yong 蔡邕 (133-192), sous les Han (206 avant notre ère-220 de notre ère). C'est dans cet ouvrage que l'on trouve la plus ancienne version connue du morceau de *L'Orchidée solitaire*, *Yi lan cao* (猗幽蘭) ou *You lan* (幽蘭).

5. Cf. *Le Bleu des mers* 2017, par exemple.

6. La laque dite «burgautée» est ainsi nommée car elle est agrémentée de nacre provenant de la coquille de divers mollusques marins produisant la «burgaudine». Cette appellation désigne une technique de décor basée sur de fines lamelles de nacre découpées puis légèrement teintées pour rehausser ses couleurs irisées, et qui sont ensuite incrustées, à la manière d'une mosaïque, dans les panneaux de laque sombre. Des objets ainsi ornés étaient aussi bien produits en Chine qu'au Japon.

7. Ces paravents d'origine chinoise sont abusivement appelés «de Coromandel», puisque ce nom désigne, en fait, une côte de la péninsule indienne qui se déploie le long du golfe du Bengale, par laquelle ils transitaient. Ces pièces sont produites dès le XVIIe siècle, selon une technique consistant à recouvrir une toile, tendue au préalable sur un châssis de bois, de nombreuses couches de laque. Un décor est ensuite incrusté ou incisé et peint. Ces pièces particulières connaîtront un succès retentissant dans l'Europe du XVIIIe siècle, exportées en grandes quantités par les diverses compagnies des Indes, employées comme telles ou démembrées pour être plaquées sur du mobilier de manufacture locale. Ce n'est que dans les premières décennies du XXe siècle que les artistes occidentaux reprendront cette technique à leur compte au sein du mouvement Art déco, notamment.

8. Cf. «L'âme des paravents d'autrefois et d'aujourd'hui», *Vogue*, décembre 1924, p. 35.

9. «Les perles de couleur et les paillettes scintillent sous les lumières comme le givre au soleil», *Vogue*, octobre 1922, p. 22.

10. La particularité de cette pièce est sa longueur inhabituelle, ainsi que celle de ses manches. Il s'agit d'une question de goût, et on peut remarquer que plusieurs *haori* de la donation Sato Mariko, ainsi que certains de ses kimonos possèdent les mêmes spécificités.

11. Le nō (能) est un style de théâtre japonais qui serait né à la fin du XIIIe siècle, d'un mélange de pantomime et de contes versifiés qui étaient racontés par des moines errants. Il s'agit principalement de drames lyriques joués dans de somptueux costumes. Les acteurs portent également des masques correspondant à un répertoire définissant le rôle de chacun.

12. La technique du *tarashikomi* consiste à mêler différentes couleurs qui se diluent les unes dans les autres, ce qui crée des effets de lavis très recherchés. Il s'agit d'une des spécialités de l'école Rimpa et de ses initiateurs Hon'ami Kōetsu 本阿弥光悦 (1558-1637) et Tawaraya Sōtatsu 俵屋宗達 (env. 1570-1643), qui créaient une peinture de style décoratif.

13. Aujourd'hui, ce motif incarne tout autre chose puisqu'il a été repris comme icône pour le wifi.

14. «Les collections sont nombreuses et variées et l'on ne peut que s'extasier sur le génie créateur et l'imagination non seulement des modélistes, mais sur celui des fabricants de tissus qui se sont surpassés encore en richesse et en éclat. Nous sommes en plein conte des *Mille et Une Nuits*, car l'Orient et la Chine sont nos grands inspirateurs et les parrains attitrés de nombre de modèles à sensation. Il n'est pas facile en effet, de trouver à chaque saison deux cents noms nouveaux pour baptiser les nouvelles créations [...].» Cf. D'Avrily Colette, «La mode et les modes», *Les Modes*, octobre 1923, n° 233, p. 6.

15. Le peintre Raoul Dufy (1877-1953), par exemple, fait partie des artistes qui ont pris plaisir à proposer des compositions destinées à être réalisées sur des textiles. On trouve bon nombre de ses étoffes reproduites dans la *Gazette du bon ton*.

16. Ces deux maisons portent chacune le prénom d'une de ses filles. «Paul Poiret qui, en tant que décorateur, se dissimule sous le pseudonyme de "Martine" nous montre des étoffes furieusement inspirées des outrances modernes et futuristes. Elles sont merveilleusement belles de coloris et d'un dessin des plus intéressants [...]. On fabrique des velours imprimés dont les dessins rappellent les toiles de Jouy et les perses d'autrefois : les fonds sombres sont élus non seulement par les futuristes mais par les conservateurs [...].» Cf. «Les jardins de l'automne fleurissent sur les murs», *Vogue*, 15 septembre 1920, p. 40.

17. Cf. Roger-Marx Claude, «Du choix d'un papier peint», *Gazette du bon ton*, t. 2, 1914, p. 217-220.

18. Cf. Sedyn Émile, «Ceintures», *Gazette du bon ton*, t. 2, 1913, p. 233 et 236.

19. *Modes et manières d'aujourd'hui* a tout d'abord été publié en 1912, sous la forme d'un cartable contenant des textes de Pierre Corrard (1877-1914) et des planches couleurs réalisées par Georges Lepape. Ce premier numéro a été tiré à seulement 300 exemplaires. L'année suivante, c'est Charles Martin (1884-1934) et Nozières – soit Fernand Nozière (1874-1931) – qui les remplacèrent. En 1914, c'est le duo George Barbier et Henri Régnier (1864-1936) qui leur succède. Interrompue par la guerre, cette édition reprend en 1919. Le septième et dernier volume paraîtra en 1922.

20. Il existe d'autres règles de composition plus anciennes, mais dont l'usage s'est souvent perdu aujourd'hui. Elles portent les noms de *dōnuki* (胴抜き) ou *dan gawari* (段替わり) – littéralement «niveaux différents» – et reprend le dessin de certains kimonos composés à l'origine de portions de tissus différentes cousues entre elles, par la suite imités, tissés en damiers; *kata suso* (肩裾) – littéralement [qui comporte un décor sur] «épaule et bas»; *katami gawari* (片身変わり), soit «deux côtés différents» – lorsque des laizes de textiles contrastées sont employées pour composer le kimono, etc.

21. Cf. Masson Georges-Armand, «Géographie vestimentaire», *Gazette du bon ton*, août 1920, p. 269-272.

22. Cf. *Vogue*, juin 1922, p. 38.

23. L'*ikat* (de l'indonésien «attacher, nouer») est le nom d'une technique de teinture particulière qui consiste à colorer les futurs fils de trame ou de chaîne, à intervalles précis, afin que les dessins ou effets décoratifs prévus se révèlent lors du tissage.

24. Cf. *Les Modes*, 1920, n° 193, première page, par exemple. On découvre un «dessus de lit en soie "batikkée" par Mme Pangon».

25. Il s'agit littéralement en chinois de «L'histoire de la carpe qui remonte le courant jusqu'à la porte du dragon», soit *Liyu tiao longmen* (鯉魚跳龍門).

26. Kannon est un bodhisattva, connu sous le nom d'Avalokiteshvara en Inde et Guanyin en Chine, notamment. Il s'agit des légendes de Hashi no naka-tomo et de Jisshudō 爾朱洞, entre autres.

27. Le magazine de mode féminine *Harper's Bazaar* a tout d'abord été créé en 1867 aux États-Unis. Il sera ensuite progressivement distribué dans d'autres pays, et en Europe notamment, où il sera traduit dans plusieurs langues. Au XXe siècle et en France, il sera longtemps le concurrent direct de *Vogue*. Dans les années 1920 et 1930, ses illustrations proviennent majoritairement de France et d'Allemagne. Romain de Tirtoff dit Erté est l'un des collaborateurs les plus célèbres du magazine (même s'il travaillera également pour son concurrent). Ses dessins sont, aujourd'hui encore, emblématiques de cette publication.

28. En général, neuf perles de «couleurs» ou de matières différentes permettaient d'identifier les neuf rangs de la hiérarchie mandarinale. Le premier rang (le plus important) était symbolisé par une perle dite de «rubis» (en verre rouge et transparent); le second rang était représenté par une perle de corail (ou de verre rouge opaque); le troisième par une perle de saphir (de verre bleu transparent); le quatrième par un bouton «lapis-lazuli» (généralement de verre bleu opaque); le cinquième par un bouton de cristal (du quartz blanc et transparent); le sixième par du «jade» (un coquillage blanc et opaque); le septième par de l'«or» (du laiton poli en fait); le huitième et le neuvième rangs enfin, par de l'«or gravé» et de l'«argent» (du laiton gravé et repoussé, respectivement).

29. Cette particularité chinoise est parvenue chez nous sous la forme d'un conte dit du «Bouton du mandarin», couramment attribué à Jean-Jacques Rousseau (1712-1778) et qui pose la question du comportement moral de l'individu. Quelle serait la décision du lecteur à qui on proposerait de tuer un mandarin en Chine sur sa seule volonté, sans quitter l'Europe et en toute impunité, contre de conséquents avantages ?

30. Les premiers spécimens seraient arrivés aux alentours de 1755. Il est amusant de relever ici que le véritable nom de la marquise de Pompadour, favorite du roi Louis XV (r. 1715-1774), était en fait Jeanne-Antoinette Poisson. Ce petit détail a certainement nourri bien des quolibets.

31. Le nom du poisson rouge, ou plutôt littéralement «doré», est le même en mandarin, *jinyu*, qu'en japonais, *kingyo* (金魚). En ce qui concerne la découverte, puis l'étude des poissons rouges chinois, on peut lire notamment la retranscription du premier texte dédié à ce sujet en langue occidentale de Louis Edme Billardon de Sauvigny (1738-1812), *Histoire naturelle des dorades de la Chine*, rédigé à Paris en 1780, et sa *Notice*. Cf. Hervey 1950.

32. Cf. D'Avrily Colette, «La mode et les modes», *Les Modes*, janvier 1924, n° 236, p. 16.

33. Cf. *Vogue*, juillet 1920, p. 40.

34. Cf. *Vogue*, février 1921, p. 36.

35. Cf. De Lancey Sybil, «La mode et les modes», *Les Modes*, 1920, p. 24.

36. À ce propos, voir Niklès van Osselt 2011, par exemple.

37. Jehol, aujourd'hui Chengde 承德, est le nom d'une préfecture située au nord-est de Pékin en Chine. En 1703, l'empereur Kangxi 康熙 (r. 1662-1722) choisit cet endroit pour y dresser un palais d'été, principalement visité ensuite par ses successeurs Yongzheng 雍正 (r. 1722-1735) et Qianlong 乾隆 (r. 1736-1795).

mythology, the extraordinary ethnography of remote peoples proved an inexhaustible source for the imagination of the balls' organisers. Indians, Persians and Turks paraded at the Grand Carrousel in 1662; Armenians, Moors, Sultans and Sultanas, and Savages brought life to the masked balls at court with their costumes. The entertaining Chinaman, with his drooping moustache and pointed pagoda-like hat became the quintessential comic figure, among the décor of porcelain and lacquer wares and fabrics that were displayed during the festivities." See Belevitch-Stankevitch 1910, p. 170.

43. Confirmation of this phenomenon is given in an opinion column written by Maurice De Waleffe. "In Paris, we have an opera house. We even have the largest opera house in the universe, ideally suited to large decorative festivities. This year, during the winter season that has just ended, we made use of it to revive the masked ball event . . . A masked ball without a fixed historic period, that heaps all the centuries together, places the focus on the personality of the dancers. The costume we choose for ourselves then reveals the obscure regret or secret desire that we each have within us for a different destiny. And, on meeting a solemn lawyer dressed as the Eunoch of the Seraglio, or a stockbroker changed into a prehistoric hunter, we are all astonished to discover what not only young girls, but also old men, dream about!" See Maurice De Waleffe, "Masked Balls", *Les Modes* 240 (May 1924), p. 2.

44. See *Vogue* (September 1920), p. 22.

45. Ibid., p. 54.

46. The term *ukiyo-e* (images of a floating world) refers to the woodblock prints that illustrated the amusements and pastimes of society in the city of Edo in the 18th and 19th centuries. Alfred Baur was one of the Europeans fascinated by these prints. On this, see Forrer 1994.

47. "Two months ago my neighbour was jealous of my yellow laburnum, then my wisteria, which is already powerful in its young age and which throws its wreathed ribbons from the wall to the lime tree, from the lime tree to the climbing roses, dripping with bunches of mauve and heavy-scented flowers." See Colette, "Captive Gardens", *Vogue* (July 1925), p. 31.

48. See Fortune 2017.

49. An announcement of this event was published in the August 1920 issue of *Vogue*, p. 46.

50. "The meeting place for those of discerning taste", *Vogue* (September 1920), p. 23.

51. An article in *Vogue*, June 1922, speaks of "flowers of all colours thrown in the Japanese fashion . . .", p. 23.

52. The sleeves on kimonos made for young girls and single women (that is to say *furisode* 振袖 kimonos, literally "floating sleeves") are longer than those made for married women. Such kimonos allow their wearers to be more "alluring" by shaking their sleeves to attract the attention of a man. Once married, women only wear short sleeves so as to avoid all misunderstanding. There are generally three different lengths: short, *ko-furisode* (小振袖); medium, *chū-furisode* (中振袖); long, *ô-furisode* (大振袖).

53. See *Vogue* (February 1922), p. 33.

54. See Marcel Astruc, "Ribbon Belts", *Gazette du bon ton* 2 (1914), pp. 213–15.

55. *Kumo* (蜘蛛) ("spider's web"), *kanoko* (鹿の子) (fawn's spots), *yanagi* (柳) (willow branches).

56. The Shôsô-in 正倉院 in Nara is the treasure house of the Tôdai-ji 東大寺 temple complex. It holds the collections of Emperor Shômu 聖武 (r. 724–49) and his only daughter, Empress Kôken 孝謙 (r. 749–58 and 764–70).

57. "Today China is very close to Greece and each [woman] may be holy or pagan depending on whether she prefers the mystical halo or the classic headband", commented this column, which presented a range of hairstyles and ornaments, *Vogue* (July 1920), p. 8.

58. "Variations on Silk", *Vogue* (15 October 1921), p. 31.

59. See Jean-Gabriel Lemoine, "A Celebration of Silk, Offered to the Manufacturers of Lyon by the Luxury Industries of Paris", *Les Modes* 200 (1920), pp. 2–4.

60. See Jeanne Ramon-Fernandez, "Great Garments", *Gazette du bon ton* (1914–15), pp. 51–61.

61. *Tsukimi* (月見) or *Otsukimi* (お月見) is the mid-Autumn full-moon festival. The *Tale of Genji* is one of the great classics of Japanese literature. Drops of dew on leaves associated with caged insects would be a reference to Chapter 28, which tells the story of the Typhoon (*Nowaki* 野分). In this famous episode, the day after a powerful storm, a young girl from the palace takes the time to place droplets of dew in an insect cage.

62. *Tsuyu no yo wa* 露の世は – *Tsuyu no yo nagara* 露の世ながら – *Sarinagara* さりながら.

63. The Mandarin word for "butterfly" – *hudie* (蝴蝶) – can also be understood as "again and again" *die* (疊) or *die* (迭).

64. The story of Liang Shanbo and Zhu Yingtai (梁山伯与祝英台) describes the passionate love of a couple similar to Romeo and Juliet. It is only after their deaths that, reborn as butterflies, the lovers can finally live happily together. The origin of the story dates back to the Eastern Jin Period (265–420).

65. See "Birds today sing better when they are enclosed in attractive cages", *Vogue* (1 August 1920), p. 40. A paragraph further clarifies: "Do I really have to be remorseful for having wasted my fortune like that? No, I had a sunshade made and I have had my 'songbird' hung by golden ropes from the top of a pole. Since then, he has sung as never before, probably because he is in the world's most elegant cage", *Vogue* (15 July 1920), p. 15.

66. "Women of quality . . . have always devoted their lives to the arduous pursuit, capture and jealous safekeeping of that magical and ever-changing bird called charm." In "The art of a woman's charm – The divine gift from the Graces is worth more than beauty, more than parrot-learning, more than all the riches of Golkonda", *Vogue* (15 November 1921), p. 3.

67. The *huaniaotu* (花鳥圖) "flowers and birds" genre. See Cheng 2000, for example.

68. The Mandarin ideogram for "pigeon" *gezi* (鴿子) can be split into its component parts and then understood literally to mean "bird of harmony" *heniao* (合鳥). Therefore, the significance of the turtledove is decided by how it is written.

69. "Birds that Perch in the Salon and Boudoir", *Vogue* (April 1926), p. 44.

70. See Francis de Miomandre, "Journey in China", *Gazette du bon ton* 2 (1914), pp. 202–04.

71. A *gosho guruma* is a composition that includes an "imperial carriage" in the scene, referring to the vehicles of the nobility during the Heian period (794–1185).

72. "The Poetry of Painted Dresses", *Vogue* (August 1920), p. 41.

73. The name of the festival is given by the leaves of the Japanese maple, which turn red – *momiji* (紅葉/椛).

74. As soon as he returned to Switzerland, the clock maker wrote up his adventures in a book titled *Souvenirs du séjour d'un horloger neuchâtelois en Chine*, published in 1866.

75. See Schafer 1985.

76. See Émile Henriot, "What To Smoke and How", *Gazette du bon ton* 2 (1913), pp. 345–48.

77. See Sybil De Lancey, "Fashion and Techniques", *Les Modes* 192 (1920), p. 24.

78. See "The New Collections of the Great Couturiers", *Vogue* (March 1921), pp. 3–7.

79. See Wolvesperges Thibaut, "Les marchands-merciers et la Chine, 1700-1760", in *Pagodes et dragons* 2007, for example.

80. It is interesting to read the details of the inventories of the French court to find descriptions of these types of furniture and objects. See Belevitch-Stankevitch 1910, for example.

81. In *La Chine illustrée* by Athanase Kircher, published in 1667, we find that the first attempts at lacquering in Europe occurred even before 1664. The author speaks of a gum, called *cié*, that drips from certain trees like "terebinth tears", and of the bitter exhalation of this substance, which causes the face of those unaccustomed to it to swell up and go pale. See Belevitch-Stankevitch 1910, p. 128.

82. See "French Canvas Made in Jouy", *Vogue* (1 June 1922), p. 19.

83. Huet was also the artist who painted the "singeries" at the Chateau de Chantilly during the 1730s. "Singeries" were a genre, like chinoiserie. The two terms were in fact interchangeable.

84. It is in *Swann in Love*, published in 1913, that the French writer Marcel Proust (1871–1922) invented the expressions "make cattleya" and "arrange cattleyas" when his characters speak of physical love.

85. The Mandarin name for "paradise flycatcher" is pronounced *shoudainiao* (綬帶鳥), which can also be understood to mean "bird that brings longevity", *shoudainiao* (壽帶鳥).

86. See "How Fine Fabrics Come To Be, or the Usefulness of the Colonies", *Vogue* (1 February 1923), p. 38. Shortly afterwards, another article appeared on the same theme: "The Influence of the Colonies in the New Fabrics by Rodier", *Vogue* (1 June 1923).

87. See "Modern Decorative Art Finds its Application in Fashion", *Vogue* (May 1925), pp. 14–7.

88. *Les Modes* was an illustrated monthly magazine for women. It was published between 1901 and 1937.

89. This colour was only made to order in the past and is no longer used today.

90. Lychees come from China, its name is derived from the Cantonese word *lizhi* (荔枝).

91. See in particular Sir William J. Hooker, *Journal and Kew Garden Miscellany of Botany* (1850), still

38. Cf. « La broderie moderne », *Les Modes*, n° 193, 1920, p. 2-4.
39. Chaque année et pour célébrer le début d'une nouvelle saison, le « bal du Grand prix » réunissait le beau monde de la capitale à l'Opéra Garnier pour une grande mascarade. Cette manifestation s'inscrivait dans la continuité des fameux « bals de l'Opéra », organisés lors du Carnaval de Paris (lancé en 1715 par ordonnance royale), et dont la « Promenade des masques » constituait l'un des événements majeurs. Cette tradition particulière, encore très populaire, s'éteindra toutefois à la fin des années 1920.
40. Il s'agit du couturier Paul Poiret bien sûr. Cf. *Vogue*, 1er août 1923, p. 12-15.
41. Cf. Velletaz E.-F., « À travers le monde », *Les Modes*, avril 1924, n° 239, p. 4.
42. Ces bals extravagants existaient à la cour de Louis XIV déjà (r. 1643-1715). « L'ethnographie fantastique des peuples lointains, offrait, comme la mythologie, une source inépuisable à l'imagination des organisateurs des fêtes. Les Indiens, les Persans et les Turcs défilèrent au Grand Carrousel de 1662 ; les Arméniens, les Maures, les Sultans et les Sultanes, les Sauvages animaient de leurs costumes pittoresques les bals masqués de la cour. Le Chinois amusant, à la moustache pendante, au bonnet pointu, – type de la pagode – devint le personnage comique par excellence, se mouvant dans le décor des porcelaines, des laques et des étoffes que l'on aimait à étaler dans les fêtes. » Cf. Belevitch-Stankevitch 1910, p. 170.
43. Dans une tribune de Maurice De Waleffe, on trouve la confirmation de ce phénomène. « À Paris, nous avons un Opéra. Nous avons même le plus vaste Opéra de l'univers, celui qui se prête le mieux à de grandes fêtes décoratives. Et cette année, pendant la saison d'hiver qui vient de finir, nous en avons profité pour y ressusciter les bals masqués. [...] Le bal masqué sans désignation d'époque, faisant une salade de tous les siècles, met en relief la personnalité des danseurs. Le costume que nous choisissons alors trahit ce regret obscur ou ce désir secret, que chacun de nous porte en soi, d'une autre destinée. Et on est tout étonné, rencontrant un grave avocat habillé en Eunuque du Sérail, ou un agent de change changé en chasseur préhistorique, de constater à quoi rêvent, non seulement les jeunes filles, mais les vieux hommes ! » Cf. « Les bals masqués », *Les Modes*, mai 1924, n° 240, p. 2.
44. Cf. *Vogue*, septembre 1920, p. 22.
45. Cf. *Vogue*, septembre 1920, p. 54.
46. Le terme d'*ukiyo-e* ou « images d'un monde flottant » désigne les estampes qui illustraient les divertissements de la société de la ville d'Edo aux XVIIIe et XIXe siècles. Alfred Baur fait partie de ces Européens qui ont été fascinés par les estampes japonaises, par exemple. Cf. Forrer 1994.
47. « Mon voisin fut, il y a deux mois, jaloux de mon faux-ébénier jaune, puis de ma glycine, puissante déjà en son jeune âge et qui jette, du mur au tilleul, du tilleul au rosiers grimpants, son serpent tors, dégouttant de grappes mauves et lourd d'odeurs », rapporte Colette dans « Jardins prisonniers », *Vogue*, juillet 1925, p. 31.
48. Cf. Fortune 2017.
49. On trouve l'annonce de cet événement dans la revue *Vogue* du mois d'août 1920, p. 46.
50. Cf. « Au rendez-vous des fines bouches », *Vogue*, septembre 1920, p. 23.
51. Dans le magazine *Vogue* du mois de juin 1922, on parle d'ailleurs de « fleurs de toutes couleurs jetées à la manière japonaise [...] », p. 23.
52. Les manches des kimonos destinés aux jeunes filles et aux femmes célibataires (c'est-à-dire les *furisode* 振袖, qui signifient d'ailleurs littéralement « manches flottantes »), sont plus longues que celles des femmes mariées. En effet, elles peuvent se permettre d'être plus « affriolantes » en agitant les manches à l'intention d'un homme, par exemple. Une fois mariées, les femmes ne portent plus que des manches courtes, afin d'éviter tout malentendu. Il existe en général trois longueurs différentes : courtes *ko-furisode* (小振袖), moyennes *chū-furisode* (中振袖) et longues *ō-furisode* (大振袖).
53. Cf. *Vogue*, février 1922, p. 33.
54. Cf. Astruc Marcel, « Ceintures en ruban », *Gazette du bon ton*, t. 2, 1914, p. 213-215.
55. Le motif en « toile d'araignée » *kumo* (蜘蛛), en « taches de daim » *kanoko* (鹿の子) et en « branches de saule » *yanagi* (柳).
56. Le Shōsō-in 正倉院 de Nara abrite le trésor du Tōdai-ji 東大寺 qui réunit les collections de l'empereur Shōmu 聖武 (r. 724-749) et de sa fille unique l'impératrice Kōken 孝謙 (r. 749-758 et 764-770).
57. « La Chine est bien près de la Grèce aujourd'hui et chacune peut être sainte ou païenne selon qu'elle préfère le mystique halo ou le bandeau classique », commente cette rubrique qui propose un éventail de coiffures et d'ornements dans l'édition de *Vogue* du mois de juillet 1920, p. 8.
58. Cf. « Variations sur la soie », *Vogue*, 15 octobre 1921, p. 31.
59. Cf. Lemoine Jean-Gabriel, « Une fête de la soie, offerte aux fabricants lyonnais par les industries parisiennes du luxe », *Les Modes*, 1920, n° 200, p. 2-4.
60. Cf. Ramon-Fernandez Jeanne, « Grands-Habits », *Gazette du bon ton*, 1914-1915, p. 51-61.
61. Le Tsukimi (月見) ou Otsukimi (お月見) correspond à la fête de la Mi-automne liée à la pleine lune. Le *Dit du Genji* est un des grands classiques de la littérature japonaise. Voir la description et le commentaire de la pièce à la page 108, par exemple. Des gouttes de rosée sur des feuilles associées à des insectes en cage fait référence au chapitre 28 qui relate l'histoire du Typhon (*Nowaki* 野分). Il s'agit d'un épisode fameux durant lequel, au lendemain d'une tempête, une jeune fille du palais prend le temps de placer des gouttelettes de rosée dans une cage à insectes.
62. *Tsuyu no yo wa* 露の世は – *Tsuyu no yo nagara* 露の世ながら – *Sarinagara* さりながら.
63. En mandarin « papillon » *hudie* (蝴蝶) peut aussi se comprendre comme « encore et encore » *die* (疊) ou *die* (迭).
64. La légende de Liang Shanbo et Zhu Yingtai (梁山伯与祝英台) raconte la passion désespérée d'un couple qui rappelle celle de Roméo et Juliette. Ce n'est qu'après leur mort, réincarnés en papillons, que les amoureux pourront enfin vivre heureux. Les origines de cette histoire remonteraient à la dynastie des Jin orientaux (265-420).
65. Cf. *Vogue*, 1er août 1920, p. 40. Ailleurs, un entrefilet précise encore : « Est-ce que je dois vraiment me repentir d'avoir gaspillé ma fortune de cette façon ? Non, j'ai fait faire un parasol et j'ai suspendu par des cordages d'or, au bout d'un mât, mon "oiseau chanteur". Depuis, il chante comme il ne le fit jamais, par orgueil sans doute d'être dans une cage qui est la plus élégante du monde. » *Vogue*, 15 juillet 1920, p. 15.
66. « Les femmes de qualité [...] ont toujours consacré leur vie à la chasse difficile, à la capture et à la garde jalouse de cet oiseau féerique et protéen qu'on appelle le charme. » Cf. « L'art du charme féminin – Ce don divin des Grâces vaut plus que la beauté, plus qu'une érudition de perroquet, plus que toutes les richesses de Golconde », *Vogue*, 15 novembre 1921, p. 3.
67. Le genre « fleurs et oiseaux » *huaniaotu* (花鳥圖). Cf. Cheng 2000, par exemple.
68. En mandarin en effet, l'idéogramme qui désigne le « pigeon » *gezi* (鴿子), peut être décomposé et compris alors littéralement comme l'« oiseau de l'harmonie » *heniao* (合鳥). C'est donc l'écriture de son nom qui détermine la signification de la tourterelle.
69. « Oiseaux qui perchent dans le salon et le boudoir », *Vogue*, avril 1926, p. 44.
70. Cf. De Miomandre Francis, « Voyage en Chine », *Gazette du bon ton*, t. 2, 1914, p. 202-204.
71. Le *gosho guruma* est une composition qui consiste à reproduire un « char impérial » dans les décors, soit les véhicules des nobles de l'époque Heian (794-1185).
72. Cf. « La poésie des robes peintes », *Vogue*, août 1920, p. 41.
73. C'est l'érable japonais dont les feuilles virent au rouge *momiji* (紅葉/椛), qui donne son nom à ce spectacle.
74. Dès son retour, l'horloger a rédigé un ouvrage qui conte ses aventures intitulé *Souvenirs du séjour d'un horloger neuchâtelois en Chine*, publié en 1866.
75. Cf. Schafer 1985.
76. Cf. Henriot Émile, « Ce qu'il faut fumer et comment », *Gazette du bon ton*, t. 2, 1913, p. 345-348.
77. Cf. De Lancey Sybil, « La mode et les modes », *Les Modes*, 1920, n° 192, p. 24.
78. « Les nouvelles collections des grands couturiers », *Vogue*, mars 1921, p. 3-7.
79. Cf. Wolvesperges Thibaut, « Les marchands-merciers et la Chine, 1700-1760 », in *Pagodes et dragons* 2007, par exemple.
80. Il est très intéressant de se plonger dans les inventaires de la cour de France pour y trouver la description de ce type de meubles ou d'objets. Cf. Belevitch-Stankevitch 1910, par exemple.
81. Dans *La Chine illustrée*, d'Athanase Kircher, publié en 1667, on découvre les premiers essais de laquage européens avant 1664 déjà. Il y parle d'une gomme appelée « cié », qui découle de certains arbres, comme les larmes de térébinthe, et de l'exhalaison pernicieuse de cette substance qui fait enfler et pâlir le visage de ceux qui n'y sont pas habitués... Cf. Belevitch-Stankevitch 1910, p. 128.
82. Cf. « Les toiles de Jouy », *Vogue*, 1er juin 1922, p. 19.
83. Le même artiste est également l'auteur des fameuses « singeries » réalisées dans les années 1730 au château de Chantilly. Il s'agit d'un genre qui rejoint celui des chinoiseries. Ces deux appellations pouvaient être, en effet, indifféremment employées.
84. C'est dans *Un amour de Swann*, publié en 1913, que l'écrivain français Marcel Proust (1871-1922) invente les expressions « faire catleya » ou « arranger les catleyas », lorsque ses personnages parlent d'amour.
85. En chinois, « gobe-mouches de paradis » se dit *shoudainiao* (綬帶鳥) et joue sur les mots qui

conserved at Kew Gardens in London. On examples of enamelled watch-cases inspired by these designs, see Niklès van Osselt 2017, pp. 134, 174.

92. Mention has already been made of this famous evening. See May Maury, "On the Riviera", *Les Modes* 239 (April 1924), pp. 28–30. This new game seems to have been taken up with enthusiasm. "In the living rooms, social life continues its customary cycle . . . M. André de Fouquières, who puts admirable energy into amusing his contemporaries, is doing his best to popularise the new fashionable game of Mah-Jong. From China, the game is an ancestor of our democratic dominos." E.-F. Velletaz, "Around the World", *Les Modes* 235 (December 1923), p. 6.

93. *La Guirlande des mois* was an almanac by Jules Meynial (n.d.), published between 1917 and 1921 and illustrated by one of the greatest Art Deco artists of the period, George Barbier.

94. *Shanghai Jingju yuan* 上海京剧院. This theatre was founded in 1955 and still exists. It seems that these pieces were among the first costumes used there. According to their donor, they were purchased during the 1970s.

95. See "Mah-jong, a Gripping Game that Came from China via America", *Vogue* (January 1924), pp. 43–4.

96. See Lise-Léon Blum, "Style in the Theatre", *Gazette du bon ton* 1 (1912–13), pp. 185–88.

97. Verses on this original garment make reference to a poem by Prince Aniwara no Narihiri 在原業平朝臣 (825–880).
千早ぶる神代もきかず龍田川からくれなゐに水くくるとは.
This important individual lived at the start of the Heian era. His beauty and power of attraction is said to have inspired the character of Prince Genji in the poetry of Murasaki Shikibu.

98. The Opium Wars took place between 1839 and 1842, then from 1856 to 1860.

99. See Maurice Magre, "The Soul of Dead Poppies", in *La Montée aux enfers* (Paris: E. Fasquelle, 1918).

100. This perfume was created in 1977.

101. *Le Bonheur du jour, ou les Grâces à la mode* is a portfolio of the works of George Barbier. It was published by Jules Meynial between 1920 and 1924.

102. "The great quantity of printed fabrics in this collection is justified by their growing popularity . . . Arab and Indochinese decorations transposed onto silk, wool and cotton . . . Certain Annamite motifs include no fewer than seven colours . . . The "Indina veil" . . . is directly derived from Annamite costume through its multicoloured embroidery; this origin is further emphasised by the form suggested here: the long straight jacket open at the front, like Chinese jackets, and worn over a narrow dress, closed at the side and belted with a fringed scarf." From "How fine fabrics come to be, or the usefulness of the colonies", *Vogue* (February 1923), pp. 38–9.

103. See "Blouses and Smocks", *Les Modes* 202 (1921), p. 21. "Pyjama Mandarin" in Ibid., p. 22.

104. Annam is the name that was frequently used in Europe in the early 20th century to mean Indochina. It stems from the name given by the Celestial Empire to the "province" that it had annexed for over 1,000 years, meaning "The pacified south": An'nan (安南).

105. See "Lacquer Wares and Folding Screens", *Vogue* (March 1926), p. 37.

106. See Sybil de Lancey, "Fashion and Techniques", *Les Modes* 197 (1920), p. 30.

107. See *Kinderkimonos* 2010.

108. A bulletin of the Baur Foundation was devoted to this screen, its origin and history. See Loveday 2011.

109. See Georges-André Masson, "Cloquella and Cloky, or Journey in China", *Gazette du bon ton* 2 (1921), pp. 269–72.

110. See May Maury, "Echoes and Information", *Les Modes* 235 (December 1923), p. 41.

111. See *Vogue* (December 1921), p. 37.

112. The carpenter-cabinetmaker Jean-Pierre Dusautoy (1719–1800) was made a master craftsman in 1779; the stamp appears to correspond to this person.

113. See "The Soul of China Expressed through Jade", *Vogue* (December 1924), pp. 70–4.

114. See "Afternoon Tea Parties Are Always Celebrations of Elegance", *Vogue* (September 1920), p. 22.

115. See *Vogue* (May 1921), p. 44.

116. See "In Search of the Foreign Soul", *Vogue* (November 1922), p. 33.

117. See "Paradox Regarding the Beauty of Masks", *Vogue* (January 1922), p. 33.

118. See "The Whims and Extravagance of the Winter Fashion Are Seen above all in Original and Varied Sleeves", *Vogue* (December 1921), p. 14.

119. See "Black, Yet More Black, Always Black", *Vogue* (July 1921), pp. 10–1.

120. The phoenix, a bird of good omen, appears as much in the Chinese repertoire as its traditional Japanese equivalent.

121. An article titled "How to wear flowers", published on p. 46 of the French edition of *Vogue* of 15 July 1921, examines how these accessories were added to women's outfits during the period from 1913 to 1921. Another, on p. 46 of the edition of 1 August 1920, is titled "Flowers are women's summer jewels".

122. The description of the "slave bracelet" matches pieces shown in *Vogue* (1 December 1922), p. 47.

123. The Ballets russes was a ballet company formed by Serge Diaghilev (1872–1929) that enjoyed huge success between 1909 and 1929, chiefly in Monte Carlo, Paris and London. The innovative choreography and colourful costumes greatly impacted many creative fields during that period.

124. See Baird 2001, for example.

125. "So Many Pretty Things Made with Silk Thread!", *Vogue* (October 1921), p. 30.

126. "Duchess Sforza, who is a great travel enthusiast, brought back from the East not only the most magnificent fabrics but innumerable precious stones that she arranges in large onyx basins in her display cases, stones that she orders to be set in accordance with her needs, in a belt, on shoes, a coat, etc. This is as much as to say that the reign of pearls of all sorts is not yet set to come to an end." See "Elegance from the shoulders to the waist (That part of a woman's outfit seen above a restaurant table or the red velvet of the opera box abounds with exotic and interesting details)", *Vogue* (February 1921), pp. 3–4.

127. See "Pearls of Colour and Sequins Glitter under the Lights Like Frost in the Sunlight", *Vogue* (October 1922), p. 22. And there is another article that explains how "Poiret Revives the Splendour of the East", *Vogue* (May 1922), pp. 10–1.

128. See Gabriel Mourey, "The Caprices of Silhouette", *Gazette du bon ton* 2 (1913), pp. 209–13.

129. A detailed study of this collection has been published by Helen Loveday in *Japanese Buddhist Textiles*, 2014.

130. See Henri Duvernois, "The Age of Lacquer", *Gazette du bon ton* (July 1920), p. 167.

131. *Personnages de comédie* was a book commissioned and produced by George Barbier himself, which contained eleven of his plates. The texts were written by Albert Flament and the whole was published by Jules Meynial. The print run was limited to 150 copies.

132. *Shanghai Jingju yuan* 上海京剧院.

133. This kimono may be worn with the *obi* in fishnet weaving in the same donation (p. 73).

134. See Jean Laporte, "On Archaic Art and Its Unity. It Is in the Very Sources of the Art of the Far East that Modern Art Can Find Inspiration", *Vogue* (July 1925), p. 53.

135. See Pierre Loti, *Madame Chrysanthème* (London: George Routledge, 1897), trans. Laura Ensor.

136. See Celio, "New Fabrics To Embellish the Season Called Spring", *Gazette du bon ton* (January 1921), pp. 25–8.

137. See "Bianchini's Beautiful Silks", *Vogue* (November 1922), p. 12.

138. During this period, the "pekin" became a common term that referred to silk in alternate matt and shiny stripes. These very fashionable textiles were produced in a wide range of designs. See "The 'Fashionable' Pékins at Meyer's", *Vogue* (October 1924), p. 23.

139. See "Old Decorations Make New Fabrics", *Vogue* (November 1922), p. 13.

140. Sadly, the name(s) of the artist(s) of this illustration remain unknown.

141. See Henri Duvernois, "The Age of Lacquer", *Gazette du bon ton* (July 1920), p. 165.

142. See Sybil de Lancey, "Fashion and Techniques", *Les Modes* 203 (1921), p. 10.

143. *Falbalas et fanfreluches, Almanach des modes présentes, passées et futures pour 1925*, one of the series of almanachs published between 1917 and 1921 by Jules Meynial and illustrated by George Barbier.

144. Sadly, the name of the person in question is not known.

145. Information supplied by the donor.

146. Another name for the peony in Chinese is translated as the "flower of prosperity and prestige" *fuguihua* (富贵花).

147. See Marcel Duminy, "The Torn Dress", *Gazette du bon ton* (July 1920), pp. 213–16.

148. The Takashimaya department store in Kyōto is a famous institution that opened in 1831. From a small workshop that specialised in the manufacture and sale of formal kimonos, it rapidly became one of the most successful stores in Japan. A branch was opened in Tōkyō in 1897 and in Osaka a year later. Today these shops, run by a larger company, still enjoy an excellent reputation.

149. Louise Chéruit (1866–1935) was a Parisian stylist who in 1906 took over the company founded by her husband Prosper Chéruit. See "The Epilogue of the Great Winter Collections", *Vogue* (November 1920), p. 3.

peuvent aussi se comprendre comme « oiseau qui apporte la longévité » *shoudainiao* (壽帶鳥).
86. Cf. « Comment naissent les belles étoffes ou de l'utilité des colonies », *Vogue*, 1er février 1923, p. 38. Peu après, un autre article est paru sur le même thème qui confirme cet intérêt : « L'influence coloniale dans les nouveaux tissus Rodier », *Vogue*, 1er juin 1923.
87. Cf. « L'art décoratif moderne trouve son application dans la mode », *Vogue*, mai 1925, p. 14-17.
88. Le journal *Les Modes* est une revue mensuelle illustrée des Arts décoratifs appliqués à la femme, parue de 1901 à 1937.
89. Cette couleur se faisait autrefois sur commande et ne se fait plus aujourd'hui.
90. Litchi de Chine, son nom vient du cantonais, *lizhi* (荔枝).
91. Voir l'ouvrage de Sir William J. Hooker, *Journal and Kew Garden Miscellany of Botany* (1850) notamment, aujourd'hui encore conservé à Kew Garden, Londres. En ce qui concerne certains exemples de boîtiers de montre émaillés inspirés par ces dessins, voir Niklès van Osselt 2017, p. 134 et 174, par exemple.
92. Il a déjà été fait allusion à cette soirée fameuse. Cf. Maury May, « Sur la Riviera », *Les Modes*, avril 1924, n° 239, p. 28-30. Ce nouveau jeu semble se trouver bien des passionnés. « Dans les salons parisiens, la vie mondaine accomplit son cycle accoutumé. [...] M. André de Fouquières, qui met à distraire ses contemporains une énergie digne d'admiration, s'attache à répandre un nouveau jeu déjà à la mode : le Mah Jong. Ce jeu, originaire de la Chine, est un ancêtre de nos démocratiques dominos. » Cf. Velletaz E.-F., « À travers le monde », *Les Modes*, décembre 1923, n° 235, p. 6.
93. La *Guirlande des mois* est une publication de Jules Meynial (s.d.). Il s'agit d'une série d'almanachs publiés de 1917 à 1921 et illustrés par l'un des plus grands artistes Arts déco de cette époque, George Barbier.
94. *Shanghai Jingju yuan* 上海京剧院. Ce théâtre a été fondé en 1955 et existe encore de nos jours. Il semblerait donc que ces pièces appartiennent aux premiers costumes employés en ces lieux. D'après leur donateur, ils ont été acquis dans les années 1970 déjà.
95. Cf. « Le mah-jong un jeu passionnant qui vient de Chine par l'Amérique », *Vogue*, janvier 1924, p. 43-44.
96. Cf. Blum Lise-Léon, « Le goût au théâtre », *Gazette du bon ton*, t. 1, 1912-1913, p. 185-188.
97. Quelques vers parcourent ce vêtement original qui font référence à un poème du prince Ariwara no Narihira 在原業平朝臣 (825–880).
千早ぶる神代もきかず龍田川からくれなゐに水くくるとは.
Cet important personnage vécut au début de l'époque Heian. Sa beauté et son pouvoir de séduction auraient inspiré Murasaki Shikibu pour son prince Genji.
98. Les guerres de l'Opium ont eu lieu entre 1839 et 1842, puis 1856 et 1860.
99. Cf. Magre Maurice, « L'âme des pavots morts », in *La Montée aux enfers*, E. Fasquelle, Paris, 1918.
100. Ce parfum a été créé en 1977.
101. *Le Bonheur du jour, ou les Grâces à la mode* est un portfolio qui réunit des œuvres réalisées par George Barbier, publié par Jules Meynial entre 1920 et 1924.
102. « La grande quantité de tissus imprimés contenus dans cette collection justifie leur vogue grandissante [...], les décorations arabes et indochinoises, transposées sur la soie, la laine ou le coton. [...] Certains motifs annamites ne comprennent pas moins de sept tons différents. [...] Le "voile Indina" [...] dérive en droite ligne, par sa broderie exécutée en différentes couleurs, du costume annamite ; cette origine est accentuée encore par la forme suggérée ici : la longue jaquette droite et ouverte sur le devant, à la manière des vestes chinoises, et portée sur une robe étroite, fermée de côté et ceinturée par une écharpe aux extrémités frangées. » Cf. « Comment naissent les belles étoffes ou de l'utilité des colonies », *Vogue*, février 1923, p. 38-39.
103. « Blouses et casaquins », *Les Modes*, 1921, n° 202, p. 21. « Pyjama mandarin », *Les Modes*, 1921, n° 202, p. 22.
104. L'Annam est le nom que l'on donnait fréquemment à l'Indochine en Europe au début du xxe siècle. Il s'agit d'une dénomination dérivée de l'appellation que le Céleste Empire avait donnée à cette « province » qu'il avait annexée pendant plus de mille ans, signifiant « Le sud pacifié » An'nan (安南).
105. Cf. « Laques et paravents », *Vogue*, mars 1926, p. 37.
106. Cf. De Lancey Sybil, « La mode et les modes », *Les Modes*, 1920, n° 197, p. 30.
107. Cf. *Kinderkimonos* 2010.
108. Un bulletin des collections Baur entier a été consacré à ce paravent, son origine et son histoire. Cf. Loveday 2011.
109. Cf. Masson Georges-André, « Cloquelle et cloky ou Le voyage en Chine », *Gazette du bon ton*, t. 2, 1921, p. 269-272.
110. Cf. Maury May, « Échos et informations », *Les Modes*, décembre 1923, n° 235, p. 41.
111. Cf. *Vogue*, décembre 1921, p. 37.
112. Il existe en effet un menuisier-ébéniste du nom de Jean-Pierre Dusautoy (1719-1800) qui a été nommé maître en 1779 et dont l'estampille semble correspondre.
113. Cf. « L'âme chinoise exprimée par le jade », *Vogue*, décembre 1924, p. 70-74.
114. « Les thés sont toujours des fêtes d'élégance », *Vogue*, septembre 1920, p. 22.
115. Cf. *Vogue*, mai 1921, p. 44.
116. Cf. « À la recherche de l'âme étrangère », *Vogue*, novembre 1922, p. 33.
117. Cf. « Paradoxe sur la beauté des masques », *Vogue*, janvier 1922, p. 33.
118. Cf. « Les caprices et les fantaisies de la mode d'hiver s'expriment surtout par des manches originales et variées », *Vogue*, décembre 1921, p. 14.
119. Cf. « Du noir, encore du noir, toujours du noir », *Vogue*, juillet 1921, p. 10-11.
120. Le phénix, cet être de bon augure, puise aussi bien dans le répertoire chinois que japonais traditionnel.
121. Un article tiré de l'édition française de *Vogue*, le 15 juillet 1921, p. 46, explique « Comment elles portent les fleurs » et passe au crible la manière dont ces accessoires sont ajoutés aux tenues féminines de la période qui s'étend de 1913 à 1921. Un autre, tiré du *Vogue* du 1er août 1920, déclare : « Les fleurs sont les joyaux d'été de la femme », p. 46.
122. Cette description de « bracelet de forme esclave » correspond à des pièces similaires reproduites dans *Vogue*, 1er décembre 1922, p. 47, notamment.
123. Les Ballets russes est une compagnie créée par Serge Diaghilev (1872-1929) qui connaîtra un énorme succès entre 1909 et 1929, principalement dans les villes de Monte-Carlo, Paris et Londres. Les spectacles à la chorégraphie novatrice et aux costumes colorés auront une grande influence dans les nombreux domaines créatifs contemporains.
124. Cf. Baird 2001, par exemple.
125. Cf. « Que de jolies choses dues au fil de soie ! », *Vogue*, octobre 1921, p. 30.
126. « La duchesse Sforza qui est une passionnée de voyages a rapporté d'Orient non seulement des tissus de toute beauté, mais des pierreries innombrables qu'elle dispose dans de grands sébilles d'onyx, à l'intérieur de ses vitrines, pierreries qu'elle fait encastrer suivant les besoins, dans une ceinture, des souliers, un manteau, etc. etc. C'est assez dire que le règne des perles de toutes sortes n'est pas prêt de passer. » Cf. « L'élégance des épaules à la taille. Cette partie du costume féminin qui émerge d'une table de restaurant ou du velours rouge d'une loge d'opéra, est pleine de détails intéressants fortement exotiques », *Vogue*, février 1921, p. 3-4.
127. Cf. « Les perles de couleur et les paillettes scintillent sous les lumières comme le givre au soleil », *Vogue*, octobre 1922, p. 22. Il y a aussi un autre article qui présente comment « Poiret ressuscite la splendeur de l'Orient », *Vogue*, mai 1922, p. 10-11.
128. Cf. Gabriel Mourey, « Les caprices de la ligne », *Gazette du bon ton*, t. 2, 1913, p. 209-213.
129. Une étude poussée de cet ensemble a d'ailleurs été effectuée par Helen Loveday dans son ouvrage *Textiles bouddhiques japonais*, 2014.
130. Cf. Duvernois Henri, « L'âge du laque », *Gazette du bon ton*, juillet 1920, p. 167.
131. *Personnages de comédie* est un ouvrage commandé et réalisé par George Barbier lui-même, contenant onze de ses planches. Albert Flament a rédigé les textes et Jules Meynial a publié le tout, tiré à 150 exemplaires seulement.
132. *Shanghai Jingju yuan* 上海京剧院.
133. Ce kimono pourrait être porté avec la ceinture tissée en filet de pêche de la même donation (p. 73), par exemple.
134. Cf. Laporte Jean, « De l'art archaïque et de son unité, C'est aux sources mêmes de l'art d'Extrême-Orient, que l'art moderne peut chercher son inspiration », *Vogue*, juillet 1925, p. 53.
135. Cf. Loti Pierre, *Madame Chrysanthème*, Calmann-Lévy, Paris, 1888, p. 228-229.
136. Cf. Celio, « De quelques tissus nouveaux destinés à embellir la saison nommée printemps », *Gazette du bon ton*, janvier 1921, p. 25-28.
137. Cf. « Les belles étoffes de soie chez Bianchini », *Vogue*, novembre 1922, p. 12.
138. À cette époque, le « pékin » est devenu un nom commun. Il désigne alors une étoffe de soie rayée où les lignes brillantes alternent avec des bandes mates. Ces textiles particuliers, très à la mode, sont diversement déclinés. Cf. « Les Pékins "Vogue" chez Meyer », *Vogue*, octobre 1924, p. 23.
139. « Les décorations anciennes font des tissus nouveaux », *Vogue*, novembre 1922, p. 13.
140. L'auteur n'a malheureusement pas réussi à retrouver le ou les artistes à l'origine de cette image.
141. Cf. Duvernois Henri, « L'âge du laque », *Gazette du bon ton*, Juillet 1920, p. 165.
142. Cf. De Lancey Sybil, « La mode et les modes », *Les Modes*, 1921, n° 203, p. 10.

150. See Colette D'Avrily, "Fashion and Techniques", *Les Modes*, November 234 (1923), pp. 24–6.

151. See George Barbier, "Letter to the Lady Who Wished 'To Mask'", *Gazette du bon ton* (1922), pp. 57–60.

152. Heavenly bamboos are much appreciated in Japan for their name, nanten (南天), literally "southern sky". They are planted close to houses or are worn on the body as it is thought that they are able to "chase away evil".

153. See "Women Collectors", *Vogue* (June 1924), p. VIII.

154. See Celio, "Fans and Bracelets", *Gazette du bon ton* (March 1920), pp. 61–3. Further on in the same article, there is another comment on fans. "And fans: large and small; feathered, silk and embroidered; classic, Baroque; ancient, modern, those that M. Jean-Philippe Worth has painted by excellent artists . . . Fans, for a while neglected, have returned. When they are small, women hold them as they dance. If voluminous, in feathers, green, blue, red, dazzling . . . Women leave them, abandoned on tables and seats, bright splashes of colour in the setting, as they rise to the music".

155. The fashion for fans never seems to fade. "The eternal return of things, painted fans will reappear to accompany our evening wear", comments the editor of *Vogue* (October 1924), p. 31. "Who would have guessed that fans, that we have ignored for so many years, would come back to add their charming presence to our evening wear! Fashion is full of these unexpected and disconcerting resuscitations . . ."

143. *Falbalas et fanfreluches, Almanach des modes présentes, passées et futures pour 1925*, appartient à la série d'almanachs publiés de 1917 à 1921 par Jules Meynial et illustrés par George Barbier.

144. Le nom de cette personne nous échappe malheureusement.

145. Les pérégrinations de cette tenture nous ont été rapportées par sa donatrice.

146. En effet, le surnom de la pivoine en chinois est « fleur de prospérité et de prestige » *fuguihua* (富贵花).

147. Cf. Duminy Marcel, « La robe égratignée », *Gazette du bon ton*, juillet 1920, p. 213-216.

148. Le grand magasin Takashimaya de Kyōto est une célèbre institution qui a ouvert ses portes en 1831. De la petite échoppe spécialisée dans la confection et la vente de kimonos formels, le commerce deviendra rapidement l'un des plus florissants négoces du Japon. Une succursale sera ouverte à Tōkyō en 1897 et à Ōsaka dès l'année suivante. Aujourd'hui, ces magasins, placés sous l'égide d'une importante société, existent encore, bénéficiant d'une excellente renommée.

149. Louise Chéruit (1866-1935) est une couturière parisienne qui a repris la tête de la maison fondée par son époux Prosper dans les années 1900. Cf. « L'épilogue des grandes collections d'hiver », *Vogue*, novembre 1920, p. 3.

150. Cf. D'Avrily Colette, « La mode et les modes », *Les Modes*, novembre 1923, n° 234, p. 24-26.

151. Cf. Barbier George, « Lettre à la dame qui voulait "masquer" », *Gazette du bon ton*, 1922, p. 57-60.

152. Les bambous célestes sont très appréciés au Japon, aussi pour leur nom *nanten* (南天), littéralement « le ciel du sud ». On aime les planter près des maisons ou les porter sur soi, car on est persuadé qu'ils sont efficaces pour « chasser les difficultés ».

153. Cf. « Les collectionneuses », *Vogue*, juin 1924, p. VIII.

154. Cf. Celio, « Éventails et bracelets », *Gazette du bon ton*, mars 1920, p. 61-63. Plus loin dans le même article, on trouve encore un commentaire sur les éventails. « Et les éventails : grands et petits ; en plumes, en soie et brodés ; classiques, baroques ; anciens, modernes, tels ceux que M. Jean-Philippe Worth fit peindre par d'excellents artistes [...]. L'éventail un temps délaissé, revient ; il est revenu. Petits, elles les emporteront en dansant. Volumineux en plumes, verts, bleus, rouges, éclatants [...]. Elles les laisseront, pour partir sur la musique, abandonnés sur les tables et les sièges, vives taches de couleur dans le décor [...]. »

155. La mode des éventails semble ne pas vouloir s'éteindre... Cf. « L'éternel recommencement des choses, les éventails peints vont revivre pour accompagner nos toilettes du soir », commente le rédacteur de *Vogue*, octobre 1924, p. 31. « Qui aurait dit que les éventails, délaissés par nous depuis bon nombre d'années, allaient de nouveau mettre leur note charmante dans nos toilettes du soir! La mode a de ces retours inattendus et déconcertants [...]. »

Glossary

Akashi (明石)
Japan – A sort of extremely fine silk that is the speciality of the town of the same name, Akashi. The quality is also said to be as delicate as the wings of a cicada.

Asanoha (麻の葉)
Japan – A starred geometric motif composed of six diamonds, likened to a stylised hemp leaf. Hemp was frequently used in Japan to make textiles until it was belatedly replaced by cotton. This motif became very popular during the Edo period (1600–1868) and had the advantage that it could be worn during any season.

Awase (袷)
Japan – Literally a "lined kimono". A winter garment, it was worn from October to late May when the simple *hitoe* jacket and the lightweight *usumono* kimonos for hot weather could no longer be used.

Bianfu (便服)
China – The Chinese tunic for everyday wear.

Changfu (常服) **or *changpao*** (常袍)
China – A Chinese tunic, usually worn by men, that could become official if a "mandarin square" was sewn on the chest to indicate the rank of its owner in the civil or military hierarchy.

Chaofu (朝服) **or *jifu*** (吉服)
China – Chinese ceremonial tunics used at court. See *longpao*.

Cheongsam (長衫)
China – Cantonese name for the *qipao* (旗袍). A long, attractive women's tunic of Manchu origin that came back into fashion during the 1920s. See *qipao*.

Chijimi (谷縮) **or *Ojiya-chijimi*** (小千谷縮)
Japan – Crepe made from ramie, with faded colours and a crumpled appearance, made in Ojiya in the region of Uonuma (Niigata) from December to March. Ramie is harvested and twisted by hand to create a yarn of unusual appearance. It is then knotted and dyed in a manner to obtain specific motifs (generally either geometric or floral). The cloth is then woven and finished by being buried in snow for between ten and twenty days. This procedure has been registered on UNESCO's list of humanity's intangible cultural heritage.

Chirimen (縮緬)
Japan – Silk crepe whose weave is composed of small waves. The technique was invented during the 16th century, in which a thread is wound around another to give it a twisted effect. The resulting cloth is hence composed of twisted threads that create an effect similar to small waves. Both silk and cotton *chirimen* exist.

Choma (苧麻)
Japan – The ramie plant (*Boehmeria nivea*). In Japan, together with hemp, ramie was the commonest plant fibre used in the manufacture of textiles.

Chūya obi (昼夜帯)
Japan – "Day and night sash". These *obis* have the particular characteristic of being reversible. One side is black while the other is decorative. They are informal belts for daily wear.

Date-eri (伊達襟)
Japan – False collar that is placed underneath that of a kimono to bring a touch of colour. This form of collar lining is also practical for cleaning purposes.

Donsu (純子)
Japan – Silk damask.

Dōnuki (胴抜き) **or *dan gawari*** (段替わり)
Japan – Literally "different levels". Type of composition that imitates the design of certain kimonos originally made from pieces of cloth sewn together. These were later imitated and woven into check patterns.

Eba (絵羽)
Japan – A type of composition referring to the manner in which the motif fills the surface of the kimono. This form of decoration usually covers the entire garment, passing over the seams and spreading onto the sleeves.

Eri (襟)
Japan – The collar of a kimono. It may sometimes also be removable (*han-eri* 半襟), to facilitate cleaning.

Fuji (藤)
Japan – The fibres of the wisteria plant (*Wisteria sinensis*), used in weaving textiles.

Fukure-ori (膨れ織)
Japan – A sort of jacquard textile in which the motifs appear in relief.

Fukuro obi (袋帯)
Japan – Literally a "bag-sash". The *fukuro obi* is the same length as a *maru obi* but less thick, allowing it to be tied more easily. The *fukuro obi* is a formal or semi-formal *obi* that is generally worn over a *furisode* kimono. The accessory is made of two parts – a front and reverse – that are sewn together. The reverse is plain, which creates an *obi* that is a little less luxurious. There are three types of *fukuro obi*, which are differentiated by the surface of the decoration: ***zentsū-gara*** (全通柄), whose composition fills the entire surface; ***rokutsū-gara*** (六通柄), whose composition ends where the *obi* is wound; and ***otaiko-gara*** (お太鼓柄), in which the decoration is only placed on the visible tips of the knot.

Furisode (振袖)
Japan – Literally "floating sleeves". *Furi* (振) refers to the vertical slit of the sleeves. This formal garment is worn by young, single women. It is usually covered entirely with profuse and brightly coloured patterns. Traditionally, women cease wearing a *furisode* after their marriage, when they replace it with a *tomesode*. They would then put away the *furisode* until it was handed down to a daughter. Young girls wear the garment for formal ceremonies, such as their coming-of-age celebration (*Seijin shiki* 成人式) on their twentieth birthday, for the tea ceremony (*chanoyu* 茶の湯), at wedding ceremonies, and on their graduation day. The *furisode* has three different lengths of sleeve, corresponding to the degree of formality of the occasion: the longest sleeves are for the most official ceremonies. The ***ko-furisode*** (小振袖) has short sleeves and may feature *mon* family crests; the ***chū-furisode*** (中振袖), with mid-length sleeves and one or three *mon*, and the ***ō-furisode*** (大振袖), whose sleeves almost touch the ground and which generally features three or five *mon*.

Gaishūtsugi (外出着)
Japan – Literally "dress for outings". This kimono was worn for everyday outings. See also *tsumugi*.

Geta (下駄)
Japan – Japanese clogs, usually made of wood.

Ginran (銀襴)
Japan – Brocade made with silver thread. See *kinran*, which uses gold thread. Two sorts of silver thread exist: ***hiraginshi*** (平銀糸), made with flat strips of silver leaf, and ***yoriginshi*** (撚銀糸), thread twisted with silver.

Glossaire

Akashi (明石)
Japon – Sorte de soie extrêmement fine, spécialité de la ville du même nom, Akashi. On dit de cette qualité qu'elle est aussi délicate que les ailes d'une cigale.

Asanoha (麻の葉)
Japon – Motif géométrique étoilé composé de six diamants, comparé à une feuille de chanvre stylisée. Le chanvre était fréquemment utilisé au Japon pour la fabrication de textiles jusqu'à ce que le coton, arrivé assez tardivement, ne le détrône. Ce motif, devenu très populaire à l'époque d'Edo (1600-1868), possède l'avantage de pouvoir être porté en toute saison.

Awase (袷)
Japon – Signifie littéralement « kimono doublé ». Vêtement pour la saison hivernale, du mois d'octobre à la fin du mois de mai, lorsque les kimonos simples *hitoe* ou les kimonos de grosses chaleurs *usumono* ne peuvent plus être portés.

Bianfu (便服)
Chine – Tunique chinoise quotidienne.

Changfu (常服) ou *changpao* (常袍)
Chine – Tunique chinoise, généralement masculine, qui peut devenir officielle si elle est ornée d'un « carré mandarin » cousu sur la poitrine, indiquant alors le rang de son propriétaire dans la hiérarchie civile ou militaire.

Chaofu (朝服) ou *jifu* (吉服)
Chine – Tuniques de cérémonie chinoises servant à la cour. Voir aussi *longpao*.

Cheongsam (長衫)
Chine – Appellation cantonaise du *qipao* (旗袍). Tunique féminine d'origine mandchoue, longue et seyante, remise au goût du jour dans les années 1920. Voir *qipao*.

Chijimi (谷縮) ou *Ojiya-chijimi* (小千谷縮)
Japon – Crêpe de ramie aux nuances décolorées et à effet froissé caractéristique, produit à Ojiya dans la région d'Uonuma, Niigata, au Japon, durant les mois de décembre à mars. La ramie est récoltée et torsadée à la main pour créer un fil à l'aspect particulier. Il est ensuite noué et teint dans le but d'obtenir des motifs spécifiques (généralement géométriques ou floraux). Le tissu ensuite réalisé sera achevé en étant enfoui sous la neige pendant dix à vingt jours. Ce procédé est inscrit sur la liste du patrimoine culturel immatériel de l'Unesco.

Chirimen (縮緬)
Japon – Crêpe de soie dont l'armure est formée de petites vagues. Il s'agit d'une technique inventée au XVIe siècle consistant à enrouler un fil autour d'un autre pour le faire vriller. Le textile qui en résulte est donc composé de fils entortillés qui donnent l'impression de vaguelettes. Il existe des *chirimen* de soie ou de coton.

Choma (苧麻)
Japon – La ramie (*Boehmeria nivea*). Au Japon, il s'agit de la fibre végétale la plus répandue pour la confection de textiles, avec le chanvre.

Chūya obi (昼夜帯)
Japon – Signifie littéralement « ceinture jour et nuit ». Ces obis possèdent la particularité d'être réversibles et se composent d'un côté noir et d'un côté animé d'un décor. Il s'agit de ceintures informelles qui peuvent être portées de manière quotidienne.

Date-eri (伊達襟)
Japon – Faux col qui se place sous celui du kimono et permet d'apporter une touche de couleur. Ce double col est également pratique pour le nettoyage.

Donsu (純子)
Japon – Damas de soie.

Dōnuki (胴抜き) ou *dan gawari* (段替わり)
Japon – Signifie littéralement « niveaux différents ». Il s'agit d'un type de composition qui reprend le dessin de certains kimonos conçus, à l'origine, de différents coupons de tissus cousus entre eux, par la suite imités et tissés en damiers.

Eba (絵羽)
Japon – Il s'agit d'un type de composition qui décrit la manière dont le motif occupe la surface du kimono. Un décor qui, le plus souvent, enrobe le vêtement, passant sur les coutures et qui se retrouve également sur les manches.

Eri (襟)
Japon – Col du kimono. Il peut parfois être amovible *han-eri* (半襟), ce qui facilite le nettoyage.

Fuji (藤)
Japon – Fibres de glycine (*Wisteria sinensis*), employées pour le tissage de textiles.

Fukure-ori (膨れ織)
Japon – Il s'agit d'une sorte de textile jacquard qui permet d'obtenir des motifs en relief.

Fukuro obi (袋帯)
Japon – Signifie littéralement « ceinture-sac ». Le *fukuro obi* est de la même longueur que le *maru obi*, mais moins épais, ce qui permet de l'attacher plus facilement. Il s'agit d'un obi formel ou semi-formel, généralement porté sur un kimono de type *furisode*. Cet accessoire est composé de deux parties, un recto et un verso, cousues entre elles. Son revers est uni, ce qui en fait une ceinture un peu moins luxueuse. Les motifs n'occupent que certaines portions qui demeurent visibles, une fois le obi noué. Il existe trois types de *fukuro obi* différents qui dépendent de la surface du décor : le ***zentsū-gara*** (全通柄), dont la composition occupe toute la surface ; le ***rokutsū-gara*** (六通柄), avec une composition interrompue à l'endroit où la ceinture s'enroule ; et l'***otaiko-gara*** (お太鼓柄), avec une composition interrompue qui ne laisse le décor que sur les extrémités visibles du nœud.

Furisode (振袖)
Japon – Signifie littéralement « manches flottantes ». *Furi* (振) désigne la fente des manches, verticale. Ce vêtement, formel, est destiné aux jeunes femmes célibataires. Il est généralement entièrement recouvert de décors foisonnants et de couleurs vives. Traditionnellement, les femmes renoncent à leur *furisode* pour un *tomesode*, après leur mariage. Elles conservent ensuite leurs anciens vêtements pour leurs propres filles. Ces dernières le portent à l'occasion de la fête Seijin shiki (成人式 – pour l'année de leurs vingt ans), pour la cérémonie du thé (*chanoyu* 茶の湯), lors de mariages ou remises de diplômes. Il existe trois longueurs de manches différentes qui chacune correspond à la formalité de l'événement – les plus longues pour les cérémonies les plus officielles. Le ***ko-furisode*** (小振袖), avec des manches courtes et qui peut avoir des blasons familiaux *mon*, le ***chū-furisode*** (中振袖), avec des manches mi-longues et un ou trois *mon*, enfin l'***ō-furisode*** (大振袖) dont les manches touchent presque le sol, et qui arbore généralement trois ou cinq *mon*.

Gaishūtsugi (外出着)
Japon – Signifie littéralement « vêtement pour sorties ». Kimono pour sorties quotidiennes, voir aussi *tsumugi*.

Geta (下駄)
Japon – Socques japonaises, généralement de bois.

Gosho guruma (御所車)
Japan – Literally "imperial carriage". This motif of a carriage used by the nobility during the Heian period (794–1185) often alluded to the literary epic of the age titled *The Tale of Genji* (源氏物語), attributed to Murasaki Shikibu 紫式部 (c. 973–1014 or 1025.

Habutae (羽二重)
Japan – *Habotai* or *habutai*. Literally "two layers of feathers". A type of sheer and lightly transparent silk of superior quality.

Hakamashita (袴下)
Japan – A men's garment, a variant of the kimono that was worn beneath baggy, pleated trousers called *hakama* (袴).

Hakoseko (筥迫)
Japan – A small folding case that was generally slipped inside the opening of the kimono.

Hanhaba obi (半幅帯/半巾帯)
Japan – Literally "half-width sash". This *obi* was for informal use and worn on a daily basis beneath an open *haori* jacket, over a kimono with *komon* small repeated motifs, or over a *yukata* summer kimono.

Haori (羽織)
Japan – A half-length jacket for both women (whose sleeves have a vertical slit) and men (the slitless sleeves are sewn down the length of the body) that is worn beneath the kimono. A strip of cloth sewn on each side of the opening (*himo* 紐) allows the jacket to be tied at the front. The quality of the cloth strip must match that of the rest of the garment. The wearing of a *haori* is only appropriate for informal occasions even though it may also feature *mon* family crests. It is mostly worn in the home, which is why it may give the impression that one is receiving guests in an informal manner.

Heko obi (兵児帯)
Japan – See *sanjaku*.

Hitoe (単衣)
Japan – Literally "simple garment". This item of clothing has no lining as it is worn during the summer, from June to late September. *Usumono* kimonos are worn during the very hot months of July and August, whereas *awase* lined kimonos are used during the winter months.

Hōmongi (訪問着)
Japan – Literally "visiting kimono", which will feature at least one *mon* family crest. This garment replaces the role of the *furisode* when a woman marries. It is less formal than the *tomesode* but more so than the *tsukesage* or the *komon*. Its decoration broadly covers the body and runs across the seams. It is worn with an undecorated *fukuro obi* or a *Nagoya obi* with one end narrower than the other. It is suitable for small visits such as tea ceremonies, the theatre, *ikebana* exhibitions and informal celebrations, like those at the New Year.

Ikat
This name comes from the Indonesian word meaning "to attach or to knot". It refers to the dyeing of threads before they are woven. The threads must be dyed at specific intervals to create the desired pattern when woven. The pattern is gradually revealed as the cloth is woven.

Iromuji (色無地)
Japan – Literally "monochrome kimono". The kimono may be monochrome but it may also feature *mon* crests. It is colourful, formal wear for married women patterned beneath the waistline only.

Iro-tomesode (色留袖)
Japan – Literally "*tomesode* of colour". This garment is a single-colour, formal *tomesode* kimono for married women patterned beneath the waist only. It is worn with either a luxurious *maru* reversible *obi* or a *fukuro obi* with a plain reverse.

Itomenori (糸目糊)
Japan – White paste made from rice used to outline motifs to be painted or dyed. The paste prevents the colour from running and disappears in the wash, leaving a thin white line.

Jifu (吉服)
China – A ceremonial tunic worn at the court. See also *changfu* and *longpao*.

Jofu (上布) or **echigo-jofu** (越後上布)
Japan – A fabric made from ramie (*Boehmeria nivea*) in Ojiya, a speciality of the region of Uonuma in Japan. See *chijimi*.

Juban (襦袢)
Japan – A form of undergarment worn beneath the kimono. It exists in two forms – the long *nagajuban* and the shorter *hanjuban*.

Kagome (籠目)
Japan – Literally "basket eyes", a name that describes the openings created by the weave. It is a geometric motif similar to wickerwork.

Kansashi (簪)
Japan – Hairpins of different sorts. Among the ornaments that Japanese women wear in their hair are combs (*kushi* 櫛), two-part pins (*kōgai* 笄) and hanging charms (*bira-kansashi* ビラ簪).

Kasane (かさね、重ね、襲)
Japan – A name that refers to different types of under-kimonos.

Kasuri (絣) or **kasuri-ori** (絣織)
Japan – A *kasuri* is a sort of Japanese *ikat*. This traditional technique comes from the region of Fukuoka and creates motifs using the principle of the resist-dyeing of yarn before it is woven. It is also called *egasuri* (絵絣).

Kata suso (肩裾)
Japan – A type of composition. Literally "[which entails a pattern on the] shoulder and [the] hem".

Katagami (型紙)
Japan – Stencils made from rigid *washi* or *wagami* paper (和紙), whose openwork patterns are coated with a resist paste that allows the motifs to be created by dyeing, using the batik technique.

Katami gawari (片身変わり)
Japan – Literally "two different sides". A type of composition in which a kimono is created by the sewing together of two different or differently patterned cloths.

Katazome (型染め)
Japan – A technique used to print motifs using *katagami* (型紙) stencils coated with a resist paste.

Kesi (缂丝)
China – A kilim-style tapestry weaving technique in which each colour is worked on a separate shuttle to create a pattern. The Japanese version of this method is called *tsuzure-ori*.

Kihachijō (黄八丈)
Japan – The name refers to textiles woven on the island of Hachijō using three colours only – yellow, black and beige – which are obtained from endemic species of plant.

Kimono (着物)
Japan – Literally "something you wear". The word is a later synonym of *furisode* and was adopted by Westerners.

Kinran (金襴)
Japan – Brocade made with gold thread. See *ginran* for silver thread. Two sorts of gold thread exist: ***hirakinshi*** (平金糸), made with flat strips of gold leaf, and ***yorikinshi*** (撚金糸), thread twisted with gold.

Kirihame (切嵌)
Japan – The name of a technique that either uses patchwork and appliqué or imitates it in painting.

Komon (小紋)
Japan – Literally "small motif". The term refers to both an informal kimono covered with a repeat pattern across the entire surface of the cloth, and to the motif used. The designs are often created using *katagami* stencils, whose openings are covered with resist paste to create a contrasting pattern, like batik. It is thought that this technique was developed from ornaments previously worn by samurai on formal costumes. Whereas the craftsmen of Kyōto were reputed for their kimonos with hand-painted patterns, those in Tōkyō (then Edo) were recognised for their *komon* printed motifs. Much experience and skills are required for a successful result. *Komon* are urban garments worn on a daily basis. Several sorts exist: the ***Edo komon*** (江戸小紋) – literally the *komon from Edo*, in which the surface is covered with repeat motifs; the **tsukesage komon** (付下げ小紋) – in which the continuous motif runs up the front and back but does not run down the other side. It is recommended that a dyed kimono be worn with a woven sash but it can also be matched with a *fukuro obi* with a plain reverse or a *Nagoya obi* with one end narrower than the other.

Kosode (小袖)
Japan – Literally "small sleeves". A generic term that means all kimonos, whether for men or women, and a synonym for the word "kimono" that was adopted by Westerners.

Ginran (銀襴)
Japon – Brocart de fil d'argent. Voir *kinran* pour le fil d'or. Il existe deux sortes de fils d'argent : le fil à lamelle plate ***hiraginshi*** (平銀糸) ou le fil d'argent enroulé ou filé enroulé ***yoriginshi*** (撚銀糸).

Gosho guruma (御所車)
Japon – Signifie littéralement «voiture impériale». Motif de chariot pour le transport de personnes nobles de l'époque Heian (794-1185), faisant souvent allusion à la grande épopée littéraire de l'époque, le *Dit du Genji* (源氏物語), attribuée à Murasaki Shikibu 紫式部 (env. 973-1014 ou 1025).

Habutae (羽二重)
Japon – *Habotai* ou *habutai*. Signifie littéralement «deux couches de plumes». Type de soie fluide, de qualité supérieure et légèrement transparente.

Hakamashita (袴下)
Japon – Il s'agit d'un vêtement masculin, une variante du kimono qui est porté sous un pantalon large et plissé, le *hakama* (袴).

Hakoseko (筥迫)
Japon – Accessoire en forme de petite pochette à rabat qui se glisse généralement dans l'échancrure du kimono.

Hanhaba obi (半幅帯/半巾帯)
Japon – Signifie littéralement «ceinture de demi-largeur». Ce *obi* est réservé aux utilisations informelles, porté quotidiennement sous une veste ouverte *haori*, sur un kimono à petits motifs répétés *komon* ou un kimono d'été *yukata*.

Haori (羽織)
Japon – Veste de demi-longueur féminine (les manches portent une fente verticale), ou masculine (les manches sont cousues le long du corps, sans fente), qui se porte sur le kimono. Un ruban cousu de chaque côté de l'ouverture (*himo* 紐) permet de nouer la veste en son milieu. La qualité de ces cordelettes se doit de correspondre au reste du vêtement. Le port du *haori* n'est approprié que lors d'occasions informelles, même s'il peut aussi arborer des blasons familiaux *mon*. On le revêt surtout chez soi et c'est pourquoi il peut donner l'impression de recevoir des invités de manière décontractée.

Heko obi (兵児帯)
Japon – Type de ceinture réservée aux fillettes. Voir *sanjaku*.

Hitoe (単衣)
Japon – Signifie littéralement «vêtement simple». Cet habit est sans doublure, pour la saison estivale, du mois de juin à la fin du mois de septembre. Les kimonos *usumono* sont portés lors des grosses chaleurs des mois de juillet et août, tandis que les kimonos doublés *awase* sont, eux, réservés à la saison hivernale.

Hōmongi (訪問着)
Japon – Signifie littéralement «kimono de visite», sur lequel figure au moins un blason familial *mon*. Ce vêtement remplace le *furisode* lorsque les femmes se marient. Il est moins formel que le *tomesode*, mais plus que le *tsukesage* ou le *komon*. Son décor est assez largement répandu sur le corps et court par-dessus les coutures. On le porte avec une ceinture à revers sans décor *fukuro* ou à extrémité rétrécie Nagoya. Il convient à de petites sorties telles que des cérémonies du thé, le théâtre, des expositions d'ikebana ou des festivités informelles, comme celles du Nouvel An.

Ikat
Ce mot provient de l'indonésien «attacher, nouer». Il s'agit d'un procédé consistant à teindre les fils avant leur tissage. Ces derniers doivent être colorés à intervalles précis pour obtenir un décor déterminé à l'avance. La composition du textile ne se révèle alors qu'au fur et à mesure du tissage.

Iromuji (色無地)
Japon – Signifie littéralement «kimono monochrome». Kimono monochrome qui peut aussi arborer des armoiries *mon*. Tenue formelle pour femme mariée, colorée, dont le décor continu occupe uniquement le bas du vêtement.

Iro-tomesode (色留袖)
Japon – Signifie littéralement «*tomesode* de couleur». Kimono formel *tomesode* pour femme mariée, coloré, dont le décor continu occupe uniquement le bas du vêtement. Se porte avec une ceinture de type réversible et de grand luxe *maru* ou à revers sans décor *fukuro*.

Itomenori (糸目糊)
Japon – Pâte blanche à base de riz employée pour cerner les contours de motifs destinés à être peints ou teints. Cette colle empêche la couleur de filer et disparaît au lavage, laissant un filet blanc autour des décors.

Jifu (吉服)
Chine – Tunique de cérémonie servant à la cour. Voir aussi *changfu* et *longpao*.

Jofu (上布) ou ***echigo-jofu*** (越後上布)
Japon – Tissage de ramie (*Boehmeria nivea*), produit à Ojiya, spécialité de la région d'Uonuma au Japon. Voir *chijimi*.

Juban (襦袢)
Japon – Sorte de sous-vêtement (sous-kimono) qui se porte sous les kimonos. Il existe sous formes variées, le *nagajuban* pour les plus longs et *hanjuban* pour les courts.

Kagome (籠目)
Japon – Signifie littéralement «yeux du panier». Ce nom décrit les orifices créés par le tressage. Il s'agit d'un motif géométrique s'apparentant à de la vannerie.

Kansashi (簪)
Japon – Épingles à cheveux diverses. Parmi les ornements que les Japonaises portent piqués dans leur chignon, on trouve des peignes (*kushi* 櫛), des épingles en deux parties (*kōgai* 笄), des breloques qui pendent (*bira-kansashi* ビラ簪), etc.

Kasane (かさね、重ね、襲)
Japon – Désigne différents types de sous-kimonos.

Kasuri (絣) ou ***kasuri-ori*** (絣織)
Japon – Le *kasuri* est une sorte d'*ikat* japonais. Il s'agit d'une technique traditionnelle de la région de Fukuoka qui désigne des motifs créés selon le principe de teinture du fil par réserve avant son tissage et que l'on appelle également *egasuri* (絵絣).

Katagami (型紙)
Japon – Pochoirs de papier rigide *washi* ou *wagami* (和紙), dont les décors, ajourés, sont destinés à être enduits d'une pâte résistante permettant l'impression de motifs par teinture, selon le principe du batik.

Katami gawari (片身変わり)
Japon – Signifie «deux côtés différents». Il s'agit d'un type de composition qui consiste en des laizes de textiles contrastées, cousues entre elles, pour concevoir le kimono.

Kata suso (肩裾)
Japon – Type de composition. Signifie littéralement «[qui comporte un décor sur l'épaule et [le] bas».

Katazome (型染め)
Japon – Il s'agit d'une technique d'impression des motifs grâce à l'emploi de pochoirs *katagami* (型紙) enduits d'une pâte résistante.

Kesi (缂丝)
Chine – Technique de tapisserie dite «à relais» qui consiste à travailler chaque couleur sur une navette séparée pour créer un décor. La version japonaise de cette méthode s'intitule *tsuzure-ori*.

Kihachijō (黄八丈)
Japon – Désigne les textiles tissés sur l'île de Hachijō, caractérisés par des teintures jaunes, noires et beiges uniquement, obtenues à partir d'essences endémiques.

Kimono (着物)
Japon – Signifie littéralement «chose que l'on porte sur soi». Ce mot est un homonyme tardif de *furisode*, qui a été adopté par les Occidentaux.

Kinran (金襴)
Japon – Brocart de fil d'or. Voir *ginran* pour le fil d'argent. Il existe deux sortes de fils d'or : le fil à lamelle plate ***hirakinshi*** (平金糸) ou le fil d'or enroulé ou filé enroulé ***yorikinshi*** (撚金糸).

Kirihame (切嵌)
Japon – Procédé de patchwork appliqué ou imité.

Komon (小紋)
Japon – Signifie littéralement «petit motif». Ce terme désigne à la fois un kimono informel couvert d'un décor répétitif couvrant toute la surface du textile, ainsi que le motif qui lui correspond. Ces derniers sont souvent réalisés à l'aide de pochoirs *katagami*, dont les orifices sont enduits d'une pâte résistante pour obtenir une teinture à décor contrasté, à la manière du batik. On pense que cette technique aurait été développée à partir d'ornements que l'on trouvait autrefois sur le costume formel des samouraïs. Tandis que les artisans de Kyōto étaient réputés pour leurs kimonos aux dessins peints à la main, ceux de

Kōto (コート)
Japan – A name derived from the English word "coat". A long, open overcoat. It must of course must match the kimono over which it is worn in terms of status, colours, materials and motifs. See also *michi-yuki*.

Kumi-himo (組み紐)
Japan – Literally "gathered threads". A small plaited cord derived from the *sageo* (下げ緒), a cord with which a samurai tied his sabre to his belt. The *kumi-himo* was used to hold the *obi* in place. It became indispensable as belts became increasingly wider.

Kuro-tomesode (黒留袖)
Japan – Literally "black *tomesode*". This garment is the most formal attire for a married woman, particularly so if it features one, three or five *mon* family crests. The collar is often emphasised by being lined with white material. It is worn at marriages (by the guests) and various other ceremonies. As its name indicates, this garment is mostly black, with the exception of the patterned lower section. The composition has to correspond to the age of the wearer, her social status and the season. This very special kimono is worn with a *maru* reversible *obi* of great splendour or a *fukuro obi* with a plain reverse.

Kurume kasuri (久留絣)
Japan – See *kasuri*.

Longpao (龙袍)
China – A ceremonial court tunic decorated with the dragons associated with the office of mandarin. See also *chaofu* and *jifu*.

Makiage (巻き上げ)
Japan – A dyeing technique that uses knots, in the fashion of *shibori*. See *shibori*.

Mamian (馬面)
China – Literally "horse's face". A *mamian* is a particular pleated skirt in which a wider panel of fabric on the front and back allow the wearer to mount a horse without hindrance. This specific design is derived from traditional Manchu costume and was continued in the Qing court as its rulers came from the same ethnic group.

Mangqun (蟒裙)
China – A pleated panel "dragon" skirt. The motif in which pairs of dragons are associated with pairs of phoenixes meant that this garment was intended for a young bride.

Maru obi (丸帯)
Japan – Literally "one-piece *obi*". A highly luxurious sash that was very fashionable during the Meiji (1868–1912) and Taishō (1912–26) eras. *Maru* signifies that the *obi* is made from a single length of cloth that is folded and sewn on one side only. It is the most formal of the *obis* that can be worn with a *tomesode* formal kimono, a young girl's *furisode* kimono or a *hōmongi* visiting kimono.

Matixiu (馬蹄袖)
China – Literally "horse's hoof [shaped] sleeves". The term refers to the cuffs of the long, rounded sleeves, which cover the hand when riding a horse. This specific design is derived from traditional Manchu costume and continued in the Qing court as its rulers came from the same ethnic group.

Michi-yuki (道行)
Japan – A women's coat with a square or plunging neck, which is worn over a kimono. The coat may have popper buttons on the front. The *michi-yuki* can be worn over a *hōmongi* visiting kimono or a less formal garment like the *tsukesage*. It must correspond in terms of status, colours, material and motifs with the kimono over which it is worn. See also *kōto*, its synonym.

Mofuku (喪服)
Japan – A kimono worn during mourning for a member of the family. Black with five family crests. The preferred garment to be worn is either a black coat or jacket. Only the neck, the *tabi* socks and the under-kimono can be white.

Momen (木綿)
Japan – Cotton (*Gossypium arboreum*, *G. herbaceum* and *G. hirsutum*). Although the first cotton plants arrived in Japan from China during the 8th century, the Japanese did not discover woven cotton, imported from the mainland, until the 15th century.

Momi (紅絹)
Japan – The colour of a deep red dye. The name is probably derived from the word for maple (*momiji* 紅葉), from the colour that its leaves turn in autumn.

Mon (紋), *monshō* (纹章), *mondokoro* (紋所) or *kamon* (家紋)
Japan – Family crest. This emblem of the family to which its wearer belongs is generally inscribed in a roundel. It is displayed on formal clothing either singly (on the back) = *hitotsu mon* (一紋), or in a threesome (on the back, and on the back of the sleeves) = *mitsu mon* (三紋), or a fivesome (on the back, and on the back and front of the sleeves) = *itsutsu mon* (五紋), in accordance with the importance of the occasion. The more *mon*, the more official the occasion.

Montsuki (紋付)
Japan – A formal kimono adorned with *mon* family crests for official events.

Musō (無双)
Japan – Mid-season clothes worn either in spring (two weeks at the end of May) or autumn (during the last two weeks of September).

Musubi (結び)
Japan – Literally "knot [of the obi]". In Japan there are many ways to knot one's *obi*. ***Asagao musubi*** (朝顔結び), literally "morning glory knot": this knot is exclusively for young girls as it requires a very long obi. ***Ayame musubi*** (菖蒲結び), literally "iris knot": this complex knot is very decorative and is worn with a darker and often plain-coloured garment. It is suitable for young women at an informal evening event. ***Bara musubi*** (薔薇結び), literally "rose knot": a very elaborate knot used with a simple *obi* without a pattern or with relatively subdued colours. This knot too is suitable for young women at an informal evening event. ***Chōchō musubi*** (蝶蝶結び), literally "butterfly knot": this knot is appreciated for its pleasing appearance. ***Fukura-suzume musubi*** (ふくら雀結び), literally "knot of a sparrow with puffed-up feathers" as it resembles a sparrow with open wings. It is worn only by young unmarried women with a *furisode* on formal occasions. ***Kai-no-kuchi musubi*** (貝の口び結び), literally "clam's mouth knot": though often chosen by men, it is also worn by older women or those who wish to display a boyish look. ***Koma musubi*** (駒結び結び), a square knot, literally "foal knot": suitable for *sanjaku* belts for children. It is also used to attach *haori* and *obijime* sashes. ***Taiko musubi*** (太鼓結び), literally "drum knot", which resembles a box. This form is one of the most widely used knots today. It is suitable for women of all ages and can be used for all types of kimonos (but above all *tsukesage* and *komon*). Although its name is today associated with a drum (*taiko*), in the past it was linked with festivities organised on Taikobashi Bridge in the city of Tōkyō. Geishas who took part in this event invented the knot after taking a man's knot as their point of departure. This new manner of knotting one's *obi* very quickly spread. ***Nijūdaiko musubi*** (二重太鼓結び), literally "two-layer drum knot": this is another version of the drum knot (*taiko musubi*) that is made with a *fukuro obi*. The manner of folding represents wishes for "double joy" (harmony). ***Tateya musubi*** (立て矢結び), literally "standing arrow knot": this knot is in the form of a bow. It is one of the simplest ways to fold a *fukuro obi*. It can easily be used with an *ō-furisode*. ***Washikusa musubi*** (鷲草結び), literally "eagle plant knot": the name is taken from a strange-looking plant that looks like an eagle taking flight. This list is not exhaustive and only offers a glimpse of the great variety of knots and the rules that govern their use.

Nagajuban (長襦袢)
Japan – An under-kimono worn directly beneath a formal or semi-formal garment. The neck and sleeves remain visible.

Nagoya obi (名古屋帯)
Japan – Literally "*obi* from Nagoya". This semi-formal *obi* has one end narrower than the other to make the tying of some knots easier. This accessory was invented at the end of the 1920s in the city of Nagoya (hence its name) during the Taishō period (1912–26). It is worn with simple *kuro-tomesode* or *furisode* kimonos.

Natsu obi (夏帯)
Japan – Literally "summer *obi*". This sash is made from lighter material, generally *sha* (纱), *ra* (羅) or *rō* (絽) silk.

Netsuke (根付)
Japan – A *netsuke* is a small counterweight that allows objects to be hung from the *obi*. Small sculptures rather like a button, *netsuke* quickly became sought-after objects.

Nijū kasane (二重かさね、重ね、襲)
Japan – Refers to the different layers of under-kimonos.

Tōkyō (alors Edo), l'étaient pour leurs motifs imprimés *komon*. Il faut beaucoup de métier et une grande dextérité pour parvenir à obtenir ce résultat. Les *komon* sont des vêtements citadins que l'on porte quotidiennement. Il en existe plusieurs sortes ; l'***Edo komon*** (江戸小紋) – littéralement le *komon d'Edo*, qui consiste en une surface couverte de motifs répétés ; le ***tsukesage komon*** (付下げ) – dont le motif continu monte des deux côtés (mais ne redescend pas à l'envers), etc. Il est recommandé de porter une ceinture tissée avec un kimono teint, mais on peut également l'assortir avec des obis à revers sans décor *fukuro* ou à extrémité rétrécie Nagoya.

Kosode (小袖)
Japon – Signifie littéralement « petites manches ». Terme générique désignant tous les kimonos, portés aussi bien par les femmes que par les hommes, synonyme de « kimono » adopté par les Occidentaux.

Kōto (コート)
Japon – Nom dérivé de l'anglais *coat*. Manteau long et ouvert, pardessus. Il va de soi qu'il doit s'accorder en rang, couleurs, matières et motifs avec le kimono sur lequel il est porté. Voir aussi *michi-yuki*.

Kumi-himo (組み紐)
Japon – Signifie littéralement « fils réunis ». Cordelette tressée dont le *sageo* (下げ緒), ce cordon qui permettait au samouraï d'attacher son sabre à la ceinture, serait la source. Ce cordon supplémentaire sert à tenir le obi en place. Il est devenu indispensable au cours du temps, avec l'élargissement des ceintures.

Kuro-tomesode (黒留袖)
Japon – Signifie littéralement « *tomesode* noir ». Il s'agit du vêtement le plus formel pour une femme mariée, surtout s'il arbore un, trois ou cinq blasons familiaux *mon*. Souvent, le col est souligné d'une doublure blanche. Il se porte lors de mariages (en tant qu'invité) ou de cérémonies diverses. Comme son nom l'indique, ce vêtement est principalement noir, sauf pour la partie inférieure où court un décor. La composition doit convenir à l'âge de celle qui le porte, à son statut social, ainsi qu'à la saison. Ce kimono particulier se porte avec une ceinture de grand luxe et réversible *maru* ou à revers sans décor *fukuro*.

Kurume kasuri (久留絣)
Japon – Voir *kasuri*.

Longpao (龙袍)
Chine – Tunique de cérémonie servant à la cour et arborant les dragons inhérents à la charge mandarinale. Voir aussi *chaofu* et *jifu*.

Makiage (巻き上げ)
Japon – Technique spécifique de teinture par points noués dans le genre des *shibori*. Voir *shibori*.

Mamian (馬面)
Chine – Signifie littéralement « face de cheval ». Il s'agit en fait d'une jupe plissée particulière, munie d'un panneau de tissu plus large sur le devant et à l'arrière pour permettre à celle qui la porte de monter à cheval sans encombre. Ces spécificités vestimentaires proviennent du costume traditionnel mandchou et se perpétuent à la cour des Qing (dont les dirigeants appartiennent à cette même ethnie).

Mangqun (蟒裙)
Chine – Jupe plissée à panneaux dite « dragon ». Le motif réunissant des couples de dragons et de phénix destine ce vêtement à une jeune mariée.

Maru obi (丸帯)
Japon – Signifie littéralement « obi d'une pièce ». Ceinture de grand luxe, très en vogue pendant les ères Meiji (1868-1912) et Taishō (1912-1926). *Maru* désigne le fait que la ceinture a été conçue dans une seule longueur de tissu pliée en deux et cousue sur un seul côté. Elle est généralement coupée dans du brocart de soie. Elle est épaisse, rigide, et son poids est assez élevé. Il s'agit du plus formel des obis qui peut être porté avec un kimono formel *tomesode*, un kimono de jeune fille *furisode* ou un kimono de visite *hōmongi*.

Matixiu (馬蹄袖)
Chine – Signifie littéralement « manches [en forme de] sabot de cheval ». Ce terme désigne l'extrémité des manches, longues et arrondies, qui recouvrent le dos de la main lorsqu'on monte à cheval. Ces spécificités vestimentaires proviennent du costume traditionnel mandchou et se perpétuent à la cour des Qing (dont les dirigeants appartiennent à cette même ethnie).

Michi-yuki (道行)
Japon – Manteau féminin, à encolure carrée ou plongeante, qui se porte sur un kimono. Des boutons-pressions peuvent servir à fermer le vêtement sur le devant. Le *michi-yuki* peut se porter sur un kimono de visite *hōmongi* ou sur une pièce moins formelle, comme le *tsukesage*. Il va de soi qu'il doit s'accorder en rang, couleurs, matières et motifs avec le kimono sur lequel il est porté. Voir aussi *kōto*, son synonyme.

Mofuku (喪服)
Japon – Kimono de deuil, pour les proches. De couleur noire avec cinq blasons familiaux. Il est préférable de porter un manteau ou une veste de couleur noire pour l'occasion. Seule l'encolure, les chaussettes *tabi* et le sous-kimono peuvent être blancs.

Momen (木綿)
Japon – Coton (*Gossypium arboreum*, *G. herbaceum* et *G. hirsutum*). Même si de premiers plants de coton parviennent au Japon depuis la Chine au VIIIe siècle déjà, il faut attendre le XVe siècle pour que les Japonais découvrent le coton tissé en provenance du continent.

Momi (紅絹)
Japon – Couleur de teinture rouge profond. Ce nom dérive probablement du mot pour érable (*momiji* 紅葉), et donc de la couleur que prennent ses feuilles en automne.

Mon (紋), *monshō* (纹章), *mondokoro* (紋所) ou *kamon* (家紋)
Japon – Blason familial. Cet insigne indiquant le nom de la famille à laquelle on appartient s'inscrit généralement dans un cercle. Il apparaît sur les vêtements formels au nombre de un (dans le dos) = *hitotsu mon* (一紋), de trois (dans le dos et sur le revers des manches) = *mitsu mon* (三紋), ou de cinq (dans le dos, sur le revers et la face des manches) = *itsutsu mon* (五紋), selon le degré d'importance de l'occasion à laquelle on assiste. Plus il y en a, plus le vêtement est officiel.

Montsuki (紋付)
Japon – Kimono formel orné de blasons familiaux *mon* porté pour des événements officiels.

Musō (無双)
Japon – Vêtements d'entre-saison qui se portent soit au printemps (deux semaines à la fin du mois de mai), soit à l'automne (durant deux semaines fin septembre).

Musubi (結び)
Japon – Signifie littéralement « nœud [du obi] ». Au Japon, il existe de très nombreuses manières de nouer sa ceinture. L'***asagao musubi*** (朝顔結び), littéralement « le nœud en forme de liseron ». Cette forme est habituellement réservée aux petites filles, car il faut une ceinture très longue. L'***ayame musubi*** (菖蒲結び), littéralement « nœud de l'iris ». Ce nœud complexe est très décoratif et se porte avec un vêtement plus sobre, souvent monochrome. Il convient particulièrement aux jeunes femmes qui se rendent à une soirée informelle. Le ***bara musubi*** (薔薇結び), littéralement « nœud de la rose ». Il s'agit d'un nœud très élaboré qui s'effectue avec un obi simple, sans motifs ou couleurs trop voyantes. Il convient également aux jeunes femmes qui se rendent à une soirée informelle. Le ***chōchō musubi*** (蝶蝶結び), littéralement « le nœud du papillon ». Il s'agit d'un nœud particulièrement apprécié pour son aspect amusant. Le ***fukura-suzume musubi*** (ふくら雀結び), littéralement « le nœud du moineau aux plumes gonflées ». Il ressemble à un moineau dont les ailes sont ouvertes et convient seulement aux jeunes femmes célibataires, lors d'occasions formelles, accompagnant un *furisode*. Le ***kai-no-kuchi musubi*** (貝の口び結び), littéralement « le nœud de la palourde ouverte ». Ce nœud est souvent choisi par les hommes, toutefois, les femmes plus âgées ou celles qui cherchent un côté « garçonne » peuvent aussi l'arborer. Le ***koma musubi*** (駒結び結び), nœud carré, littéralement « du poulain ». Convient aux ceintures pour les enfants de type *sanjaku*. Il est également utilisé pour attacher le cordon des *haori* ou les *obijime*. Le ***taiko musubi*** (太鼓結び), nœud ressemblant à une boîte, littéralement « du tambour ». Il s'agit de l'une des formes les plus employées aujourd'hui. Il convient aux femmes de tous les âges et peut être associé à toutes sortes de kimonos (mais surtout le *tsukesage* et le *komon*). Si son nom est à présent associé au tambour (*taiko*), il était autrefois lié aux fêtes organisées sur le pont Taikobashi de la ville de Tōkyō. Les geishas qui participaient à cet événement l'avaient alors inventé sur la base d'un nœud de kimono masculin. Très vite, cette nouvelle manière de plier sa ceinture sera adoptée plus largement. Le ***nijūdaiko musubi*** (二重太鼓結び), littéralement « nœud du tambour à deux couches ». Il s'agit d'une autre version du nœud du tambour (*taiko musubi*), que l'on effectue avec une ceinture de type *fukuro*. Ce pliage particulier souhaite aussi le double bonheur (l'harmonie). Le ***tateya musubi*** (立て矢結び), littéralement

Nishijin (西陣)
Japan – A form of weaving used exclusively in the Nishijin weaving district of Kyōto.

Nishiki (錦)
Japan – Silk brocades that are a speciality of Kyōto, made with silver *ginran* (銀襴) or gold *kinran* (金襴) thread.

Nui (縫)
Japan – Embroidery.

Nuihaku (縫箔)
Japan – A form of decoration that uses gold leaf and embroidery.

Nuishibori (縫絞り)
Japan – A form of decoration that uses gold leaf and knotted resist-dyeing.

Obi (帯)
Japan – A traditional Japanese sash that exists in several forms. See *maru obi* (丸帯), *Nagoya obi* (名古屋帯), *fukuro obi* (袋帯), among others.

Obiage (帯揚げ)
Japan – A rectangular piece of fabric placed over the *obimakura* that supports and holds the *obi* knot in place; the edge of the *obiage* is allowed to be seen beneath the *obi*.

Obidome (帯留)
Japan – A small ornament attached to the *obijime* cord.

Obijime (帯締め)
Japan – A cord tied to the *obi*. There are many types of *obijime*. It can be round, oval or flat, plaited, sewn or embroidered, etc. It is often decorated with a pompom at the end. The choice of a correct cord is based on the outfit and the circumstance in which it is worn, the material of which it is made, its shape and thickness or diameter, the presence or absence of gold and/or silver thread, the number of threads, the colours and their number, and lastly the technique with which the *obijime* is plaited and the motifs it includes. The most common are the ***hiragumi-obijime*** (平組帯締め), a flat braided cord; the ***marugumi-obijime*** (丸組帯締め), a round braided cord; and the ***maruguke-obijime*** (丸ぐけ帯締め) also round, but made from fabric that has been sewn and then stuffed with cotton. There are many other types, all of which have the same primary function – to keep the *obi* in place.

Obimakura (帯枕)
Japan – A pad that helps to give shape to the *obi* knot.

Ōgi (扇)
Japan – A fan. See also *sensu* and *uchiwa*.

Ojiya-chijimi (小千谷縮)
Japan – See *Chijimi*.

Omeshi chirimen (お召し縮緬)
Japan – Silk crepe of very high quality. See *chirimen*.

Qipao (旗袍)
China – A women's tunic that is Manchu in origin. Long and becoming, the *qipao* came back into fashion during the 1920s. See *cheongsam*.

Qunzi (裙子)
China – A woman's pleated skirt.

Ra (羅)
Japan – Fine silk, a generic term used to describe all sorts of silk gauze. This type of silk, which was imported by Japan from China, has the same name in Japanese as the Mandarin *luo* (羅).

Raden (螺鈿)
Japan – mother-of-pearl used in lacquerware inlay, and by extension a sort of silk with a mother-of-pearl sheen that suggests this technique.

Rinzu (綸子)
Japan – A sort of silk satin.

Rō (絽)
Japan – A fabric made from fine silk, a sort of silk gauze.

Rōketsuzome (ろうけつ染め)
Japan – A resist-dyeing technique very similar to Indonesian batik.

Sageo (下緒)
Japan – A cord formerly used by samurais to hang their sword from their belt. Geishas (芸者) and *maiko* (舞妓), the apprentices of geishas, are thought to have been the first to use them for their own purpose. When a warrior died, this highly symbolic cord was sent to his wife who would wear it tied to her *obi* as a sign of mourning. It was from the *sageo* that the *kumi-himo* (組み紐) originated.

Sanjaku obi **(三尺帯) or** ***heko obi*** (兵児帯)
Japan – Literally "three feet long". This name refers to a softer, more flexible *obi* that was usually used by young girls.

Sarasa (更紗)
Japan – Cotton fabric imported from India or Indonesia with particular motifs. The term is also used to refer to the decorations inspired by these fabrics.

Seijin shiki (成人式)
Japan – Literally "coming-of-age ceremony". A celebration of the passage from childhood to adulthood in Japan that takes place at the age of twenty.

Sensu (扇子)
Japan – A folding fan. See also ōgi and *uchiwa*.

Sha (紗)
China and Japan – Fine silk in which the mesh is visible and the structure, simple; a sort of silk gauze in the *ra* (羅) family. This type of silk, which was imported by Japan from China, has the same name in Japanese as the Mandarin *sha* (紗).

Sharegi (洒落着)
Japan – An informal kimono for everyday wear.

Shibori (絞り)
Japan – Literally "tighten by twisting". Resist-dyeing achieved by tying the fabric. The motifs created could be made to vary greatly by the type of knots used and their positioning, for example, ***kumo-shibori*** (蜘蛛絞り) – "spider's web", ***kanoko-shibori*** (鹿の子絞り) – "fawn spots", and ***yanagi*** **-shibori** (柳絞り) – "willow branches". When the knots are undone, a slight relief remains that embellishes the texture of the fabric. More than 300,000 manual knots are required to cover the surface of a kimono. This costly technique is sometimes imitated by a similar and less demanding form of decoration, which is reserve painted in the same way as *komon* ("fake" shibori). A fragment of an 8th-century *shibori* textile is one of the treasures in the Shōsō-in in Nara, and bears witness to how old the technique is.

Shioze (塩瀬)
Japan – Silk with weave that is more visible than that of *chirimen* silk.

Shusu-ori (繻子織)
Japan – A sort of silk satin.

Surihaku (摺箔)
Japan – Application of gold leaf in decoration.

Tabi (足袋)
Japan – Socks that separate the big toes from the other toes and thus make it possible to wear Japanese *zōri* sandals.

Taima (大麻)
Japan – Hemp (*Cannabis sativa*). In Japan, together with ramie, hemp is the commonest plant fibre used in the production of textiles.

Tarashikomi (溜込)
Japan – A technique in which painted colours are allowed to merge with one another to create a wash effect; a speciality of the Rinpa (琳派) school.

Tomesode (留袖)
Japan – Literally "closed sleeves". A formal kimono worn by married women in which the patterned zone is exclusively below the waistline. It features either one, three or five *mon* family crests, depending on the degree of formality. It is worn with a *maru* or *fukuro obi*. There are *tomesode* with a black background, called *kuro-tomesode*, and those with a coloured background, called *iro-tomesode*. These kimonos are worn to marriages and tea ceremonies.

Tsujigahana (辻ヶ花)
Japan – An ancient dyeing technique that mixes the *shibori* knotted technique of resist-dyeing with *yūzen* patterns.

Tsukesage (付下げ)
Japan – A kimono worn for visits though less formal than a *hōmongi*, of which several categories exist. There are those whose decoration is limited to the bottom half of the garment and the length of a single sleeve, those whose embroidered motifs are placed randomly across the body, and those made from a single fabric. The motifs on *tsukesage* may be both large and small. The term *tsukesage* also refers

«nœud de la flèche qui se dresse». Ce nœud épouse la forme d'un arc, son pliage est l'un des plus simples effectué avec un *fukuro obi*. Il peut être facilement associé à un *ō-furisode*. Le ***washikusa musubi*** (鷲草結び), littéralement «le nœud de l'herbe de l'aigle». Il porte le nom d'une plante de forme étrange qui ressemble à un aigle prenant son envol. Cette liste n'est pas exhaustive, elle donne seulement un aperçu de la grande variété de nœuds et des règles qui accompagnent leur utilisation.

Nagajuban (長襦袢)
Japon – Sous-kimono qui se porte directement sous un vêtement formel ou semi-formel, dont le col et les manches demeurent visibles.

Nagoya obi (名古屋帯)
Japon – Signifie littéralement «obi de Nagoya». Ceinture semi-formelle dont la largeur est réduite à l'une des extrémités, facilitant la réalisation de certains nœuds. Cet accessoire a été créé dans la ville de Nagoya qui lui a donné son nom, sous l'ère Taishō (1912-1926) à la fin des années 1920. Il se porte sur des kimonos simples, des *kuro-tomesode* ou des *furisode*.

Natsu obi (夏帯)
Japon – Signifie littéralement «ceinture d'été». Ceinture de matière plus légère pour l'été, généralement de soie *sha* (紗), *ra* (羅) ou *rō* (絽).

Netsuke (根付)
Japon – Le netsuke est un petit contrepoids qui permet de suspendre des objets à la ceinture. Cet accessoire, qui consiste en une sorte de bouton sculpté, est rapidement devenu un ornement très recherché.

Nijū kasane (二重かさね、重ね、襲)
Japon – Désigne les différentes couches de sous-kimonos.

Nishijin (西陣)
Japon – Tissage autrefois produit uniquement dans le quartier des tisserands Nishijin de Kyōto.

Nishiki (錦)
Japon – Brocarts de soie, spécialité de Kyōto – avec fil d'argent *ginran* (銀欄) ou d'or *kinran* (金欄).

Nui (縫)
Japon – Broderie.

Nuihaku (縫箔)
Japon – Décor de feuilles d'or, rehaussé de broderies.

Nuishibori (縫絞り)
Japon – Décor de feuilles d'or et de teinture à réserve par ligature du tissu.

Obi (帯)
Japon – Ceinture traditionnelle japonaise dont il existe de nombreuses variétés. Voir *maru obi* (丸帯), *Nagoya obi* (名古屋帯), *fukuro obi* (袋帯)…

Obiage (帯揚げ)
Japon – Sorte de foulard qui se place sur le coussinet qui maintien le nœud et dont on ne perçoit ensuite que le bord qui ressort de sous le obi.

Obidome (帯留)
Japon – Il s'agit d'un ornement qui se glisse sur le cordon *obijime*.

Ōbijime (帯締め)
Japon – Cordon qui se noue sur la ceinture. Il existe de très nombreux types d'*obijime*. Sa section peut être ronde, ovale ou aplatie, il peut être tressé, cousu, brodé… Son extrémité est souvent ornée de pompons. Pour choisir le bon cordon, en accord avec la tenue et les circonstances, on tient compte de la matière qui le compose, de son profil, de son épaisseur ou diamètre, de la présence ou l'absence de fils d'or et/ou d'argent, du nombre de fils, de ses couleurs et de leur nombre, et finalement, de la technique de tressage et des motifs qu'il offre. On recense principalement le ***hiragumi-obijime*** (平組帯締め), tressé à plat ; le ***marugumi-obijime*** (丸組帯締め), dont le profil tressé est rond ; et le ***maruguke-obijime*** (丸ぐけ帯締め) qui présente également une section ronde, mais qui est confectionné de tissu cousu, rembourré de coton. Il en existe bien d'autres sortes encore, la fonction principale de cet accessoire est de maintenir la ceinture en place.

Obimakura (帯枕)
Japon – Coussin destiné à maintenir la forme du nœud de la ceinture.

Ōgi (扇)
Japon – Éventail. Voir aussi *sensu* ou *uchiwa*.

Ojiya-chijimi (小千谷縮)
Japon – Voir *chijimi*.

Omeshi chirimen (お召し縮緬)
Japon – Crêpe de soie de grande qualité. Voir *chirimen*.

Qipao (旗袍)
Chine – Tunique féminine d'origine mandchoue, longue et seyante, remise au goût du jour dans les années 1920. Voir aussi *cheongsam*.

Qunzi (裙子)
Chine – Jupe plissée du costume féminin.

Ra (羅)
Japon – Soie légère, terme générique employé pour toutes sortes de gazes de soie. Ce type de soie, importé de Chine au Japon, porte le même nom de *luo* (羅) en mandarin.

Raden (螺鈿)
Japon – Technique d'incrustation de nacre et d'ivoire utilisée par les artisans travaillant les laques. Sorte de soie aux reflets nacrés, rappelant ce procédé.

Rinzu (綸子)
Japon – Sorte de satin de soie.

Rō (絽)
Japon – Étoffe de soie légère, sorte de gaze de soie.

Rōketsuzome (ろうけつ染め)
Japon – Technique de teinture à réserve très proche de celle du batik indonésien.

Sageo (下緒)
Japon – Cordon autrefois employé par les samouraïs pour suspendre leur sabre à la ceinture. Les geishas (芸者) et les *maiko* (舞妓), leurs apprenties, auraient été les premières à les emprunter pour s'en servir. Si le guerrier venait à mourir, ce cordon, hautement symbolique, était envoyé à sa femme qui le portait alors en signe de deuil, noué sur sa ceinture. Il est à l'origine du *kumi-himo* (組み紐).

Sanjaku obi (三尺帯) **ou *heko obi*** (兵児帯)
Japon – Signifie littéralement «trois pieds de long». Il désigne un type de ceinture plus souple, normalement réservée aux fillettes.

Sarasa (更紗)
Japon – Cotonnades importées d'Inde ou d'Indonésie aux motifs particuliers. Désigne également les décors inspirés par ces étoffes.

Seijin shiki (成人式)
Japon – Signifie littéralement «cérémonie de la majorité». Festivités qui marquent le passage de l'enfance à l'âge adulte au Japon (vingt ans).

Sensu (扇子)
Japon – Éventail pliant. Voir aussi *ōgi* ou *uchiwa*.

Sha (紗)
Chine et Japon – Soie légère, dont les mailles sont visibles et la structure simple, sorte de gaze de soie appartenant à la famille *ra* (羅). Ce type de soie, importé de Chine au Japon, porte le nom en mandarin de *sha* (纱).

Sharegi (お洒落着)
Japon – Kimono informel pour le quotidien.

Shibori (絞り)
Japon – Signifie littéralement «serrer en tordant». Teinture à réserve par ligature du tissu. Du type de nœuds employés et de leurs emplacements dépendent les motifs qui peuvent être très différents – en «toile d'araignée» *kumo-shibori* (蜘蛛絞り), en «taches de daim» *kanoko-shibori* (鹿の子絞り) et en «branches de saule» *yanagi-shibori* (柳絞り), par exemple. Une fois les nœuds défaits, un léger relief demeure qui agrémente la texture du tissu. Il faut plus de 300 000 nœuds, faits main, pour recouvrir entièrement la surface d'un kimono. Cette technique, extrêmement luxueuse, est parfois imitée par un décor similaire, et moins onéreux, uniquement peint en réserve à la manière des *komon* (le «faux» *shibori*). Un coupon de textile ancien datant du VIIIe siècle, déjà travaillé en *shibori*, figure parmi les trésors conservés du Shōsō-in à Nara et atteste de l'ancienneté de cette technique.

Shioze (塩瀬)
Japon – Soie dont la trame est plus visible que celle de la soie *chirimen*.

Shusu-ori (繻子織)
Japon – Sorte de satin de soie.

Surihaku (摺箔)
Japon – Application de feuilles d'or dans les décors.

to a decorative pattern that rises from the bottom of the kimono to the sleeve and shoulder though not continuing to the other side. The motifs do not run over the seams.

Tsumugi (紬)
Japan – This term means both an everyday kimono and the thick and irregular silk thread with which it is made. Weaving using silk spun with combed floss is a speciality of the Yūki (結城) region, Ibaraki, in Japan and has been added to UNESCO's intangible cultural heritage of humanity. As the material was used for woven kimonos, it is usually matched with a dyed or painted *obi*.

Tuanshan (團扇)
China – A rigid screen fan with a fixed structure.

Tzusure-ori (綴織)
Japan – A multicoloured kilim-style tapestry, also called "nail-weaving" (*tsume-gaki-tsusuri* 爪掻織). The technique was invented in China, where it was called *kesi* (緙絲). To create a pattern, each colour was worked on separately on its own shuttle. The weaver then used the nail of the middle finger on the left hand, which was cut with notches a little like a comb, to ensure the perfect alignment of the threads.

Uchishiki (打敷)
Japan – Buddhist altar cloths cut from larger silk brocades offered as donations to temples by worshippers.

Uchiwa (団扇)
Japan – Rigid, paddle-shaped handfans that do not fold. See also *ōgi* and *sensu*.

Usumono (薄物)
Japan – Literally "thin thing". This kimono is worn during the heat of July and August.

Waitao (外套)
China – A jacket.

Wanxiu (挽袖)
China – The sleeve edging prepared and embroidered in advance. They are changed whenever they become either worn or stained.

Yukata (浴衣)
Japan – Literally "bath clothing". The term refers to an informal and unlined light summer kimono (made of either linen or cotton) used for everyday by both women and men. It can be worn at parties, for an evening stroll or for shopping. The hem and sleeves are usually shorter than those of other types of garment. Yukata are often matched with Japanese *geta* clogs.

Yūzen (友禅)
Japan – A decorative technique in which certain sections of the pattern are protected by a rice-based resist paste that is applied by hand before dyeing or painting occurs. Different methods are used to apply the paste: *rōketsuzome* (ろうけつ染め) – when wax is used instead of rice paste, as in Indonesia; *katazome* (型染め) – when rice paste is applied on the cloth using a *katagami* stencil; *tsutsugaki* (筒描) – when rice paste is applied using a bamboo tube as both a brush and reservoir. Tradition attributes the invention of this procedure to Miyazaki Yūzen (宮崎友禅), said to have lived in the region of Kyōto during the Genroku era (1688–1704), from which its name is derived. The idea is thought to have been developed in response to the sumptuary laws that forbade the wearing of *nishijin* silk brocade clothing by commoners.
The creation of a pattern by the *yūzen* method requires many stages. Delible ink, which disappears during washing, is first used to outline the composition on the fabric. The contours of the motifs are defined using resist paste, then the colour is applied in the sections that have been created. The cloth is then steamed to make the paste disappear and to fix the colour. The resulting pattern is later entirely coated with resistant material before the ground of the design is dyed using a large brush. The cloth is then steamed once more and lastly given a thorough rinse.

Zheshan (折扇)
China – A folding fan, also called *brisé*.

Zōri (草履)
Japan – Thonged sandals.

Tabi (足袋)
Japon – Chaussettes qui séparent le gros orteil des autres doigts du pied et permettent de porter les sandales japonaises *zōri*.

Taima (大麻)
Japon – Le chanvre (*Cannabis sativa*). Au Japon, il s'agit de la fibre végétale la plus répandue pour la confection de textiles avec la ramie.

Tarashikomi (溜込)
Japon – Technique qui consiste à mêler différentes couleurs qui se diluent les unes dans les autres et créent ainsi des effets de lavis recherchés, spécialité de l'école Rimpa 琳派.

Tomesode (留袖)
Japon – Signifie littéralement « manches fermées ». Kimono formel pour femme mariée, dont le décor continu occupe uniquement le bas du vêtement. Ce dernier est orné de blasons familiaux *mon*, par un, trois ou cinq, selon le degré de formalité. Se porte avec une ceinture de type *maru* ou *fukuro*. Il existe des *tomesode* à fond noir – *kuro-tomesode* –, ou des *tomesode* à fond coloré – *iro-tomesode*. On le porte pour assister à des mariages ou à des cérémonies du thé.

Tsujigahana (辻ヶ花)
Japon – Il s'agit d'une technique de teinture ancienne mêlant les points noués du *shibori* aux décors en *yūzen*.

Tsukesage (付下げ)
Japon – Kimono de visite, moins formel que le *hômongi*. Il en existe plusieurs catégories. Il y a ceux dont le décor est cantonné sur le bas du vêtement et remonte le long d'une seule manche, ceux dont les motifs, brodés, sont placés de manière aléatoire sur tout le corps, et ceux faits d'une seule étoffe. Les motifs des *tsukesage* peuvent être aussi grands que petits. Le terme de *tsukesage* désigne aussi un décor qui remonte du bas du vêtement sur l'épaule et la manche, sans se retrouver à l'envers de l'autre côté. Les motifs sont aussi interrompus sur les coutures.

Tsumugi (紬)
Japon – Désigne à la fois un kimono quotidien et le fil de soie épais et irrégulier qui le compose. Ce tissage à base d'une soie filée avec des déchets peignés (qu'on appelle aussi « schappe », « doupion » ou « duppion »), spécialité de la région de Yūki (結城), Ibaraki, au Japon, a été déclaré patrimoine intangible de l'humanité par l'Unesco. Comme il s'agit de kimonos tissés, on préfère souvent l'assortir avec un obi teint ou peint.

Tuanshan (團扇)
Chine – Éventail à écran rigide.

Tzusure-ori (綴織)
Japon – Tapisserie polychrome aussi appelée « tapisserie à relais » ou « tissage aux ongles » (*tsume-gaki-tsusuri* 爪掻織). Il s'agit d'une technique chinoise, à l'origine, qui porte le nom de *kesi* (緙絲). Pour créer un décor, chaque couleur est travaillée séparément, sur sa propre navette. Le tisserand se sert ensuite de l'ongle de son majeur (main gauche), incisé un peu à la manière d'un petit peigne, pour s'assurer du parfait ajustement des fils.

Uchishiki (打敷)
Japon – Nappes d'autels bouddhiques coupées dans des brocarts de soie offerts en présent par les fidèles aux temples.

Uchiwa (団扇)
Japon – Éventail à écran rigide, qui ne se plie pas. Voir aussi *ōgi* ou *sensu*.

Usumono (薄物)
Japon – Signifie littéralement « chose fine ». Kimono qui se porte lors des grosses chaleurs des mois de juillet et août.

Waitao (外套)
Chine – Veste.

Wanxiu (挽袖)
Chine – Bordures de manches préparées et brodées à l'avance. Elles sont destinées à être régulièrement changées au gré de l'usure et des taches.

Yukata (浴衣)
Japon – Signifie littéralement **« vêtement de bain ».** Ce terme désigne un kimono d'été léger (de lin ou de coton), informel et sans doublure, porté quotidiennement par les femmes et les hommes. On peut le revêtir pour des fêtes, pour une promenade en soirée ou pour faire du shopping. L'ourlet et les manches sont généralement plus courts que ceux des autres types de vêtements. Il est souvent assorti des socques japonais du type *geta*.

Yūzen (友禅)
Japon – Technique où certaines portions du décor sont protégées d'une pâte résistante à base de riz, appliquée à la main, avant des opérations de teinture ou/et de peinture. Pour ce faire, il existe diverses méthodes employées : celle du *rōketsuzome* (ろうけつ染め) – soit à la manière indonésienne, avec de la cire en lieu et place de la pâte de riz ; le *katazome* (型染め) – avec de la pâte de riz appliquée sur le textile à l'aide d'un pochoir *katagami* ; ou encore le *tsutsugaki* (筒描) – avec de la pâte de riz appliquée grâce à un tube de bambou, servant à la fois de pinceau et de réservoir. La tradition attribue l'invention de ce procédé à un certain Miyazaki Yūzen (宮崎友禅) qui aurait vécu dans la région de Kyōto, sous l'ère Genroku (1688-1704), d'où son nom. Cette idée nouvelle aurait vu le jour, motivée par les lois somptuaires interdisant le port de vêtements en brocart de soie *nishijin* pour les roturiers.
Le processus de création d'un décor de ce type nécessite de nombreuses étapes. Une encre délébile, qui disparaîtra lors du lavage, est tout d'abord employée pour reporter la composition sur le tissu. Les contours des motifs sont délimités à l'aide d'une pâte résistante, avant que la couleur ne soit appliquée dans les plages ainsi aménagées. Le lé est ensuite ébouillanté pour faire disparaître la pâte et fixer la peinture. Les décors ainsi obtenus sont, cette fois, complètement enduits de matière résistante afin de procéder à la teinture du fond avec un large pinceau. Enfin, le textile est à nouveau passé à la vapeur, puis abondamment rincé.

Zheshan (折扇)
Chine – Éventail pliant dit « brisé ».

Zōri (草履)
Japon – Claquettes japonaises.

Bibliographie
Bibliography

Ageorges 2006
Ageorges Sylvain, *Sur les traces des expositions universelles, Paris, 1855-1937*, Parisgramme, Compagnie parisienne du livre, Paris, 2006.

Alfred Baur, Pionnier et collectionneur 2015
Alfred Baur, Pionnier et collectionneur, Collections Baur, 5 Continents Editions, Fondation Baur, Milan, Genève, 2015.

Amstutz 1970
Amstutz Walter, *Japanese Emblems & Designs*, Amstutz de Clivo Press, Zurich, 1970.

Andō Hiroko 1993
Andō Hiroko, *Japanese Tie-dyeing, Kyōto Shoin's Library of Japanese Textiles*, Shikosha Publishing Co. Ltd., Kyōto, 1993.

Art Deco 2017
Art Deco, Paris, Gemeentemuseum, La Haye, 2017.

Baird 2001
Baird Merrily, *Symbols of Japan, Thematic Motifs in Art and Design*, Rizzoli International Publications Inc. et l'auteur, New York, 2001.

Belevitch-Stankevitch 1910
Belevitch-Stankevitch Hélène, *Le Goût chinois en France, au temps de Louis XIV*, Jean Schemit, Librairie de la Société de l'histoire de l'art français, Paris, 1910.

Bing 1888-1891
Bing Siegfried (dit Samuel), *Le Japon artistique, Documents d'art et d'industrie*, revue mensuelle de 1888 à 1891, réunis en 6 volumes.

Brunhammer 1980
Brunhammer Yvonne, « Le japonisme et l'Art nouveau », in *Japonism in Art. An International Symposium*, Committee for the year 2001 and Kodansha International Ltd., Tōkyō, 1980.

Buisson 1983
Buisson Sylvie et Dominique, *Kimono, art traditionnel du Japon*, Edita, Lausanne, 1983.

Chambers 2004
Chambers William, *Aux jardins de Cathay, L'imaginaire anglo-chinois en Occident*, Les Éditions de l'imprimeur, Besançon, Paris, 2004.

Cheng 2000
Cheng François, *D'où jaillit le chant. La Voie des fleurs et des oiseaux dans la tradition des Song*, Phébus, Paris, 2000.

Costumes parisiens, Journal des dames et des modes, vol. I 1979
Costumes parisiens, Journal des dames et des modes, vol. I, 1912-1913, Franco Maria Ricci, Nouvelles éditions du Chêne, Milan, Paris, 1979.

Costumes parisiens, Journal des dames et des modes, vol. II 1980
Costumes parisiens, Journal des dames et des modes, vol. II, 1913-1914, Franco Maria Ricci, Nouvelles éditions du Chêne, Milan, Paris, 1980.

Cyrus-Zetteström 1995
Cyrus-Zetteström Ulla, *Terminologie textile – Chinois – Anglais – Français – Suédois*, L'auteur, Borås, 1995.

Dorival 1977
Dorival Bernard, « L'influence de l'estampe japonaise sur l'art européen », in Yamada C. (sous la dir. de), *Japon et Occident, Deux siècles d'échanges artistiques*, Office du Livre, Fribourg, 1977.

Elisseeff 2006
Elisseeff Danièle, *xx*e *siècle : La grande mutation des femmes chinoises*, Éditions Bleu de Chine, Paris, 2006.

Forrer 1994
Forrer Matthi, *The Baur Collection Geneva, Japanese Prints*, 2 vol., Collections Baur, Genève, 1994.

Fortune 2017
Fortune Robert, *La Route du thé et des fleurs*, Payot, Genève, 2017.

Fujii Kenzo 2006
Fujii Kenzo, *Summer Kimonos and the Colors of Japan, Kimono Collection of Katsumi Yumioka*, Pie Books, Tōkyō, 2006.

Guillerez 2013
Guillerez Émilie, *Le Genre et la Condition des femmes à l'épreuve du xx*e *siècle : un regard sur la littérature féminine chinoise (1919-2000)*, Littératures, université Paul Valéry – Montpellier III, 2013.

Hervey 1950
Hervey George, *The Goldfish of China in the XVIII Century*, The China Society, Londres, 1950.

Itō Motoko, Inoue Aiko 1979
Itō Motoko, Inoue Aiko, *Kimono*, traduit en français par Patricia Massy, Hoikusha Publishing Co, Ōsaka, 1979.

Jackson 2005
Jackson Beverley, *Shanghai Girls Gets All Dressed up*, Ten Speed Press, Berkeley, Toronto, 2005.

Japon Text île(s) 2016
Japon Text île(s) 2016, catalogue d'exposition, Conservation des musées, département du Tarn, 2016.

Juillerat, Niklès van Osselt, Piguet 2018
Juillerat Anne-Laure, Niklès van Osselt Estelle, Piguet Claire, « Cressier un salon pour les *curieux*, ou les dessous d'une chinoiserie neuchâteloise », *K + A (Kunst und Architektur)*, janvier 2018, p. 16-25.

Kinderkimonos 2010
Kinderkimonos, Collection Nakano Kazuko, Puppenhausmuseum Basel, SieboldHuis Leyden, Schlossmuseum Linz, Bibliothèque Forney – Hôtel de Sens, Paris, 2010.

Kiyoshi Takizawa 1884
Kiyoshi Takizawa, *Karakusa moyō hinagata*, Matsuzaki Hanzō, Asakusa-ku, Tōkyō, Meiji 17, 1884.

Le Bleu des mers 2017
Crick Monique *et al.*, *Le Bleu des mers, dialogues entre la Chine, la Perse et l'Europe*, Fondation Baur, 5 Continents Editions, Genève, Milan, 2017.

Loveday 2011
Loveday Helen, « La rivière Tatsuta, un paravent japonais de Kanō Shōsen'in », *Peinture de l'école Kanō*, Bulletin 71, Fondation Baur, 2011.

Loveday 2013
Loveday Helen, « A New Display, The Japanese Collections of the Baur Foundation », *Arts of Asia*, vol. 43, nº 4, juillet-août 2013, p. 48-57.

Loveday 2014
Loveday Helen, *Textiles bouddhiques japonais*, Fondation Baur, 5 Continents Editions, Collections Baur, Genève, Milan, 2014.

Luthi, Laurenti 2011
Luthi Dave, Laurenti Lisa, « Les indiennes neuchâteloises, Les charmes cachés d'un fonds d'archives inexploré », *K + A (Kunst und Architektur)*, Société d'histoire de l'art en Suisse, année 62, 2011.

Luthi, Laurenti 2018
Luthi Dave, Laurenti Lisa, *Indiennes, un tissu révolutionne le monde !*, château de Prangins, Musée national suisse, La Bibliothèque des arts, Lausanne, 2018.

Niklès van Osselt 2011
Niklès van Osselt Estelle, *Cinq bonheurs, messages cachés des décors chinois*, Fondation Baur, 5 Continents Editions, Genève, Milan, 2011.

Niklès van Osselt 2015a
Niklès van Osselt Estelle, *L'Asie rêvée dans les collections Baur et Cartier*, Fondation Baur, 5 Continents Editions, Genève, Milan, 2015.

Niklès van Osselt 2015b
Niklès van Osselt Estelle, « Les folles années de Cartier et de la Chine », *CARTier Art Magazine*, Étourdissant, nº 41, 2015, p. 116-121.

Niklès van Osselt 2017
Niklès van Osselt Estelle, *L'Aventure chinoise, Une famille suisse à la conquête du Céleste Empire*, Fondation Baur, 5 Continents Editions, Genève, Milan, 2017.

Niklès van Osselt 2018
Niklès van Osselt Estelle, « Two Kimono Donations in the Baur Foundation », *Arts of Asia*, vol. 48, nº 4, juillet-août 2018, p. 100-109.

***Pagodes et dragons* 2007**
Pagodes et dragons, Exotisme et fantaisie dans l'Europe rococo 1720-1770, musée Cernuschi, Paris Musées, Paris, 2007.

Schafer 1985
Schafer Edward, *The Golden Peaches of Samarkand, A Study of T'ang Exotics*, University of California Press, Los Angeles, Berkeley, 1985.

***Shibori, The Inventive Art of Japanese Shaped Resist Dyeing* 2011**
Shibori, The Inventive Art of Japanese Shaped Resist Dyeing, Tradition – Techniques – Innovation, Kodansha, New York, 2011.

Shimizu Yoshiaki 1981
Shimizu Yoshiaki, « Seasons and Places in Yamato Landscape and Poettry », *Ars orientalis*, XII, 1981, p. 1-14.

***Sous la griffe du dragon* 2004**
Sous la griffe du dragon, Costumes de cour de la dynastie Qing (1644-1911), Collections Baur, musée des Arts d'Extrême-Orient, 5 Continents Editions, Genève, Milan, 2004.

***Tessuti preziosi del Giappone* 1985**
Tessuti preziosi del Giappone, Museo d'arte orientale « Edoardo Chiossone », Compagnia dei Librai, Gênes, 1985.

Vitali 2015
Vitali Ilaria, « Mille et une nuits sur Seine : l'influence de la traduction de Joseph-Charles Mardrus sur l'orientalisme vestimentaire de la Belle Époque », *Meridian Critic*, nº 1, vol. 24, 2015.

***Vocabulaire japonais* 1999**
Vocabulaire japonais, Japonais – Français – Anglais, Centre international d'étude des textiles anciens, Lyon, 1999.

***Waves of Renewal* 2016**
Waves of Renewal, Modern Japanese Prints, 1900 to 1960, Selections from the Nihon no hanga collection, Amsterdam, Hotei Publishing, Leyde, 2016.

Wei Liming 2008
Wei Liming, *Chine, Le pays de la soie*, Éditions en langues étrangères, Pékin, 2008.

Weill 2010
Weill Alain, *La Mode parisienne, 1912-1925, La Gazette du bon ton*, Bibliothèque de l'image, Paris, 2010.

Weisberg 2005
Weisberg Gabriel *et al.*, *Les Origines de l'Art nouveau, La maison Bing*, Fonds Mercator, Anvers, 2005.

Yamanobe Tomoyuki 1957
Yamanobe Tomoyuki, *Textiles*, Rutland, Vermont, Kodansha, Tōkyō, 1957.

Acknowledgements

When a project on which one has worked for many months comes to an end, it is important to pay tribute to all those who have collaborated to bring it to fruition, each in his or her own way.

Most importantly, there is the Baur Foundation and its Board, and our new director, Mme Laure Schwartz-Arenales. Then there is the team at the Baur Museum who, though few in number, are very dynamic: Helen Loveday, Nicole Gérard, Audrey Jouany-Deroire, Géraldine Muroni, Dzon Duda, Nora Derivaz and Anne-Sophie Kreis. It is important to remember, too, that the museum sometimes benefits from the assistance of temporary help provided by interns or students who contribute to the life of the museum and the research that is carried out here. With regard to this particular project, I should like to mention Marie Orsi, Sylviane Hagger de Cerjat and Kerguelen Le Gal.

On a personal note, *Asia Chic* has been for me the discovery of a world of extraordinary richness. There are of course many books on this vast subject but, as an area intrinsically linked to tradition, oral transmission of information is essential. Particular mention must be made of Mrs Sugawara Keiko, who, in addition to making a magnificent donation, described in detail to us the world of kimonos. Many thanks are also due to Pierre-Louis Girard, who helped me in my research into the background of his wife, Mrs Sato Mariko.

To create a catalogue and plan an exhibition, many further skills are of course required. These are represented by our photographer, Marian Gérard, and his team; our publisher 5 Continents, with its director Eric Ghysels and, above all, its editorial team Laura Maggioni and Annarita De Sanctis, aided by Marie-Christine Raguin and Emily Ligniti, copy editors, and Timothy Stroud, translator; our graphic designer Maurice Guizzo and the design agency Alternative; and lastly Corinne Raccaud, assistant to our exhibition designer.

Deserving of special thanks are Mrs Madelief Hohé, curator of the exhibition *Art Déco Paris* at the Gemeentemuseum in The Hague in 2017, and Mrs Véronique Goncerut of the Bibliothèque d'art et d'archéologie in Geneva.

Last but not least, my family and friends deserve a separate mention for their faithful support in each of my many projects.

Remerciements

Lorsqu'un projet comme celui-ci s'achève, il est important de se souvenir de tous ceux qui ont œuvré à sa réalisation, chacun à sa manière.

Il y a la Fondation Baur et son Conseil, tout d'abord, ainsi que notre nouvelle directrice, Mme Laure Schwartz-Arenales. Toute l'équipe du musée Baur ensuite qui, bien que restreinte, est très énergique : Helen Loveday, Nicole Gérard, Audrey Jouany-Deroire, Géraldine Muroni, Dzon Duda, Nora Derivaz et Anne-Sophie Kreis. Il ne faut pas oublier non plus qu'il y a parfois chez nous des «petites mains» de passage, des stagiaires, des étudiants qui se joignent à la vie de notre institution et aux recherches qui y sont menées. Sur ce projet précis, il me faut nommer Mmes Marie Orsi, Sylviane Hagger de Cerjat et Kerguelen Le Gal.

Asia chic a aussi été la découverte d'un monde d'une richesse extraordinaire. Il existe déjà, certes, de nombreuses publications sur ce vaste sujet, mais il s'agit d'un domaine intrinsèquement lié à la tradition où l'importance de la transmission orale est capitale. Il nous faut donc particulièrement saluer ici Mme Sugawara Keiko qui, en plus d'une magnifique donation, a offert beaucoup de son temps pour nous raconter l'univers des kimonos. Un grand merci aussi à M. Pierre-Louis Girard, qui nous a aidée dans nos recherches sur son épouse, Mme Sato Mariko.

Pour créer un catalogue et concevoir une exposition, il faut bien des complicités encore. Il y a notre photographe, Marian Gérard et sa fidèle équipe; notre maison d'édition aussi, 5 Continents Editions, son directeur Eric Ghysels, et surtout ses collaboratrices Laura Maggioni et Annarita De Sanctis, accompagnées de Marie-Christine Raguin et Emily Ligniti, correctrices, et Timothy Stoud, traducteur; notre graphiste ensuite, M. Maurice Guizzo et la société Alternative; enfin Corinne Raccaud, qui épaule désormais notre scénographe.

Pour les remerciements spéciaux, il ne faut pas oublier Mme Madelief Hohé, chargée du projet «Art Deco Paris», présenté au Gemeentemuseum de La Haye en 2017, ainsi que Mme Véronique Goncerut de la Bibliothéque d'art et d'archéologie de Genève.

Enfin, mais pas les moindres, mes proches et mes amis qui méritent tous une mention particulière pour soutenir, fidèlement, chacun de mes nombreux projets.

5 Continents Editions

Editorial Coordination Coordination éditoriale
Laura Maggioni

Translations Traductions
Timothy Stroud

Editing Secrétariat de rédaction
Marie-Christine Raguin
Emily Ligniti

Art Direction Direction artistique
Annarita De Sanctis
assisted by assistée par
Chiara Guzzoni

Colour Separation Photogravure
Maurizio Brivio, Milan

5 Continents Editions
Piazza Caiazzo 1– 20124 Milan, Italie
www.fivecontinentseditions.com

ISBN Fondation Baur : 2-88031-033-4
ISBN édition pour le marché français : 978-88-7439-853-9
ISBN English distribution edition: 978-88-7439-856-0

Distributed by ACC Art Books throughout the world, excluding Italy.
Distributed in Italy by Messaggerie Libri S.p.A. Distribution en France et pays francophones BELLES LETTRES / Diffusion L'entreLivres

Photo Credits **Crédits photographiques :**

Backcover Quatrième de couverture :
© The Trustees of the Chester Beatty, Dublin

p. 44, 53, 85 : © The Trustees of the Chester Beatty, Dublin

p. 19 (Ill. 4) : © Collection privée

p. 21 (Ill 7, 8), 23 (ill. 11), 96, 127, 132, 156, 183, 190, 251 :
© Bibliothèque nationale de France, Paris

p. 24 (Ill. 13, 14) : © Collection privée

p. 26 (Ill. 17, 18) : © Collection privée

p. 28 (Ill. 20) : © Collection privée

p. 39 (Ill 30) : © Aymon de Lestrange / Bridgeman Images

p. 39 (Ill 31) : © Collection privée

p. 40 (ill. 32, 33, 34) : © Collection privée

p. 63 : © 2019, The Metropolitan Museum of Art, New York /
Art Resource / Scala Firenze

p. 77 : © Collection privée

p. 90, 103, 110, 120, 143, 146, 198, 203, 219, 239, 245 : © Bibliothèque d'art et d'archéologie des Musées d'art et d'histoire, Ville de Genève

p. 125 : © Collection privée

p. 137 : © Collection privée

p. 155 : © Collection privée

p. 161 : © Collection privée

p. 163, 168, 172, 212, 231 : © The Stapleton Collection / Bridgeman Images

p. 243 : © Collection privée

p. 252 : © Collection privée

Prnted and bound in Italy in March 2019 by Tecnostampa – Pigini Group Printing Division Loreto – Trevi, Italy, for 5 Continents Editions, Milan
Achevé d'imprimer en Italie sur les presses de Tecnostampa – Pigini Group Printing Division Loreto – Trevi, Italie pour le compte de 5 Continents Editions, Milan, en mars 2019